本书编委会

主　　任：王　纲

副 主 任：来颖杰　　虞汉胤　　赵　磊

成　　员：沈世成　　邢晓飞　　郑　毅　　莫璟华　　楚蓓蓓
　　　　　李　攀

本书编写组

　　　　　李　攀　　郑梦莹　　季　方　　王思琦　　陈雯怡

与时代肝胆相照（中）

之江轩 编著

浙江人民出版社

图书在版编目（CIP）数据

与时代肝胆相照 / 之江轩编著. -- 杭州 ：浙江人民出版社，2023.1（2025.2重印）
ISBN 978-7-213-10953-9

Ⅰ.①与… Ⅱ.①之… Ⅲ.①社会科学-文集 Ⅳ.①C53

中国国家版本馆CIP数据核字(2023)第007700号

"三个务必"的特别深意与使命

> 从"两个务必"升华到"三个务必",不变的是一脉相承的自觉和清醒,改变的是更新、更高标准的时代使命和政治要求。

73年前,毛泽东同志在党的七届二中全会上提出了"两个务必",为党在历史转折点提供了正确指引。

而今,在党的二十大开幕会上,习近平总书记首次提出了"三个务必"的重要论断:"全党同志务必不忘初心、牢记使命,务必谦虚谨慎、艰苦奋斗,务必敢于斗争、善于斗争,坚定历史自信,增强历史主动,谱写新时代中国特色社会主义更加绚丽的华章。"

党和国家发展进入了新的历史阶段,"三个务必"为全体党员同志锚定了新的时代方位和奋斗坐标。

在即将开启新征程之际,"三个务必"从何产生?又带着怎样的特殊使命?

一

从"两个务必"升华到"三个务必",不得不提到西柏坡这个地方。在这里,党中央建立了解放全中国的"最后一个农村指挥所",取得了解放战争三大战役的胜利,召开了七届二中全会,并形成了影响深远的西柏坡精神。

西柏坡精神的核心便是"两个务必"。

"务必使同志们继续地保持谦虚、谨慎、不骄、不躁的作风,务必使同志们继续地保持艰苦奋斗的作风。"

毛泽东同志身体力行,在告诫"两个务必"的同时,亲自给即将进城的党员干部和解放军战士上党课。当时,进城的党员干部和解放军战士都会收到一份"进京守则",其中第一条便是"把艰苦朴素的优良作风,带进北平"。

习近平总书记在多个场合反复提到毛泽东同志提出的"两个务必"重要思想,曾用四个"包含着"阐述其重要意义,"包含着对我国几千年历史治乱规律的深刻借鉴,包含着对我们党艰苦卓绝奋斗历程的深刻总结,包含着对胜利了的政党永葆先进性和纯洁性、对即将诞生的人民政权实现长治久安的深刻忧思,包含着对我们党坚持全心全意为人民服务根本宗旨的深刻认识"。

越是重大历史关头,越是面对复杂的风险考验和严峻的困难挑战,越是需要从历史中汲取智慧和力量。

"两个务必"为"进京赶考"提供了思想保证,今天,党和国家又到了新的历史转折点,如何从"两个务必"中汲取智慧和力量，指导党和国家、全体党员同志取得新的更大胜利，是摆在我们面前的现实问题。

二

从"两个务必"升华到"三个务必"，是对党的创新理论和光荣传统的传承和发展。

习近平总书记曾在西柏坡重提"赶考"，"当年党中央离开西柏坡时，毛泽东同志说是'进京赶考'……但我们面临的挑战和问题依然严峻复杂，应该说，党面临的'赶考'远未结束"。

赶考永远在路上，思想建设也永远在路上，必须始终保持冷静清醒。

当今中国进入了一个新的历史转折时期，时代赋予了历史转折时期更加意蕴丰富的历史智慧。从"两个务必"升华到"三个务必"，不变的是一脉相承的自觉和清醒，改变的是更新、更高标准的时代使命和政治要求。

"不忘初心、牢记使命"是全面建设社会主义现代化国家、全面推进中华民族伟大复兴的根本保证。马克思、恩格斯在《共产党宣言》中提出："共产党人不是同其他工人政党相对立的特殊政党。他们没有任何同整个无产阶级的利益不同的利益。"中国共产党人的初心和使命，就是为中国人民谋幸福，为中华民族谋复兴。历史昭示我们，坚持"人民立场"才能铸就党的百年辉煌。

从党的群众路线教育实践活动，到"不忘初心、牢记使命"主题教育，再到党史学习教育，党始终教育全体党员为人民群众的幸福生活和美好明天而不懈奋斗。"务必不忘初心、牢记使命",就是再次宣告人民至上是党的永恒追求,就是要求党员同志始终秉持"全心全意为人民服务"的宗旨,把人民放在心中最高位置,在勇于担当、甘于奉献中,强化履职尽责的历史担当。

"务必谦虚谨慎、艰苦奋斗",是从井冈山到西柏坡,我们党始终坚持的优良作风。中国革命事业从星星之火到燎原之势,谦虚谨慎和艰苦奋斗是两大法宝。早在延安时期,郭沫若的《甲申三百年祭》被列为延安整风的重要学习文件,毛泽东与黄炎培"窑洞对",体现出对"历史周期率"问题的忧患意识。

"三个务必"再次强调"谦虚谨慎、艰苦奋斗",阐释了即便中国特色社会主义进入新时代,脱贫攻坚、全面建成小康社会的历史重任已经完成,也并不意味着就可以"躺在功劳簿上吃老本",唯有坚持优良作风,才能创造下一个奇迹。

永葆斗争精神是"三个务必"的鲜明特质。《共产党宣言》全文多次用到"斗争"一词,充满了斗争精神。中国共产党是敢于斗争、敢于胜利的伟大政党。当前,影响党长期执政、国家长治久安、人民幸福安康的矛盾和挑战复杂严峻,突如其来的新冠肺炎疫情、香港局势动荡变化、"台独"势力分裂活动和外部势力干涉台湾事务的严重挑衅、国际局势急剧变化……

"务必敢于斗争、善于斗争",就是要求以自我革命促进伟大斗争,科学把握斗争精神,在应对重大挑战、抵御重大风险、克服重大阻力、解决重大矛盾中以不屈不挠的斗争意志和善作善成的斗争本领,从一个胜利走向又一个胜利。

三

关键节点必赋予特殊使命。

当前,推进中国式现代化还要解决很多的问题,还面临很多的障碍和很多不确定的内外部环境,在这种情况下,中央提出"三个务必",有其特别深意、特殊使命。

"三个务必"与全面建设社会主义现代化国家、全面推进中华民族伟大复兴紧密相连。

特殊使命在于,让我们时刻保持不断奋斗的韧劲。推进中国式现代化,全面建设社会主义现代化国家及其"两步走"战略安排,都是长时段的任务,在任何时候都不能忘记我们为什么出发,我们为什么奋斗、为谁而奋斗。

特殊使命在于,让我们时刻保持"骄兵必败"的警醒。新中国成立70多年来,中国共产党领导人民仅用几十年时间走完发达国家几百年走过的工业化历程,创造了世所罕见的经济快速发展奇迹和社会长期稳定奇迹。但像李自成式的错误与失败,让我们在任何时候都不能沾沾自喜,不能有停下来歇一歇的错误思想,唯有踏踏实实走好现代化发展之路。

特殊使命在于,让我们时刻保持顽强斗争的意识。认识到实现中国式现代化的过程中,既要解决内部的很多问题,又要解决国际上的一些不确定问题。很多坎、很多坡不靠斗争是越不过去的,妥协永远无法解决问题,只有战胜自己、战胜外部挑战,才能在新征程上形成新气势、开创新局面。

"三个务必"必将是今后每一位党员同志的行动纲领,更应该成为我们每个人追求幸福生活的奋斗指南。因为实现中国式现代化的道路，就是我们追逐梦想的道路。

在新征程上，没有旁观者、更没有局外人，你我都是斗士、都是奋斗者。

刘雨升　执笔
2022 年 10 月 18 日

面对中外记者,浙江这样回答

> 有什么样的底气,就有什么样的姿态。

10月18日晚,北京梅地亚中心,党的二十大新闻中心举行了一场集体采访活动,浙江等7个省份代表团新闻发言人共同出席,与中外记者面对面。

二十大期间,新闻中心举行5场集体采访。按照省(区、市)行政区划序列,浙江排在了第二场。

哪些话题得到关注?浙江如何回应?又为何要这样说?我们再梳理一下。

一

据介绍,浙江代表团有49位党代表。他们肩负着浙江426万党员、6500万人民的重托和期望。

新时代非凡十年,活力浙江随中国一起打拼,每个人都是参与者、见证者。十年成就浓缩在字里行间,激荡于人心脑海,引发强烈共鸣。

浙江这片热土，是习近平总书记工作过的地方。到浙江工作以后，他在很短的时间里就走遍了浙江的山山水水。浙江，是习近平新时代中国特色社会主义思想的重要萌发地。

不难发现，二十大报告中的许多思想、观点、方法，浙江都在进行努力的探索和生动的实践。像"绿水青山就是金山银山"理念、扎实推进共同富裕、构建新发展格局等等，浙江代表感情深、体会实。

连日来，围绕二十大报告，浙江代表团积极热烈充分讨论。有代表就说，报告里的内容，像过电影一样一幕幕呈现，对此每个人都有说不完的话。

二十大报告擘画了党和国家的目标任务和大政方针，是高举旗帜的政治宣言、实现现代化的全新方案、走向伟大复兴的行动纲领。宏伟蓝图，格外令人振奋。

现在，全面准确理解二十大报告中的重要论断和重大战略部署，浙江必须学在深处、谋在新处、干在实处，忠实践行"八八战略"、坚决做到"两个维护"，奋力推进中国特色社会主义共同富裕先行和省域现代化先行。

按照习近平总书记对浙江提出的"干在实处、走在前列、勇立潮头"的要求，浙江踔厉奋发、勇毅前行，为全面建成社会主义现代化强国贡献浙江力量。

二

2021年，习近平总书记和党中央赋予浙江高质量发展建设共同富裕示范区的重大使命，希望浙江发挥试验田作用，为中国式现代化先行探路。

共同富裕也是二十大报告中的一个关键词。报告指出,中国式现代化是"全体人民共同富裕的现代化";要"提高公共服务水平,增强均衡性和可及性,扎实推进共同富裕"。

浙江这块试验田近期收成如何,要过哪些"关",又出了什么"招",很受媒体关注。

一年多来,浙江进行探索实践,重点围绕解决共同富裕核心难题,搭建了一整套架构体系、推出了一系列创新打法、打造了一大批标志性成果、形成了一揽子共富型制度政策,初步显现了效果。

共同富裕的核心难题,是要闯过缩小区域差距、城乡差距、收入差距这三"关"。为了让百姓的美好生活更加殷实、幸福、可感,浙江从难题当中找破题思路。

第一关,如何缩小区域差距。浙江2021年全省人均GDP超11万元,城乡居民收入分别连续21年、37年居全国省区第一。所以,给外界的印象是,浙江老百姓富。

其实,浙江省11个市、90个县(市、区)的发展水平和百姓收入,差距还是不小,只是相对均衡。比如,26个山区县,土地面积约占全省45%,GDP只占全省9.65%。为此,2021年浙江打造山海协作工程升级版,"一县一策""一岛一功能",结对帮扶、分类施策、拉升底板。2022年上半年,山区26县GDP增速比全省高0.7个百分点。

第二关,如何缩小城乡差距。对老百姓来说,城里和乡下最大的差距是交通、教育、医疗等。

浙江的做法就是,针对百姓的急难愁盼,持续推进公共服务均等化,一项一项为民办实事。比如交通,全力以赴做到县县通高速、村村通公交。比如医疗，打造城市医联体、县域医共体，让城里大医生到农村看病、通过远程诊疗给农民看病。像湖州有37.45万人患有高血压和糖尿病，当地专门创建了城乡一体的慢病管理系统，建立档案、跟踪诊疗，使山里的老人和城里的老人一样有获得感。

第三关，如何缩小收入差距。全面建设社会主义现代化国家，最艰巨最繁重的任务仍然在农村。所以，如何推进乡村振兴非常重要。

在浙江农村，已经出现了一批创业创新、村强民富的好典型，像奉化滕头村、淳安下姜村、安吉余村、鲁家村。现在他们在干的，是先富带后富，把周边的薄弱村联合起来抱团发展，滕头村共建6个村、余村共建4个村、下姜村牵头成立大下姜乡村振兴联合党委带动24个村。浙江的很多农村出现了新兴产业，增加了大量就业，很多农民每年拿的钱有三笔：土地流转的租金、上班的薪金、股东的分红。

实现共同富裕是个久久为功的过程，"慢不得"也"急不得"。为全国闯关探路，浙江将以民为本、实事求是、创新实干，不断充实工具箱、升级方法论。

分好蛋糕先得做大蛋糕。高质量发展是实现共同富裕的前提，浙江坚持用新发展理念引领改革创新、激发创造活力，做大做强经济盘子，不断夯实共同富裕的物质基础。同时，盯住主攻方向，缩小三大差距，持之以恒抬高底板，拉高中线。

口袋富，脑袋也要富。浙江正在打造"15分钟品质文化生活圈"，城里有城市书房，农村有文化礼堂，让群众在家门口就能享受"文化大餐"。

此外，为实现真正变革重塑，浙江探索用数字化手段重塑公共服务体系和现代治理体系。"浙里办"App上，各类便民惠企应用24小时在线提供服务，日活跃用户达260万。诸如此类成果迭出，赢得百姓点赞。共同富裕不是看不见、摸不着的。老百姓需要什么？改革好不好？为确保共同富裕"行为不走偏、效果在民间"，这些都由老百姓说了算。

三

"每个中国人的心中，都有一个江南情结。"长江三角洲，历来是中国乃至世界版图上重要的一块。

随着长三角区域一体化发展上升为国家战略，这片土地吸引来更多目光。在集体采访现场，长三角兄弟省市"同框"共话发展。

习近平总书记在浙江工作期间擘画的"八八战略"，其中一条就是"进一步发挥浙江的区位优势，主动接轨上海、积极参与长江三角洲地区合作与交流，不断提高对内对外开放水平"。同时，还倡议建立长三角党政主要领导定期会晤机制。2005年12月，首次长三角地区主要领导座谈会在杭州召开。此后每年召开座谈会，轮流承办，一年不落。

近年来，浙江牢记总书记嘱托，胸怀"国之大者"，全省域参与、全方位融入，推动长三角一体化发展走向纵深，实现了"包邮区"一家亲。

三省一市同下"一盘棋"，浙江找准落子很重要。

浙江拥有数字化改革和数字经济先发优势，在数字长三角一体化中作出了独特的贡献。疫情暴发后，健康码首先诞生于浙江；整个长三角的数字经济创新区、数字长三角的发展方案,包括工业互联网平台集群的统一标准共享资源,这些工作浙江都在久久为功,持之以恒,牵头在干;还有社保卡的异地共享、文化旅游项目中长三角有1000多个项目可以通用一张卡、有139个项目是便民服务可以实现异地办理。

浙江拥有民营经济发达的比较优势,所以在长三角高质量一体化当中,市场主体强不强决定了长三角强不强。2020年6月,在湖州举办长三角党政主要领导座谈会的同时,成立了长三角企业家联盟。长三角三省一市实力最强的100位企业家结成联盟,共拓市场,共同创新。因为只有企业家和市场主体创业创新不断地上升,不断地提升,才有可能使长江三角洲地区成为中国经济龙头的同时,成为世界经济的重要增长极和龙头。

浙江还利用山水资源的比较优势,打造长三角的大花园。浙江"七山一水二分田",山水清丽,东海浩渺,既有深厚文化,也充满创新活力。长三角人口2.36亿,占全国六分之一,这里人口密集,经济活跃,消费力强。

这两年,人们坐上一条杭黄高铁,就能将杭州西湖到西递宏村等7个AAAAA级风景区,以及50多个AAAA级风景区、国家级森林公园和地质公园尽收眼底。随着轨道上的长三角加快建成,从杭州到上海、南京、合肥基本实现高频次"1小时交通圈",长三角跨省上下班、"走亲"更顺畅。

"才饮巢湖水,又食东海鱼,万里长江随时渡,极目楚天舒。"这片特殊的土地,承载着特殊的梦想,正展现更大的作为,让梦想快速成为现实。

四

笔者注意到,除了集体采访,党的二十大期间,大会新闻中心还组织召开大会新闻发布会和5场记者招待会,举办2场"党代表通道","干货"满满、看点十足。

在这些新闻发布活动中,我们看到中国共产党的四种"态"。

无论是对内改革还是对外开放,无论是我们党自身建设还是中国未来发展,新闻发言人、党代表们坦然面对、真诚回应中外媒体提出的宏大、具体甚至尖锐的问题。这展现出自信开放的心态、奋发作为的状态、平等对话的姿态和生动鲜活的语态。

如果拉长时间线,我们可以从各类新闻发布活动中,看到中国新闻发布制度的演进,新闻发布理念的迭代升级,党务、政务的全面公开。

有什么样的底气,就有什么样的姿态。变化的背后,正是我们党、我们国家、我们民族发展壮大的硬核支撑。

透过这扇窗,一个自信、开放、民主的中国共产党,一个真实、立体、全面的中国,世界会越来越看见、越来越认同。

徐伟伟 杨昕 执笔
2022年10月18日

纪录片《盛世修典》记录了什么

> 盛世修典，修的是一国千年文脉的传承，典的是万众更深沉持久的文化自信。

盛世修典，汇百家之珍、聚历代之宝，观古今于须臾。要说盛世所修之"典"，"中国历代绘画大系"这项国家级重大文化工程无疑当属重头戏。

在党的二十大胜利召开的重要时刻，一曲"盛世修典"的二重奏正在奏响——

9月底至今，"盛世修典——'中国历代绘画大系'成果展"正在中国国家博物馆盛大展出；10月17日起连续三天，由浙江广电集团联合浙江大学打造的三集文化工程纪录片《盛世修典》，登上浙江卫视。

盛世修典，修的是一国千年文脉的传承，典的是万众更深沉持久的文化自信。

正如在党的二十大开幕会上，习近平总书记指出，"推进文化自信自强，铸就社会主义文化新辉煌"，"激发全民族文化创新创造活力，增强实现中华民族伟大复兴的精神力量"。

一

"中国历代绘画大系"项目，共收录中国绘画藏品一万两千多件（套），涵盖了绝大部分传世的国宝级绘画珍品。

如果说，展览展的是这些珍品整齐、亮丽的一面，那么，这部纪录片则以另一个视角，带观众了解它们此前历经的聚散离合、并非坦途的"回家"之路。

《盛世修典》以"汇聚""赓续""弥新"为分集，用纪录片手法展现了"大系"项目和国宝名画背后的信息密码。

像《汇聚》中，有幅原作早已佚失、流落至大英博物馆并被截为三段的《女史箴图》最早摹本。那残缺不全的面容，把记忆带回落后挨打的屈辱年代。在八国联军的枪炮声中，英军上尉约翰逊趁乱盗走此画，以25英镑的价格出卖……2013年，中国古画修复师对其进行抢救修复，"大系"团队也得以在大英博物馆提供的图像数据上反复打磨制作。当片中画作合拢的那一刻，让人不由感慨万千。

从珍藏在祖国宝岛的范宽《溪山行旅图》入编"大系"，到王希孟《千里江山图》、夏珪《渔笛清幽》、马远《十二水图》、各代《西园雅集图》的故事……每一件国画瑰宝，都有着属于自己的传奇。

纪录片《盛世修典》以镜头为笔，诉说着中国绘画艺术发生、发展、演进的文化脉络，诠释了中华文化独特的审美观、自然观和价值观。

透过屏幕上那些生动的镜头语言，透过国宝画作的"前世传奇"和"今生故事",大众能更为真切地感受到,这些历经风雨的画作都有着独特的生命历程,引领着今天的人们穿越时空,与传统对话,与未来呼应。

二

习近平总书记强调,"要系统梳理传统文化资源,让收藏在禁宫里的文物、陈列在广阔大地上的遗产、书写在古籍里的文字都活起来"。

如何让历代珍品在中华大地上"活"起来,与当下的我们产生更紧密的关联,是一项值得永恒思考的课题。

事实上,我们的优秀传统文化,在传承和发展中,可以找到更多"破壁""出圈"的打开方式。

比如,具备真正优质内容和话语体系的文化类节目。早在2016年,纪录片《我在故宫修文物》首次将镜头对准故宫文物修复师们,在B站强势走红。人们一贯认知中的小众冷门,成了年轻人的"宠儿"。而以《千里江山图》创作历程为背景的舞蹈诗剧《只此青绿》,更是一度以中国传统美学意蕴征服了观众的心。

在推动中华优秀传统文化创造性转化、创新性发展的路上,浙江一直在努力。

2005年,一个让散落在世界各地的中国古代绘画数字化"回家"的梦想在浙江萌发,习近平同志亲自批准实施"大系"项目。17年铸就丹青不老的传说,离不开习近平总书记多年来的高度重视、持续关注。

从出版书籍、布置展陈,再到这次的纪录片,人们看到我们民族优秀传统文化的感召力。

比如，在展示与传播上，"大系"成果展期间，浙江短视频博主"宝藏猎人董臻"以"清新脱俗"的关注点，对古人脱发等内容进行了一番清奇的阐释，在互联网上受到广泛好评。

比如，在内容方面，此次纪录片的拍摄，以及此前前往重庆、嘉兴、北京等省内外各地办展，则是希望在探寻传统文化之余，可以让这些古老的文明更多走近广大观众。

仰望华夏文明的历史天空，淬炼中华文化和中国精神的时代精华，是我们的使命，是我们当之无愧的职责。

正如二十大报告中指出，增强中华文明传播力影响力，坚守中华文化立场，讲好中国故事、传播好中国声音，展现可信、可爱、可敬的中国形象，推动中华文化更好走向世界。

"诗不能尽，溢而为书，变而为画。""大系"中的中华绘画珍宝，正是文化传承中不可或缺的载体，更是一个向世人展现中国文化面貌的窗口。

三

17年来，"大系"团队把这些承载着中华民族精神追求和美好梦想的历代绘画，以特殊的方式带了回来。今天，我们通过赏读这些画作，以具象的方式认识和理解过去，有了了解中华文明数千年发展历程的直观感受。

我们又该怎样理解这背后的文化意义？

17年风雨无阻，3次全球藏品图像搜集，260余家海内外文博机构，数以万计往来通讯、信函，数十万公里实地拍摄，12405件

（套）中国绘画藏品……

一方面，这项规模浩大、纵贯历史、横跨中外的国家级重大文化工程，呈现的是中华文明盛大的气象，佐证千百年来文化鼎盛。

每一幅"国宝"、每一个寻宝故事的背后，都是我们老祖宗留下来的优秀传统文化。今天，不管是在展览上，还是在屏幕上，穿梭在上千件艺术"国宝"的千年回响中，我们看到的不仅仅是一幅幅历代绘画精品，更是我们的民族历史深处最深层次的文化自信。

追根溯源，还有个问题引人深思：

若没有昌盛的国运支撑，纵使踏破千山万水、费尽千辛万苦，又怎能一次次走进世界罕见珍藏，让文脉以最完整的形态得以延续？又或者说，是什么成就了"大系"？

文化的发展离不开三个要素：一是雄厚的经济基础，二是深厚的文化情怀，三是丰富的文化生态。文化是一个国家、一个民族的灵魂，文化兴国运兴，文化强民族强，反之亦然。

古训有言，盛世修典、和世存典、乱世毁典、末世忘典。大唐盛世，铸就古代中外文化交流一座巅峰；清末废帝溥仪仓皇出逃时，夹带大量文物出宫，导致大量珍宝颠沛流离；20世纪初，大批敦煌文物瑰宝在沧桑的国运当中流落海外……

今日之中国，有底气、有实力开启这趟"海外寻宝之旅"，将散落在外的"国宝"迎回家。"大系"的编纂，在中国当下这繁荣昌盛的时代，才得以完成，它是国家坚持文化建设的成果，更是国家实力与日俱增的写照。

有人说，看完纪录片《盛世修典》，你就读懂了"中国历代绘画大系";读懂了"大系",你就了解了"国脉文运,千古相连"。

讲到底,文化根脉的走向,是与民族的发展、时代的发展共进共退、同频共振的。这是"大系"项目带来的佐证,也是历史给出的答案。

沈芸 王欣 王伟平 王思琦 郑梦莹 执笔
2022年10月19日

绿水青山怎么点"绿"成金

> 沿着绿水青山就是金山银山的路子，浙江的绿水青山越来越美，金山银山越做越大。每个村、每座城、每处河湖，都汇聚起绿色潮流，绿色已经成为浙江发展最动人的色彩。

最近央视热播的专题片《领航》里，有个浙江的村子出镜有点"频繁"，它的故事在第二集播出后，第十集又接着播。

什么样的故事值得被一讲再讲、反复咀嚼。直到镜头扫到村口那块网红"石头"——绿水青山就是金山银山。

2005年8月15日，时任浙江省委书记习近平在浙江安吉的余村考察时，首次提出"绿水青山就是金山银山"的重要论断。

在党的二十大报告中，这个词再次被提及。

习近平总书记指出："我们坚持绿水青山就是金山银山的理念，坚持山水林田湖草沙一体化保护和系统治理……生态文明制度体系更加健全……生态环境保护发生历史性、转折性、全局性变化，我们的祖国天更蓝、山更绿、水更清。"

从"致富靠开采"到"种树能赚钱",从"出门看空气"到"出门看天气",这些年来,我们每个人都是"天更蓝、山更绿、水更清"的亲历者、见证者和受益者。

一

绿水青山可以创造价值吗?

不论是古典经济学,还是马克思主义政治经济学,似乎都不认可大自然就是财富价值的源泉。

斯密、李嘉图等古典经济学家认为"空气等自然要素尽管有使用价值,但没有交换,不构成价值来源"。马克思认为"劳动是创造价值的唯一源泉",资本和土地等生产要素不直接创造价值。

然而,伴随工业化、城市化、信息化愈演愈烈,自然逼近发展极限,人类对大自然的伤害最终会伤及人类自身,这是无法抗拒的规律。当自然的惩罚无情到来时,保护和恢复绿水青山必然要付出高昂的代价。

当年余村靠着开矿办厂"卖石头"致富,但"大家都像生活在有毒的牢笼里似的"。所以习近平同志在调研后指出:"你们关矿停厂,是高明之举!"

事实上,保护生态环境就是保护生产力,改善生态环境就是发展生产力。在人类工业化版图已经覆盖全球的今天,人与自然和谐共处成为时代的主题,环境的保护、生态的修复本身就是一种劳动形式,大自然可持续的产出就是劳动价值的实现。

对"绿水青山"价值的再重视、再发现、再创造,破除了"唯GDP论英雄"的发展迷思,否定了片面追求物质财富和社会资本的狭隘财富观，把自然财富、生态财富与社会财富、经济财富统一起来，既是对西方经济学理论的批判和修正，也是对马克思主义中国化时代化的拓展与创新。

二

绿水青山诚然宝贵，但价值究竟几何？财富如何转化？浙江围绕绿色作文章，因地制宜地开辟了多条转化通道。

这些年，浙江的民宿在全国出了名。很多游客来到浙江，都想去莫干山或者松阳等地住上一晚。孤烟远村、小桥流水、茅檐细雨、灰瓦石阶……好山好水好风景，让人的烦恼和忧愁似乎都能随风飘散，也给人们留下关于浙江的美好记忆。

据统计，浙江省目前拥有民宿1.9万余家，农民收入中旅游贡献率达11.5%，且休闲农业和乡村旅游产业规模超千亿元，乡村旅游、生态旅游已经成为浙江促进共同富裕的重要路径。农村电商等新兴业态的兴起，更是让浙江广大乡村的特色农产品"飞往"全国各地。

不过，借助产业发展来化绿为"宝"只是浙江打开转化通道的第一步。浙江还通过体制机制创新，不断完善顶层设计，破解了一些疑难杂症。机制长效，绿水青山方能常在。

群众利益和生态保护不是矛盾体，可是如何既能调动群众保护生态的积极性，又能让群众享受到实实在在的好处？浙江在国内率先启动集体林地地役权改革，在"你承诺保护，我兑现补偿"的模式下，当地农民坐享生态红利。衢州开化钱江源国家森林公园就通过权利让渡撬动252平方公里生态保护，3100余户村民以保护换补偿。近年来，奔着良好生态环境而来开化旅游的人数逐年攀升，当地年旅游总收入早已超过100亿元。

在两省毗邻处，有时存在生态保护的空白。"我吸川上流，君喝川下水"，守望相助方能"彼此共甘美"。因此，早在2012年，我国首个跨省流域横向生态补偿机制在安徽和浙江之间拉开帷幕，安徽和浙江拿5亿元进行水质"对赌"，新安江上游的安徽在十年间关停迁走了高污染企业，带动的收入增长远远超过了当年承诺的补偿资金，而下游的淳安千岛湖也演变成了人们邂逅的诗和远方。

值得一提的是，浙江发布了全国首部省级GEP核算标准，通过对生态产品价值的量化评估，山山水水有了明确的"价格"，并成为评价区域发展水平的重要指标。在全国首创生态信用体系，"两山银行"唤醒了大量农村"沉睡"资产，"森林贷""石头贷""水库贷"等创新，实现青山变"银行"、资源变"资金"。有人形象地说，"存入"绿水青山，取出来就是金山银山。

今年8月份，《浙江省生态环境保护条例》正式实施。该条例专设了"生态产品价值实现"一章，构建生态产品价值实现的基本制度框架。业内人士指出，这是全国首次以地方性法规的形式对打通"绿水青山就是金山银山"的转化通道作出规定。

沿着绿水青山就是金山银山的路子，浙江的绿水青山越来越美，金山银山越做越大。每个村、每座城、每处河湖，都汇聚起绿色潮流，绿色已经成为浙江发展最动人的色彩。

三

党的二十大报告指出："推动绿色发展，促进人与自然和谐共生。"

我们深知美丽山川、肥沃土地、清澈湖水、生物多样性不仅是自然财富、社会财富、经济财富，更是发展空间所在、优势所在、潜力所在，善待大自然，她慷慨回馈的不只是我们这代人，子孙后代也能永续受益。

"两山"理念讲的是"生态之山"与"经济之山"，无论是"既要绿水青山，也要金山银山"所强调的统筹兼顾，还是"宁要绿水青山，不要金山银山"所坚持的发展前提，抑或是"绿水青山就是金山银山"所突出的有机统一，妥善处理人与自然的关系是贯穿其中不变的主线。

今年以来，全球各地出现了罕见的高温，在高纬度的英国，气温居然达到41°C，澳洲森林大火持续4个月才被扑灭，这充分说明，人类一旦违背自然发展规律，就会受到自然界的报复。我们要有敬畏之心，尊重自然、顺应自然、保护自然，而不是轻视自然、征服自然、破坏自然。

我们只有一个地球，一损俱损、一荣俱荣，关键要处理好人与自然的关系。人类可以使用的资源都在地球之上，如果每个国家、每个个体都从"我"的利益出发去占用资源，必然导致"公地的悲剧"。我们要推动构建人类命运共同体，构建起国际性绿色合作机制，共同应对人类共同的敌人，共同保护人类的家园。

"一水护田将绿绕，两山排闼送青来"。绿色是中国走向现代化的一大"秘诀"，也是递给世界的一张崭新名片，沿着这条路子走下去，美丽中国也将美美与共。

王人骏 沈妤婕 执笔
2022年10月19日

"核心地位+第一动力",创新的分量为何这么重?

> 今天的世界瞬息万变。大变局之下,唯一的"不变之道"就是以变应变、以新应变。

最近,有媒体盘点出了中国超级工程里的"世界之最",在网络上引发了一大波热议:

白鹤滩水电站是目前世界在建规模最大、技术难度最高的水电工程;港珠澳大桥是世界上总体跨度最长的跨海大桥;新疆和若铁路开通运营,让世界首条环沙漠铁路线完成"最后一块拼图"……

有网友称,"中国制造就是中国骄傲"。

而如果我们往深了扒一扒,超级工程的背后,实际上凝聚了大量自主研发的新科技,科技自强自立的背后,归根到底是创新的驱动。

习近平总书记在党的二十大报告中55次提到创新,并深刻指出:坚持创新在我国现代化建设全局中的核心地位。报告中还有一处提到:创新是第一动力。

我们来理一理,"核心地位+第一动力",创新的分量为何这么重？

一

从人类历史来看，社会生产力的每一次发展、科学技术的每一次进步，无不是通过创新实现的。

欧美几个发达国家就是抓住了科技和产业革命的创新机会而一跃跨入现代化行列，实现大国崛起和民族振兴，并引领时代的走向和世界的发展。

有创新就会有发展，谋创新就能谋未来。涅槃于一穷二白旧社会的中国式现代化，也经历了无数次以创新求发展的浴火重生。

特别是新时代以来，在创新驱动发展战略的指引下，我国的"创新型国家"建设稳步加快。从2012年到2021年，全社会研发投入从1.03万亿元增长到2.79万亿元，全球创新指数排名从第34位上升到第12位。

科技创新在企业壮大、产业升级、区域发展、重大工程建设等方面发挥了重要作用，有力支撑了高质量发展，带动一些关键核心技术相继实现突破，取得了载人航天、探月探火、深海深地探测、超级计算机等重大成果。

九天之外传来的"感觉良好"，深潜海底万米的"妙不可言"，乘坐"复兴号"飞驰万里，睁开"天眼"仰观浩渺宇宙……这些，都成了网民心中中国科技创新的"名场面"，成了我们心中升腾起的自信和自豪。

二

科技创新是大国竞争的核心领域。一个国家科技创新能力的高低，决定了其在国际竞争中的水平。

一个经典的故事是，1960年前后，一套重量为3公斤的精密光学坐标镗床主轴轴承，外商对我们的要价竟相当于和轴承同等重量的黄金或6吨重的对虾。直到我们通过自主创新成功攻关，才不再需要依赖进口。

这至少告诉我们两个道理：

第一，关键核心技术要不来、买不来、讨不来。只有把它牢牢攥在自己手中，才能从根本上保障国家总体安全。

第二，在现代世界体系中，不同国家有着不同的分工。位于"中心地区"的发达国家享有先进技术和高附加值产业，而位于"边缘地区"的欠发达国家只能提供原材料、自然资源和廉价劳动力。这一格局让资本和价值源源不断地向"中心地区"聚集并导致严重的两极分化。

这样的故事还有不少。这些年，我们在科技"从模仿到创新"的转型过程中遭遇了"追赶的极限"，关键领域核心技术被"卡脖子"的问题愈发突出。

特别是中美贸易摩擦中，我国"缺芯少核"的科技短板暴露了出来。美西方国家利用技术优势地位，一方面禁止关键技术流入中国，推动高科技产业链的"对华脱钩"；另一方面阻碍我国核心技术研发，企图将我国彻底压制在产业链中低端。

在激烈的国际竞争中，唯创新者进，唯创新者强，唯创新者胜。正是因为我国科技实力和世界领先水平的差距在不断缩小，一些领域实现了从"跟跑"到"并跑"甚至"领跑"，才引发了美西方国家的战略焦虑，并招致不惜成本的封锁和打压。

然而，我们的目标绝不是跟着西方国家亦步亦趋。我们要开拓出中国式现代化路径，这是一条从未有人走过的路，为人类实现现代化提供了新选择，科技创新在其中的核心作用无疑更加凸显。

三

东部沿海省份浙江，为创新之路探了路。

早在2006年，习近平同志在浙江工作时就为浙江定下了用15年时间进入创新型省份行列，基本建成科技强省的目标。当年的"全省科学技术大会"这个会议名称，被习近平同志修改为"全省自主创新大会"。几字之变，意图更加清晰，导向更加明确。

一路走来，"自主创新"这面旗帜始终在之江大地上高高飘扬。今天的浙江，已经拥有良好的科创环境和氛围，正在加速打造三大科创高地。很多人一提到科创大走廊、之江实验室、西湖大学就想到浙江，这些高能级的平台不仅是浙江的"标签"，也正成为创新的沃土。

有活力就有人才，浙江也越来越成为顶尖人才的向往之地。截至2022年8月，全省研发人员总量已达77.58万人，这就意味着大概每1000个浙江人中就有12个科研人员。

而这些科研平台、科研技术、创新力量，则前所未有地融入到百姓的日常当中。在全国率先启动数字化改革一年多来，浙江打造出一批实用、管用的重大应用。"海外智慧物流""浙农服""健康码""政采云"……一个个有着鲜明浙江烙印的数字化应用,便企惠民,香飘墙外、飞向万家。

每个时代,都有打开创新之门的钥匙。比如第一次工业革命是蒸汽机,第二次工业革命是电气化。今天,浙江则以"数"谋"新",做第一个"吃螃蟹"的人。

四

今天的世界瞬息万变。大变局之下,唯一的"不变之道"就是以变应变、以新应变。

创新,该怎么创?如何新?

"必须坚持科技是第一生产力、人才是第一资源、创新是第一动力,深入实施科教兴国战略、人才强国战略、创新驱动发展战略,开辟发展新领域新赛道,不断塑造发展新动能新优势。"党的二十大报告中的这段话,为创新之路擘画了清晰的领域和路径。

此外,笔者认为,以创新驱动发展还要坚持好以下几个关键点。

创新靠不得别人,还得靠自己。创新能力,关乎一个国家在世界格局中的地位,甚至关乎着国家安全。在世界竞技赛中,跟着别人跑随时可能会被绊倒,只有把创新的自主权、技术的所有权、发展的主动权紧紧攥在自己手中,才能跑出速度、跑到前列。

创新的重要目的之一,是整合资源,打通链条、畅通循环。中国已经是全球第二大经济体,依靠传统的土地、资源和低成本人力来驱动发展已经没有竞争力,也不会有出路。只有用好新型举国体制优势,发挥创新的核心作用,打通不受制于人的产业链、供应链，才能在经济发展中涌现出无数"风口"，在国际竞争中站稳脚跟。

真正的创新，最终要落脚于民。近年来，我国科技创新能力不断提升，越来越多的创新成果广泛应用于民生领域。高铁网络、电子商务、移动支付、互联网+、共享经济……正在深刻改变着人们的衣食住行。不过，实现"人的现代化"也还有很多空白领域，如何围绕老百姓的切身需要，填补这些空白，是需要瞄准的"靶子"。

赶考路上，需要创新来"澎湃"。坚持创新在我国现代化建设全局中的核心地位，坚持创新是第一动力，不仅要让"1"不断地递增出"N"，也要探索如何让更多的"0"实现"1"的突破。

王人骏 云新宇 执笔

2022年10月20日

如果把"新发展格局"看作一盘棋

> 构建新发展格局,就是激活我国发展棋局的绝妙一招,是保持我国长远发展的制胜之策。

平时在下棋过程中,我们经常会遇到这种情况:当一方陷入困局时,似乎进退维谷、处处受制,但当他下出一步妙棋后,攻守顿时易位、局面顷刻大开,立马变被动为主动,在全局中反而占据优势。

发展如棋局。看清每一处落子的深意,方能运筹帷幄、进退裕如。构建新发展格局,就是激活我国发展棋局的绝妙一招,是保持我国长远发展的制胜之策。

在党的二十大报告中,新发展格局是引发最多讨论的话题之一。报告用整整一个章节的厚重篇幅,阐释了"加快构建新发展格局,着力推动高质量发展"。此外,二十大新闻中心第一场记者招待会的主题也与新发展格局有关,可见其受关注度之高、意义之重大。

一

新发展格局不是新概念。可是对它的内涵和意义,很多人还不一定搞得明白,甚至可能多少存在一些误解。

什么是新发展格局?就是生产、分配、流通和消费各个环节都更多依托国内市场,同时经济运行必须深度对接国际分工体系,通过融入国际循环促进国内循环、以畅通国内循环支撑国际循环,更好地利用国际国内两个市场、两种资源来发展自己。

简单来说,就是要立足自身,把国内大循环这个"自转"作为基础和主体,把国际循环这个"公转"作为延伸和补充,两者相互依存、相互促进,以"自转"推动"公转",构成一个优势互补、有机统一的整体。

构建新发展格局,是一子落而满盘活的战略之举,其中的深意需要细细品读。有人曾经用下棋中的"拔簧马、担竿炮、高头车"来比喻构建新发展格局,笔者认为是很有借鉴意义的,不妨概括为:破局的"拔簧马"、除险的"担竿炮"、自立的"高头车"。

先说破局的"拔簧马"。假如国家有段位,那么新中国从"青铜"到"王者"的进阶,简直堪称世间最精彩的逆袭。

改革开放以来特别是加入世贸组织后,我们积极加入国际大循环,形成了"两头在外"的发展格局。当年,中国用一亿条裤子才能换回一架飞机,而如今我们的C919大型客机已经飞出创新发展的新高度。同时,我们的人口和环境成本都在上升,要想向创新驱动转型,就必须构建新发展格局。

再说除险的"担竿炮"。复盘近年来,经济全球化遭遇逆流,美国对我国产业和技术封锁遏制逐步升级、层层加码，有时一纸禁令就可以使得一个企业、一个行业陷入困境乃至"休克"。为了应对外部环境的不稳定性、不确定性，也必须构建新发展格局。

最后说自立的"高头车"。数据显示，2021年我国经济总量占世界经济的比重达18.5%，稳居世界第二位；2013年—2021年，我国对世界经济增长的平均贡献率超过30%，居世界第一；同时我们体量大，14亿多人口、4亿多中等收入群体，怎么看，都是全球最大和最有潜力的消费市场。

可以说，构建新发展格局，是历史逻辑和现实逻辑的必然选择，对此，我们也底气十足。

二

新发展格局是怎么来的？对于这个，浙江干部群众有一定的发言权。

浙江是习近平同志工作过的地方，他在浙江工作的1600多个日日夜夜，给我们留下了众多宝贵财富。复盘浙江的实践，可以说，"八八战略"实施以来的发展历程就是构建新发展格局的过程，从省域层面为全国新发展格局探索了路子、积累了经验。

早在2004年，习近平同志在"之江新语"中就引用了"地瓜理论"：地瓜的藤蔓向四面八方延伸，为的是汲取更多的阳光、雨露和养分，但它的块茎始终是在根基部，藤蔓的延伸扩张最终为的是块茎能长得更加粗壮硕大。

如果把藤蔓的延伸隐喻为"跳出浙江发展浙江"的话，那么，块茎的坚固则代表着"立足浙江发展浙江"。浙江从一个资源小省发展成为经济强省,很重要的一点就是既立足浙江发展浙江、又跳出浙江发展浙江。浙江人敢闯敢试、敢为天下先,企业"不等、不看、不靠、不要",在全球范围内配置资源、开拓市场,形成了富有特色的"地瓜经济",这走的就是国内国际双循环的路子。

比如,40多年前的义乌从"鸡毛换糖"做起,通过兴商建市,发展国际贸易,以市场为核心来推动高端要素的集聚。现在已成为买全球、卖全球的"世界超市"。

比如,我们发挥浙江经济外向型程度高的突出特点,推进宁波港、舟山港合并实现跨越式发展。现在,宁波舟山港已是货物吞吐量全球第一大港。

比如,我们推进"腾笼换鸟、凤凰涅槃",鼓励企业走出去,主动接轨上海,主动参与国际市场的竞争,实现从开放大省向深度融入全球经济跃变,等等。

因此,浙江广大干部群众对这一概念有着特殊的认识和感情。

笔者注意到,在目前可查阅的公开文献中,2020年4月,习近平总书记在中央财经委员会第七次会议上首次提出"新发展格局"这一重要概念。

此前,据《习近平谈治国理政》(第四卷)记载,习近平总书记就是在浙江考察时发现并感觉到,现在的形势已经很不一样了,大进大出的环境条件已经变化,必须根据新的形势提出引领发展的新思路。于是,新发展格局的战略谋划得以浮出水面。

三

棋局如战场,表面上波澜不惊,实则处处是惊心动魄的博弈。

主客场的切换、双循环的底气都在于自身实力。

如果说，以前我们实力不够，只能选择"微笑曲线"最低端，做"世界工厂"，处于被动的"客场"，那么接下来我们就要升级迭代到以利用我国庞大内需为主的"主场"模式。

我们该如何不断提升实力？习近平总书记指出，要在各种可以预见和难以预见的狂风暴雨、惊涛骇浪中，增强我们的生存力、竞争力、发展力、持续力。这为我们提供了宝贵启示。

面对美西方对我们的技术封锁和制裁，要提升生存力，简单来说就是要"活下去"，这里关键是要解决好"卡脖子"问题。持续提升产业链供应链韧性和安全水平，实现高水平自立自强，强化国家战略科技力量，保证在关系生死存亡的关键领域能做到内循环，才能够做到独立自主，而不受制于人。

如今，群众的需求不在于"有没有"，而在于"好不好"。此时，在质量上发力尤为重要。努力实现更高水平的供需动态平衡，把扩大内需战略同深化供给侧改革结合起来，不断满足人们对更加美好生活的向往，让老百姓的生活芝麻开花节节高，幸福指数往上涨，这样国内大循环的内生动力和可靠性才能增强。

我国拥有庞大的人口基数和中等收入群体规模，市场是最稀缺的资源，也是我们的巨大优势。该如何建立起扩大内需的有效制度，培育完整内需体系，在不断提高生活品质的同时，源源不断释放内需潜力，也是值得久久为功、做深做透的一篇文章。

当然，双循环绝不意味着关起门来。这看似是常识，却值得反复强调。

在二十大新闻中心第一场记者招待会上，就有外媒记者预设性地将"自给自足"当作中国经济的一个目标。近两年，这个对中国构建新发展格局的典型误读在美西方舆论场像野草一样滋长。

美西方确实有一些人在开倒车。毫无疑问,我们不仅要坚持对外开放,还要实现更高水平的对外开放,提升国际循环质量和水平,不断增强对全球要素资源的吸引力、在国际竞技场上的竞争力、在全球资源配置中的推动力,用外循环提升内循环的效率和层次。

中国经济是一片大海,遭遇风浪当然不可避免,甚至还会有狂风暴雨。新发展格局,就是要把国内大循环畅通起来、壮大起来,努力练就百毒不侵、金刚不坏之身,然后开启"勇闯天涯"的冲浪模式,使我们这艘巨轮勇往直前。

王云长　陈培浩　洪敏　执笔
2022 年 10 月 20 日

浙江数字化改革到底带来了什么

> 改革始终有一个鲜明指向和落点——
> 让群众的生活更加便利、更加美好。

党的二十大报告指出,要加快建设数字中国。长期以来,浙江持续为建设数字中国贡献着浙江力量。在之江大地,"数字化"已成为一张闪闪发光的金名片。

借助数字化改革,浙江群众生活体验常常行走在潮流一线"花样翻新"。"浙里办"注册用户达8200万,日活用户达300万,群众办事像"网购"一样方便。无论是教育、就业,还是医疗、交通,各种大数据和便民应用,让人们以"键对键"的方式畅享数字生活新图景。

这一切的惊艳成果,都指向浙江驰而不息推进"数字浙江"建设。2021年2月,浙江启动数字化改革,"数字浙江"进入新阶段。今年8月,国家网信办发布《数字中国发展报告(2021年)》显示:浙江的数字化综合发展水平排名全国第一。

在浙江,数字化改革是全面深化改革的总抓手,是推进共同富裕和现代化的"桥"和"船"。放眼全国,重视数字政府建设的省份固然有很多,但把数字化改革摆在如此重要位置并且全力以赴推进的，似乎只有浙江。

笔者作为文科生，今天聊聊自己眼中的数字化改革。

一

说到数字化改革，很多浙江干部群众都有发言权，因为种种看得见、摸得着的变化，切切实实地发生在你我身边。

比如，办事不用出家门。浙里民生"关键小事"智能速办应用，集成出生"一件事"、入学"一件事"等50个高频服务事项，日均办件量4.2万件，平均减材料67%、减时间66%。

看病不用多花钱。想看病，打开"浙医互认"应用，它率先在全省实现医学检验检查结果互认共享，免除群众重复检查检验的麻烦和费用。截至目前，累计互认1573万项次，直接节省医疗费用6.8亿元。

吃饭不用有顾虑。"浙江外卖在线"应用守护群众舌尖上的安全，从"阳光厨房"新鲜出炉，到小哥取件，再到外卖送上门，我们可以"看得明白、吃得放心"。

文化生活更多彩。浙江正在布局"15分钟品质文化生活圈"，让文化享受泛在可及。"品质文化惠享"应用整合全省各级各类文化场馆和活动资源，"线下空间＋线上场景"让人们尽享"家门口的文化圈"；"全民阅读在线"则通过"AI精准种草""你选书我买单"等方式，打造一站式阅读体验，让人们多读书、读好书。

像这样的生动案例还有很多。当然，数字化改革的成效绝不局限于生活层面。数字生长为人智慧的触手，带来了生产和社会治理方面的显著进步。

越是情况紧急，越能彰显数字化改革的威力。"防汛防台在线"应用实现风险具象化和快速预警，"村子里该转移多少人、有多少人没转移，需要多少物资、缺口还有多少"，一目了然，为助力打赢抗击"烟花""灿都"硬仗提供多方紧急协调，在去年"烟花"台风期间紧急调拨各类物资20.6万件，转移危险区域人员200万人。

此外，面对企业数字化转型升级的需求，"产业一链通"应用完成强链项目362个、补链项目1350个，跟踪招引重大产业项目78个；"科技攻关在线"应用今年以来支撑取得进口替代成果175项，累计349项；"浙企智造在线"着眼优质服务供给，为近2万家企业提供数字化改造服务，推动企业平均生产成本降低19%。

从工业时代跨越到数字变革时代，数据已经成为人类发展所依赖的基础要素和核心资源。不同于煤炭、石油等实体资源，数据看不见、摸不着，却蕴含着撬动未来的强大力量。

一个个案例、一个个数据生动说明，数字化改革切实帮助群众解决了急难愁盼的问题，焕发出蓬勃的生命力、持久力。

二

改革路径的选择，从来不是偶然的。《习近平浙江足迹》中记录了一段往事。

21世纪初，数字化浪潮风起云涌、不可阻挡。2003年，时任浙江省委书记习近平作出了建设"数字浙江"的重大决策部署。

"数字浙江是全面推进我省国民经济和社会信息化、以信息化带动工业化的基础性工程……"2003年1月，在浙江省十届人大一次会议上，政府工作报告全面阐述了"数字浙江"的构想，浙江由此进入数字化建设的"新赛道"。之后,"数字浙江"还被写入了"八八战略"。

2005年,在习近平同志的见证下,华为公司第二次与杭州市"握手"——华为杭州研发中心项目正式签约。2006年,在习近平同志的大力支持下,中国电信浙江公司和浙江大学共同举办"春回燕归·浙籍IT精英峰会",让IT界浙籍企业家共聚一堂,为"数字浙江"建设添砖加瓦。而在此后连续举办的数年里,吸引了网易、中兴等多家知名通信企业入驻浙江。

这些故事,都体现了习近平同志极具前瞻性的战略眼光。

此后,浙江历届省委坚持一张蓝图绘到底、一任接着一任干,深入推进"数字浙江"建设。2014年推出"四张清单一张网"改革,2017年实施"最多跑一次"改革,2018年启动政府数字化转型,"让数据多跑路,让群众少跑腿"逐渐变成现实,"掌上办事之省""掌上办公之省"呼之欲出。

2021年2月18日,省委召开全省数字化改革大会,提出全面推进数字化改革,数字化改革成为浙江最鲜明的底色。改革全面启动以来,省委主要领导每两个月主持召开全省推进会,持之以恒推动数字化改革。

V字模型、业务协同、数据共享、体系架构、三张清单、重大应用开发、系统重塑、整体智治……数字化改革启动以来,这些话语经常见诸媒体。一项项改革稳步推进,一个个应用迭代升级,一批重大标志性成果火热出炉,人们的生活在不知不觉间发生改变。

事实上,数字化改革带来的不仅是一场关于全社会生产方式、生活方式、治理方式的系统性变革,也是一场思想更新和理念变革——它倒逼相关部门和广大党员干部坚持生成性学习、激发创造性张力,在实践实战中不断增强系统观念、数字素养、改革能力,不断增强塑造变革本领。

三

数字化改革,本质上是集成改革和制度重塑。以数据流集成决策流、执行流、业务流,从根本上推动各领域流程再造、规则重塑、制度重构、整体优化,有效解决了一批省域治理中的热点难点问题。

而改革始终有一个鲜明指向和落点——让群众的生活更加便利、更加美好。治国有常,利民为本。人民群众的"急难愁盼"就是改革的出发点、落脚点。

改革"为了谁",习近平总书记对此一再强调:"老百姓关心什么、期盼什么,改革就要抓住什么、推进什么,通过改革给人民群众带来更多获得感。"

对于数字化改革,人们这样评价:解决了一批传统手段难以解决的治理难题,干成了一些过去不敢想或者认为干不成的事。

数字化改革从一开始就坚持问题导向,注重实战实效。通过集成"基层治理四平台"、"141"体系构建、"县乡一体、条抓块统"改革、城乡社区现代化建设等经验做法,打造了基层治理系统,让各类应用越往下越集成、越符合基层实际需求,减轻基层负担、提升治理效能。同时,数字技术的应用向乡村振兴、农文旅融合、社会治理、关键民生小事等更大范围拓展,颗粒度更细。比如,衢州开化推出"灵活就业"应用,台州打造"房省心"多跨协同服务场景,分别解决了找工作、收房验房等难题,很有现实针对性。

数字化改革成果渗入群众生活方方面面，让老百姓真实可感。比如"浙里基本公共服务"应用为用户及其家人提供了一张"幸福清单"，涵盖一个人从出生、教育、就业、婚育、就医、养老等10个阶段，通过智能匹配个人和家庭信息，为用户推送、提供近百项与其需求相匹配的优质公共服务。

省域治理存在的热点难点痛点，借助数字化改革也能得到破解。在疫情防控中，浙江在"健康码"基础上，上线疫情防控精密智控综合集成应用，集成申码亮码、核酸采样、三区研判等31个场景，在多轮疫情防控遭遇战中实战运用，发挥重要作用，成功应对疫情多源、多点、散发、频发的新情况。

有专家认为，浙江数字化改革从技术理性跨越到制度理性，最后实现价值理性，推进长效发展。价值理性则是以人为本，更关注整个社会的持续发展与人的关系以及发展成果的分享。

现在，面向数字时代，浙江正在努力打造数字变革高地，这是"数字中国"在省域层面的生动实践。我们所看到的，将会是全民共享、引领未来、彰显制度优势的现代数字文明，这也将为浙江的"两个先行"提供根本动力。

世界永远处于变化之中，人们美好生活"需求清单"不断扩容。面对不断变化的形势和需求，数字化改革不可能一蹴而就，而是一个长期的螺旋式迭代过程，但浙江已下好先手棋。

期待未来创造更多突破性标志性成就，用今天的浙江实践为明天的中国探索提供更多的成功经验。

苏畅 桑隽漾 沈桢东 执笔
2022年10月21日

从习近平同志困难新解谈起

> 对个人来说,人生路漫漫,一个坎儿接着一个坎儿过,再回首,才是丰满的一辈子;对社会来说,历史的车轮正是在解决问题中前进,时代的进步总是在攻克难题中实现。

困难无处不在,与我们的工作和生活如影随形。

党的二十大报告指出,要增强全党全国各族人民的志气、骨气、底气,不信邪、不怕鬼、不怕压,知难而进、迎难而上,统筹发展和安全,全力战胜前进道路上各种困难和挑战,依靠顽强斗争打开事业发展新天地。

笔者注意到,《干在实处 走在前列——推进浙江新发展的思考与实践》记载,习近平同志在浙江工作时,曾对"困难"二字作了新解:困难之"困",围住的是失去生命的"木"而不是充满活力的"树";困难之"难",动动"点"子、用用脑子就可能迎来"又"一"佳"境。这番话通俗易懂,又启人思考。

时代进步总是在解决困难的基础上实现的。面对未来发展道路上的"惊涛骇浪",我们该保持怎样的活力?该怎么战胜困难?让我们重新认识一下"困难"这个最熟悉的朋友。

一

提起"困难",大多人大抵会眉头一皱。确实,我们经常会近乎本能地抵触"困难"。困难来临,生活的平静被打破,压力骤增,害怕面对陌生,害怕失败,害怕把事情搞砸……

但没有困难,哪来进步?《道德经》云:"祸兮福之所倚,福兮祸之所伏。"《庄子》曰:"安危相易,祸福相生。"正是传承这样的思维,中华民族一次次在危难中站起来,抓住契机,将困难转变为前进发展的动力,在绝处逢生,于逆境重生。

困难当前,自我逼迫、直面难题,消除畏难情绪是第一步。

俗话说得好:畏难不知难,临难而退,难者更难;知难不避难,迎难而上,难也不难。拥有好的精神状态是前行动力所在。

浙江发展的一个重要因素是依靠精神力量特别是"浙江精神"的激励。在克服困难中发展壮大,在应对挑战中超越自我,这样的故事贯穿于浙江的奋斗历程。

回首过去,浙江人白手起家、无中生有,在计划经济的夹缝中求得生存;艰苦创业、走南闯北,在市场竞争中不断成长;漂洋过海、百折不挠,在国际市场上发展壮大;面对亚洲金融危机、全球金融危机,硬是直着身板过来了。

关关难过关关过。本世纪初,浙江的"先天不足"与"成长的烦恼"交织,浙江人发扬那股子敢闯敢试、敢为天下先的拼劲和闯劲,直面挑战、勇于变革。2003年,浙江省委创新提出"八八战略",引领浙江经济社会发展再上新台阶。近20年来,在"八八战略"指引下,历届省委、省政府一任接着一任干,浙江改革发展各项事业不断"打怪升级"。

惟其艰难,更显勇毅。一个省份如此,一个国家更是如此。

反贫困、建小康,稳经济、促发展,战疫情、斗洪峰,化危机、应变局……党的十八大以来,全国人民在党中央的坚强领导下,攻克了许多长期没有解决的难题,办成了许多事关长远的大事要事,经受住了来自政治、经济、意识形态、自然界等方面的风险挑战考验,这才取得了新时代10年的伟大变革。

二

勇闯不是莽撞,先行不等于冒进。怎么解决困难,还考验着智慧。

《矛盾论》里写道:"一切矛盾着的东西,互相联系着,不但在一定条件之下共处于一个统一体中,而且在一定条件之下互相转化,这就是矛盾的同一性的全部意义。"

如何动动"点"子、用用脑子,做活力之"树",不做被困之"木",全在于能否透析其中的"危""机"辩证法。

《习近平在浙江》一书中提到,习近平同志初到浙江,在回答媒体提问时就非常明了地说:"新世纪新阶段浙江经济进一步发展的天地在哪里?在海上!"

虽然那时舟山有这样那样的困难,但习近平同志鼓励说:"要看到舟山的潜力,看到舟山是一大优势,一大财富,不把舟山看作包袱……"在这样的鼓励和支持之下,2005年宁波舟山港一体化进程拉开序幕,2009年舟山跨海大桥全线通车,舟山逐渐打开了发展的新格局。

《习近平浙江足迹》中记录了"腾笼换鸟""凤凰涅槃"的来源。2004年,浙江成为全国第四个GDP超万亿元的省份,同时,也成了全国最缺电的省份。能源紧张,土地供给也紧张。耕地面积锐减,一大批重点项目无法落地。

而在这一年的全省经济工作会议上,习近平同志强调,要痛下决心,以"腾笼换鸟"的思路和"凤凰涅槃""浴火重生"的勇气,加快经济增长方式的转变,让"吃得少、产蛋多、飞得高"的"俊鸟"引领浙江经济。

"困难"意味着问题和瓶颈,也孕育着调整与改变。带着革命乐观主义的心态来看,"绊脚石"也可以是撬动更大能量的"支点","短板"也可以是发展的"增量"。

2020年,习近平总书记在浙江考察时,进一步点透了坏事变好事的辩证法和方法论,"危和机总是同生并存的,克服了危即是机","要深入分析,全面权衡,准确识变、科学应变、主动求变,善于从眼前的危机、眼前的困难中捕捉和创造机遇"。

发展如逆水行舟,不进则退。困难当前,拥有捕捉机遇的慧眼,拿出独具匠心的招数,才能克难制胜,努力形成非对称优势,在新的起点上不仅昂首阔步走在前,更能独领风骚立潮头。

三

过去十年,党和国家事业取得历史性成就、发生历史性变革。面向未来,全面建设社会主义现代化国家,是一项伟大而艰巨的事业，前途光明，任重道远。

眺望前方，有风有雨是常态，风雨无阻是心态，风雨兼程是状态。"困难"将是我们前行道路上的"陪伴"，但我们不怕苦、不畏难。

面对新情况新问题新挑战，在"山重水复疑无路"时不怨天尤人、乱了方寸，而要能保持清醒、打开思路，提高抗压能力，以昂扬姿态开辟"柳暗花明又一村"的新境界。

比如，李书福四次创业一波三折，一步步从"放牛娃"变成"汽车大王"；出身贫苦人家的徐文荣，曾经放弃了"铁饭碗"，带领横店老百姓走出一条富裕之路……每一位浙商都有一部艰苦创业史，成功都是在"摸爬滚打"中锤炼出来。

面对乱云飞渡、风吹浪打，不妨走得坚定，积小胜为大胜。对于平时在做、司空见惯的工作审美疲劳、安于现状，或者不顾条件、违背规律大干快上，都是不可取的。结合实际，步步为营、年年有成，事业才能可持续发展。

饭要一口一口吃，路要一步一步走。回望过去，我们党在风雨飘摇中成立，经历了艰苦卓绝的革命与战争，走过了百年风雨，经历了长期艰难困苦，才领航这艘巍巍巨轮乘风破浪，殊为不易。

有时，你可能觉得风平浪静，但暗礁就藏在看不到的地方。所以说，居安思危、未雨绸缪尤为必要。根据瞬息万变的形势，及时调整战略策略，捕捉住转瞬即逝的发展先机，主动看一看与先进一流的差距在哪里，想一想创新突破的契机在哪里，才能赢得主动权。

比如，在一些关键核心技术上，中国仍面临被西方国家"卡脖子"的被动局面。正是在这样的困境鞭策下，中国人始终在科技自立自强的高峰上攀登，不懈推动科技创新、培养科技人才，"上九天揽月，下五洋捉鳖"，努力将科技的命脉掌握在自己手中。

经历风雨才能见到彩虹，闯过隘口才能一马平川，这是我们一贯的"行动哲学"。

对个人来说，人生路漫漫，一个坎儿接着一个坎儿过，再回首，才是丰满的一辈子；对社会来说，历史的车轮正是在解决问题中前进，时代的进步总是在攻克难题中实现。

你见或者不见，困难都在那里。唯有坚毅沉着地应对困难，抖擞精神，狠狠"杀出一条血路"。

王云长　执笔

2022年10月21日

为什么共同富裕等不得也急不得

> 唯有慎之又慎、实事求是、循序渐进，才是正确的解题之道。

党的二十大报告中，"共同富裕"是个高频词——

在总结过去10年的成就时，提到"共同富裕取得新成效"；谈及中国式现代化的中国特色，"全体人民共同富裕的现代化"是其一；中国式现代化的本质要求，包括"实现全体人民共同富裕"；部署今后任务时，依然有"扎实推进共同富裕"。

实现共同富裕是个大工程，"图纸"已经初步画好，怎样施工，力道如何把握？

习近平总书记在提到共同富裕时说，"办好这件事，等不得，也急不得"。扎实推进共同富裕的"打法"，就蕴藏在"等不得"与"急不得"的辩证法中。

一

之所以说"等不得"，是因为现在已经到了扎实推动共同富裕的历史阶段，实现共同富裕具有重要性、紧迫性和现实性。

就像一场长跑比赛，接过了全面小康的"接力棒"，进入共同富裕"新跑道"，就要全力以赴跑出"加速度"，容不得片刻犹疑。

贫穷不是社会主义，两极分化也不是社会主义。共同富裕作为社会主义的本质要求，很早就刻进了中国共产党人的DNA之中。

早在党的二大，就提出"改良工人待遇""改良教育制度，实行教育普及""规定累进率所得税"等任务和方案。自从党的十三大报告中出现"共同富裕"一词，此后的每一份党代会报告里都有关于共同富裕的表述。

党的十九大报告对共同富裕提出了新的奋斗目标：到2035年，基本实现社会主义现代化，全体人民共同富裕迈出坚实步伐。到本世纪中叶，全体人民共同富裕基本实现。

中国共产党说话是算数的，共同富裕绝不仅仅是一句口号，而是要在实干中化作现实。

早些年，曾有人把杭州临安清凉峰镇与温州苍南大渔镇相连，画出了一条具有特殊意义的线，叫作"清大线"。线的西南侧，群山连绵，欠发达地区较多；线的东北侧，水系纵横，经济社会发展总体较好。

如何跨越"清大线"、念好"山海经"？时任浙江省委书记习近平给出了答案，那就是要实施山海协作工程。如今，山海协作工程不断升级，"山"与"海"握手，绘就了"绿蓝泼墨"的壮美图景。常山双柚汁、庆元香菇、仙居杨梅这些"土"货，也能"翻山越岭"来到浙北人民的餐桌，"一县一策""一岛一功能"为山区26县量身定制了发展路径，山区县的"造血"能力得到提高。

只有在这样一点一滴的努力中，我们才能距离共同富裕越来越近。如今，作为高质量发展建设共同富裕示范区，浙江自然要抖擞精神，率先行动起来，承担起为全国探路的使命。一年多来，浙江就是这么做的，示范区建设扎实开局，一批创新探索已经初显成效。

等不是办法，干才有希望。不干，半点马克思主义都没有。如果因为觉得实现共同富裕很难，就产生畏难情绪，或者认为主客观条件有限，就选择裹足不前，共同富裕只会沦为空想。拿出时不我待的紧迫感、只争朝夕的精气神，善作善成、创新实干，才能跑赢这场"马拉松"。

二

子夏问孔子怎样为政。孔子告诉他，不要求快，不要贪求小利。求快反而达不到目的，贪求小利就做不成大事。

促进全体人民共同富裕的过程中也应注意"欲速则不达"。

二十大报告提出，要"扎实推进共同富裕"。什么是"扎实"？引用总书记的话，"共同富裕是一个长远目标，需要一个过程，不可能一蹴而就，对其长期性、艰巨性、复杂性要有充分估计"，"我们要有耐心，实打实地一件事一件事办好，提高实效"。

也就是说，这件事儿"急不得"，还得遵循量变到质变的规律，不可能"一口吃成个胖子"。

有些工作没做好，原因就在一个"急"字。过于激进的改革、不切实际的冒进，就可能引发一系列连锁反应，甚至招致"功亏一篑"的后果。唯有慎之又慎、实事求是、循序渐进，才是正确的解题之道。

人间万事出艰辛。回顾历史，从温饱不足到总体小康、再到全面建成小康社会，我们正是秉持着实事求是的精神，尊重客观规律，进行科学的决策部署，循序渐进、善作善成。

小康是中华民族的千年夙愿。直到40年前的1982年，党的十二大才首次把"小康"作为经济建设总的奋斗目标，当时提出到20世纪末力争使人民的物质文化生活达到小康水平。经过孜孜不倦的努力，20世纪末，人民生活总体上达到小康水平。进入新时代，以习近平同志为核心的党中央团结带领全党和全国人民，攻坚克难、奋发有为，全面建成小康社会的目标才如期实现。

目前，尽管我国经济社会条件已得到巨大改善，可从现实情况来看，作为世界上最大的发展中国家，我国仍处于并将长期处于社会主义初级阶段，人均国内生产总值、城乡居民人均收入水平还比较低，再加上中国幅员辽阔，城乡、区域、群体之间收入差距还比较大，发展不平衡不充分问题仍然存在。因此，推进共同富裕需要一个渐进过程。

习近平总书记说，我们要实现14亿人共同富裕，必须脚踏实地、久久为功，不是所有人都同时富裕，也不是所有地区同时达到一个富裕水准，不同人群不仅实现富裕的程度有高有低，时间上也会有先有后，不同地区富裕程度还会存在一定差异，不可能齐头并进。这是一个在动态中向前发展的过程，要持续推动，不断取得成效。

如果把推进共同富裕比作走路，两条腿一前一后才走得稳、走得远，两只脚齐步往前走，不仅走得很慢很累，搞不好还会摔跟头。14亿人口，如此大的体量，注定了共同富裕不是轻轻松松、敲锣打鼓就能实现的，只有保持"急不得"的耐心，有计划、分阶段地往前，才能积小胜为大胜。

三

"等不得"与"急不得"并不矛盾，而是相互统一。

因为"等不得"，所以需要我们率先迈出第一步。因为"急不得"，所以不能大家一拥而上，得有人先去试试水、探探路，从点上示范向面上铺开。

基于这样的逻辑，高质量发展建设共同富裕示范区的历史使命应运而生。浙江这位"练习时长一年半"的练习生，正以务实笔触、稳健节奏，写好这道"命题作文"。

蛋糕做不大，共同富裕的物质基础就没有。做蛋糕的过程中，"快"与"慢"不是目的，"大不大""好不好"才是标准。在新发展理念指引下，既把家业做大，也通过创新驱动、数字赋能、绿色转型等路径，让成色更足，才能真正用高质量发展的"新鞋"，走出共同富裕的"新路"。

就在上个月，《浙江省推进农民农村"扩中""提低"工作方案》出台，提出力争到2025年农村家庭年可支配收入10万元至50万元群体的比例达到80%，20万元至60万元群体的比例达到40%。把农村农民这一头提起来，共同富裕就有了更加坚实的底板。虽然"三大差距"不是一朝一夕就能解决的，但通过持续地"扩中""提低"、探索共富型制度政策新体系，发展就会越来越均衡。

"一犁耕到头""基本福利靠集体、发家致富靠奋斗"……在滕头村人的共富日记里，"奋斗致富"4个字是最亮眼的关键词。自己富起来还不够，村里还创立了"连锁滕头"发展模式，在国内建立30多个"滕头飞地",把绿色产业、发展理念、经营思路向外输送。

实现共同目标就需要这样的共同奋斗。浙江突出一个导向,就是鼓励勤劳创新致富,鼓励先富带后富。推进共同富裕,发挥好政府这只"有形的手"固然重要,运用好市场这只"无形的手"也很关键,但归根结底共同富裕还是离不开咱们这双"勤劳的手"。

可以说,"等不得"与"急不得"的辩证法最终就统一于人民群众的接续奋斗之中。

俗话说,开足马力是效率,方法对头也是效率。共同富裕这艘初露桅杆尖头的航船,需要我们找准方向、张满风帆,朝着既定的目标劈波斩浪、行稳致远。

何诗航 谢滨同 执笔

2022年10月22日

这四个字何以力重千钧

> 谁把人民放在心上,人民就把谁放在心上。"两个确立"的背后,书写的是两个大字:信任!

要说最近一周的"世界头条新闻",那一定非我们党的二十大莫属。

为何整个世界的目光都聚焦这里?因为中国好,世界才更好。正如《今日巴基斯坦》报道,全球将从中共二十大找到希望,中国未来的发展蓝图会在世界地缘政治、地缘经济和地缘战略格局中留下持久印记。

我们常说,一个民族要走在时代前列,就一刻不能没有思想指引。而一个国家、政党要长治久安、行稳致远,领导核心问题就至关重要。

当下,俄乌冲突战火未歇、新冠肺炎疫情仍然肆虐、全球化遭遇逆风逆流……"中国之治"和"西方之乱"形成了鲜明对比。不确定的时代,确定的中国共产党、确定的中国为全球注入强大的稳定预期。

而这一切，归根到底都在于四个字：两个确立！

从党的十八届六中全会明确提出"以习近平同志为核心的党中央"，到党的十九大将习近平新时代中国特色社会主义思想写入党章并确立为党的指导思想，再到党的十九届六中全会把"两个确立"写进《中共中央关于党的百年奋斗重大成就和历史经验的决议》，这四个字可谓是承接历史、塑造现实、开辟未来，展现出无与伦比的"决定性"意义。

一

"两个确立"，不是从天上掉下来的，而是中国共产党把握世界政党发展规律、总结党的百年奋斗历程得出的重大历史结论，是党领导人民艰辛探索、接续奋斗的科学总结。

从世界政党兴衰史看，是否拥有权威的政党领袖和科学的指导思想，事关政党的生死存亡和事业的兴衰成败。正如马列主义认为，"没有权威，就不可能有任何的一致行动"，"只有以先进理论为指南的党，才能实现先进战士的作用"。然而，确立政治核心和思想旗帜并不是哪个政党都能做到的。

近代以来，世界上存在过的政党约有3.5万个，截至目前，全世界大概还有5000多个政党，覆盖了200个国家和地区，其中百年政党有66个。放眼全球大国、大党，能真正形成领导核心、思想旗帜的屈指可数。

中国近代以来，各种政治力量为改变国家命运进行了艰难探索，但一次次都以失败而告终。究其原因，就在于始终缺少先进理论的支撑，提不出彻底的反帝反封建纲领。革命战争年代，当时的国民党领导人，也想成为一党核心乃至民族核心，但实践证明，不能代表最广大人民的根本利益，就得不到广泛支持。

中国共产党百年来之所以能够完成其他政治力量不可能完成的艰巨任务，在同各种政治力量和困难挑战的较量中取得一次又一次胜利，根本在于根据革命、建设和改革事业的需要确立起了党的领导核心，形成了一个科学的理论指导。

再看一些西方资本主义国家，"否决政治"的制度设计存在着天然的缺陷，政党内部、政党之间的"拳击赛"此起彼伏，社会撕裂不断加剧，讲到底还是整个国家缺乏民众真正拥戴的主心骨，老百姓往往沦为"资本逻辑"的牺牲品、"两党政治的人质"。

实际上，中国共产党也不是一诞生就解决了"核心"问题。"在历史上，遵义会议以前，我们的党没有形成过一个成熟的党中央。"直到1935年遵义会议，事实上确立了毛泽东同志在党中央和红军的领导地位，党才在最危急关头拨转航向。1945年的七大，确立毛泽东思想为党的指导思想，极大地加速了中国革命胜利的进程。

历史经验告诫我们：政党不是"个人的偶然凑合"，而是有组织的整体，如果没有领导核心搞"一国三公"、缺乏统一思想搞各执己见，就会沦为松松垮垮、形同散沙的俱乐部，在历史长河中这样的政党不胜枚举。

二

航船要有舵手，航行要有指南。

新时代十年，我们之所以攻克了许多长期没有解决的难题，办成了许多事关长远的大事要事，实现中华民族伟大复兴进入不可逆转的历史进程，根本就在于有以习近平同志为核心的党中央领航定向、在于习近平新时代中国特色社会主义思想的科学指引。

事非经过不知难，成如容易却艰辛。党的二十大报告回顾新时代十年伟大变革时指出，我们有3件大事实现历史性胜利，16个方面工作取得历史性成就。毫不夸张地说，其中每一件大事、每一个方面成就都足以彪炳史册。

谁把人民放在心上，人民就把谁放在心上。"两个确立"的背后，书写的是两个大字：信任！

这十年，中国共产党把人民对美好生活的向往作为自己的奋斗目标，始终与人民想在一起、干在一起，和人民一道打赢了一场接一场大仗、硬仗、难仗。

比如，面对世所罕见、史所罕见的新冠肺炎疫情"大考"，我们始终坚持人民至上、生命至上，在千钧一发的危急关头，正是因为有以习近平同志为核心的党中央的关键决断和科学指挥，我们才顶住冲击、力挽狂澜，在世纪疫情中交出高分答卷。

再如，面对消除贫困的全球性难题，习近平总书记带领我们组织实施了人类历史上规模最大、力度最强的脱贫攻坚战，历史性地解决了绝对贫困问题。如今，在最偏远、最封闭、最贫困的独龙江乡，村民们不仅有了公路，还通了网路。

又如，面对这些年来接踵而至的政治、经济、意识形态、自然界等方面的风险挑战考验，中国以"任凭风浪起，稳坐钓鱼船"的战略定力和智慧，坚定不移办好自己的事，迈上全面建设社会主义现代化国家新征程。其中，面对美国全方位的打压，日本、法国等无还手之力，中国则坚决予以斗争，通过斗智斗勇打开事业发展新天地。中国没有被打倒、吓倒，而是发展得越来越好，关键就在于

"两个确立"。可以想见，在霸权主义面前，如果没有以习近平同志为核心的党中央的敏锐洞察力、清醒判断力、果断决策力，后果是不可想象的。

人民信任党、信任领袖，领袖不负人民、不负党。美国哈佛大学一项持续了10多年的民调显示，中国老百姓对中国共产党和中国政府的满意度连续10年超过90%，这么高的满意度在西方几乎不可想象。

可见，"两个确立"是具有深厚群众基础和实践基础的，它不是中国共产党人的自我定义、自说自话，而是历史的选择、人民的选择、时代的选择，是党和人民"双向奔赴"的结果。

三

在新的历史起点上，党和人民的事业需要"定海神针"、人类进步事业需要时代先锋，而"两个确立"则恰恰是对中国之问、世界之问、人民之问、时代之问的正面回应。

党的二十大提出新时代新征程中国共产党的使命任务：团结带领全国各族人民全面建成社会主义现代化强国、实现第二个百年奋斗目标，以中国式现代化全面推进中华民族伟大复兴。

有网友感慨，这也太难了吧！要知道，对中国来说，全面建成社会主义现代化强国，就意味着十四亿多人口整体迈进现代化社会，规模超过现有发达国家人口的总和，其艰巨性和复杂性前所未有。

难吗？难！但什么时候不难？回顾新中国70多年来走过的风雨历程，真可谓是经历了"九九八十一难"。中国一直都难，中国共产党一直都难，但我们从来都没被难倒。非但没被难倒，还常常绝境重生，愈挫愈勇，把一个个不可能变成了可能。

"这世上哪有什么岁月静好，不过是有人在替你负重前行"。很多人都清晰记得当年叙利亚外交官低头沉默的那张照片，那些在恐袭与战争的夹缝中求生的人们，无时无刻不在用无助和悲伤提醒我们：这不是一个和平的年代，只是恰巧我们生活在一个和平的国家，并且是一个发展蒸蒸日上的国家。

一个没有政治权威和思想权威的政党是不会强大的，而一个国家、政党在形成了政治和思想权威之后，就要倍加珍惜，忠诚拥护、积极拥戴。一位西方政治家曾直言不讳地说："西方政党最羡慕中共的并不是经济发展成就，而是强大的领导核心和完善的指导思想体系。"西方政界尚且有这种认识，我们更应该珍视自身的这种优势。

有人可能会说，"两个确立"距离普通人的生活很远。其实不是。"两个确立"是在新时代伟大斗争实践中形成的，它与我们每个人的未来发展息息相关，与人民群众核心利益紧密相连。维护好"两个确立"，就是在维护国家的前途命运，在维护我们每一个人自己的未来。

前进的道路并不平坦，甚至会遇到难以想象的惊涛骇浪。面对各种可以预见和难以预见的风险挑战，只要我们坚持好、维护好"两个确立"，就能够做到"任凭风浪起，稳坐钓鱼船"。

这正是：

因为相信，梦想更加靠近；

紧跟核心，梦想终将实现。

陈培浩　执笔
2022 年 10 月 22 日

这十年为何是这"三件大事"

> 总结三件大事,不是为了"歇歇脚""喘口气",而是为了坚定历史自信,把握历史规律,掌握历史主动,站在新的起点上,阔步迈向新的赶考之路。

昨日,党的二十大在北京闭幕。大会强调,党的十八大召开十年来,我们经历了对党和人民事业具有重大现实意义和深远历史意义的三件大事:

一是迎来中国共产党成立一百周年,二是中国特色社会主义进入新时代,三是完成脱贫攻坚、全面建成小康社会的历史任务,实现第一个百年奋斗目标。

这三件事,也是习近平总书记在党的二十大开幕会上提到的三件大事。

回望十年,我们共同见证和经历了太多事情,有数不尽的风险挑战,也有太多成绩可言。三件大事,成就"历史性胜利"的中国答卷。

试问,为什么这三件事,是具有重大现实意义和深远历史意义的大事？我们又该如何再创新的辉煌？

一

中国共产党成立一百周年，百年大党依然风华正茂，向全世界宣示——中国共产党行。

从成立之初的50多名党员，到新中国成立时的448万，到改革开放初期的3800万，再到今天的9600多万人；从上海、嘉兴到井冈山，再到陕北，到西柏坡，再到北京，行程辗转几十万里，中国共产党一路赶考、一路探索，今天已经成为世界上最大的马克思主义执政党。

有研究统计，截至2021年6月，世界上有百年政党66个，分布在全世界22个国家或地区。但随着时间的推移，绝大多数老党面临自我革新动力弱化、党群联系疏远、民意下滑严重等问题。

比如印度国大党，被认为是"家族王国"和"王朝政治"，近期党内不少中高层领导干部密集辞职，退党转党。老牌大党能否走出泥潭，一度成为外界十分关注的话题。

西方总有人认为，政党竞争等西方选举制度才是最好的民主。但放眼全球，中国共产党是全世界最大执政党，能像中国共产党这样执政这么久的政党不多，更没有哪一个政党能像中国共产党一样，逆转式地改变一个国家和民族的命运。我们党，用百年成绩单刷新了西方的认知。

百年大党正年轻，以雄健的"肌体"、强大的"代谢"告诉全世界人民，中国共产党拥有高度的历史自信，时间已经证明中国共产党走的路是对的。既然能成功地走到今天，也一定能成功地走向未来。

二

中国特色社会主义进入新时代，十年来我们办成了很多大事，尤其是解决了很多之前解决不了的困难。

习近平总书记在党的二十大报告中强调，十年前，"一系列长期积累及新出现的突出矛盾和问题亟待解决"。这些是影响党长期执政、国家长治久安、人民幸福安康的突出矛盾和问题，比如执政考验、改革开放考验、市场经济考验、外部环境考验，等等。

尤其是反腐败斗争值得一提。据二十大第二场记者招待会上中纪委介绍，党的十八大以来，全国纪检监察机关共立案464.8万余件，其中，立案审查调查中管干部553人，处分厅局级干部2.5万多人、县处级干部18.2万多人。从这些数据中就可以看出，十年前，执政风险是多么尖锐地摆在全党面前。

这十年，"刀刃向内""刮骨疗毒""壮士断腕"等词汇经常出现在新闻报道中，我们早已耳熟能详。持之以恒推进全面从严治党，深入推进新时代党的建设新的伟大工程，习近平总书记给出了跳出治乱兴衰历史周期率的第二个答案——"自我革命"。

中国特色社会主义进入新时代的意义，还在于我们在这十年回答了别人回答不了的问题，向世界展示了"时代之问"的中国答卷。

世界百年变局和世纪疫情相互交织，世界向何处去？和平还是战争？发展还是衰退？开放还是封闭？合作还是对抗？这些问题，只有中国敢于面对并作出回答。

中国在做好自己事情的同时，为动荡不安的世界带来了信心、注入了能量，特别是在坚持和发展中国特色社会主义中重新定义了现代化，为人类文明提供了新的选择。俄罗斯媒体曾发文指出："极具不确定性的世界，最可靠的是中国。"

三

全面建成小康社会是中华民族憧憬千年的理想。中国实现脱贫目标，为整个人类社会发展进步作出了重大贡献。

我们过去常说，中国用占世界9%的耕地养活了近20%的人口。改革开放40多年来，中国7.5亿人脱贫，特别是党的十八大以来，脱贫人口近亿。中国用几代人的努力，为世界减贫事业提供了逾70%的贡献率。特别是在新冠肺炎疫情大流行、全球极贫人口新增数千万的当下，脱贫的"含金量"更足。

今天中国实现的"小康"，不仅仅是古人那个朴素的理想，也不仅仅是改革开放之初那个"不穷不富"的最初设想，中国实现的"小康"已经远远超出了预期。

生产的丰富让我们想要什么，就能找到什么；交通的便捷，使得大多数城市间出行基本实现当天出发当天到达；基本医疗保险覆盖超过13.6亿人，基本养老保险覆盖近10亿人；人均预期寿命增长到78.2岁，反超了世界平均预期寿命近6岁；等等。可以说，老百姓获得的实实在在的红利，赋予了"小康"新的内涵、新的意义。

中国全面建成小康社会，击碎了西方国家鼓吹的文明冲突、文明优越等陈词滥调，向世界传递了中国价值，展现了全新的中国形象,对广大发展中国家来说,也是一个巨大的鼓舞,这些国家想要摆脱贫困、实现现代化,有了可以参照的方案和示范。

中国式现代化从哪里出发?完成脱贫攻坚、全面建成小康社会就是中国式现代化的新起点。在现有的基础之上,中国式现代化要系统整体全面地实现更高质量、更有效率、更加公平、更可持续、更为安全的发展,为人类文明开辟一条新的出路,真正实现天下大同、世界美好。

四

对于三件大事,党的二十大报告中指出:"这是中国共产党和中国人民团结奋斗赢得的历史性胜利,是彪炳中华民族发展史册的历史性胜利,也是对世界具有深远影响的历史性胜利。"

这三件大事影响的不只是中国,还深刻地改变了世界。它们的背后,蕴含着很多人,尤其是西方国家一直想弄清楚的三大问题:

中国共产党为什么永远年轻、永葆青春?科学社会主义为什么能在21世纪的中国焕发蓬勃生机?中国为什么能创造彪炳史册的人间奇迹?

实际上,三件大事的完成,交出答卷的同时,也已经给出了答案。

如果要问"三件大事"靠什么赢得"历史性胜利",那么,"归根到底是马克思主义行,是中国化时代化的马克思主义行"。正如习近平总书记在报告中指出,"拥有马克思主义科学理论指导是我们党坚定信仰信念、把握历史主动的根本所在"。

这十年,正是习近平新时代中国特色社会主义思想这一当代中国马克思主义、21世纪马克思主义指引我们，为我们提出真正解决问题的新理念新思路新办法。

不积小流，无以成江海。大江大海的汇聚，历史性成就的达成，不是靠某一个人、某一个群体、某一个地区就能干成，而是全党和全国人民一道奋斗出来的；这也不是轻轻松松、敲锣打鼓就能完成的，正因为困难多、问题新、挑战大，才标注了其历史性地位。

总结三件大事，不是为了"歇歇脚""喘口气"，而是为了坚定历史自信，把握历史规律，掌握历史主动，站在新的起点上，阔步迈向新的赶考之路。

旗帜决定方向，道路决定命运。

新征程上，坚持中国共产党的坚强领导，坚持以习近平新时代中国特色社会主义思想作指引，以中国式现代化全面推进中华民族伟大复兴，我们就一定能够迈过一座又一座大山，成就一件又一件大事，走得更高、走得更远。

王人骏　戴道昆　执笔
2022年10月23日

"解码"党章修改

> 对于9600多万党员而言,《中国共产党章程》就是我们党的根本大法,是必须共同遵守的根本行为规范。
>
> 而在党外的人看来,党章就像一份"说明书",读了就知道一个政党是什么、为了谁,将要干什么、怎么去干,既是独特标识,也是衡量这个政党是否成熟的重要标志。

昨天,中国共产党第二十次全国代表大会关于《中国共产党章程(修正案)》的决议正式出炉。

如果你是一名中国共产党党员,或者有意愿加入中国共产党,那么对"党章"这个词一定不会陌生,因为这是写在入党誓词最前面的话。对于9600多万党员而言,《中国共产党章程》就是我们党的根本大法,是必须共同遵守的根本行为规范。

而在党外的人看来,党章就像一份"说明书",读了就知道一个政党是什么、为了谁,将要干什么、怎么去干,既是独特标识,也是衡量这个政党是否成熟的重要标志。

一言以蔽之,党章,很重要。这也决定了修改党章不是一件小事。为什么要改?改了些什么?不妨让我们一起看一看。

一

马克思说:"制定一个原则性纲领,这就是在全世界面前树立起一些可供人们用以判定党的运动水平的界碑。"

翻开厚重的百年党史就会发现,中国共产党极其重视党章的制定和完善,党的代表大会修改党章是惯例。

党的一大虽然没有产生党章,但通过了中国共产党第一个纲领,实际上起到了党章的作用。目前保存的最早的党章是二大通过的《中国共产党章程》,随后一直在逐步完善丰富,三大、四大、五大每次都作局部修改,到六大的时候改动幅度比较大。

说到这里,就不得不提革命先驱张人亚父子。1922年7月,党的二大在上海召开。会议结束后,大会通过的章程和其他决议案被铅印成册。作为早期党员的张人亚得到了一本党章。他一直随身珍藏,后来冒着生命危险,把文献背回了家乡宁波霞浦,再郑重托付于其父张爵谦。父子两代人在极端恶劣环境下,用生命守护了中国共产党首部章程。

再往后,七大党章是我们党完全独立自主制定的第一部党章,切合中国实际,具有里程碑意义。八大党章是我们党执政后制定的第一部党章,体现了加强执政党建设的突出特点。十二大党章坚持了七大、八大党章的优良传统,同时剔除了九大、十大、十一大党章错误的部分,适应了改革开放的时代要求,成为现行党章的蓝本。

40年来，在保持党章基本内容稳定的前提下，十三大、十四大、十五大、十六大、十七大、十八大、十九大都对党章作了不同程度的修改。历史证明，根据新形势新任务对党章进行适当修改，有利于党章的规范和指导作用得到更好发挥。

可以说，一部党章修改史，就是一部不断推进马克思主义中国化时代化的历史，就是一部不断推进理论创新、进行理论创造的历史，就是一部党带领人民开展伟大斗争、进行实践创造的历史，充分彰显了我们党实事求是、与时俱进的政治品格和创新精神，也印证出我们党持续自我革新、自我完善，不断走向强大。

这次党章修改把党的十九大以来习近平新时代中国特色社会主义思想新发展写入党章，适应了世情国情党情变化对我们党提出的新要求，顺应了党心、民心，符合万千党员的期盼。

二

"国有国法、党有党规。"修改党章自然也是非常严肃的事，不是想改就改。

党章规定，党的全国代表大会有六大职权，其中之一就是"修改党的章程"。因此，只有在每五年举行一次的党的全国代表大会上，才能够对党章进行修改。

根据改革开放以来的历次党章修改，可以发现，修改党章主要涉及几大块内容：

一是对党的理论和路线方针政策进行完善，将一些新发展、新表述、新提法写入党章，丰富党的指导思想，比如这次党章修改就把党的十九大以来习近平新时代中国特色社会主义思想新发展写入党章。

二是对中国特色社会主义建设的阶段性经验总结，比如这次党章修改就把党的十九大以来党的工作和党的建设的成功经验写入党章，还把党的初心使命、党的百年奋斗重大成就和历史经验的内容写入党章，等等。

三是一些党内重要制度和体制机制的修订完善，比如这次党章就作了些修改完善，包括将完善国有企业党委（党组）加强党组织自身建设的职责任务、完善党的纪律相关内容等写入党章。

党章的修改也遵循着"变"与"不变"的辩证统一。

比如，理论概括会变，但推进马克思主义中国化时代化的理论创新不变。从党的七大开始，毛泽东思想、邓小平理论、"三个代表"重要思想、科学发展观、习近平新时代中国特色社会主义思想相继写入党章，这是中国共产党人将马克思主义基本原理同中国具体实际相结合实现理论创新的生动体现。

比如，具体表述会变，但党的初心使命不变。不管是"以人为本"，还是"以人民为中心"，中国共产党始终保持着为中国人民谋幸福、为中华民族谋复兴的初心使命，始终将人民对美好生活的向往作为自己的奋斗目标。

比如，形势任务在变，但敢于斗争的本色不变。我们党在内忧外患中诞生，在历经磨难中成长，在攻坚克难中壮大，敢于斗争是鲜明品格。这次党章修改就把发扬斗争精神、增强斗争本领的内容写入了党章。

三

党章镌刻着我们党的初心和使命，诉说着我们党的光辉历程和时代重任，是全面、快速、准确了解中国共产党成长史的宝典。对于广大党员来说，党章是一生的必修课。

习近平总书记高度重视对党章的学习。2012年11月14日，党的十八大通过了《中国共产党章程（修正案）》。11月16日，习近平总书记发表题为《认真学习党章 严格遵守党章》的重要文章。党的十九大闭幕后，习近平总书记在党的十九届一中全会上强调："贯彻落实党的十九大精神，还有一个重要任务，就是认真学习贯彻党章。"

不过，对新党章的学习、贯彻不能只停留在阅读理解的层面，不能让它成为高高在上的摆设，而是要内化于心、外化于行。

面对新党章蕴含的丰富精神内涵，除了原汁原味、逐字逐句地学习，更重要的是结合实际，从理论与实践的结合上加深对党章各项内容、规定的理解和把握，把维护党章尊严、贯彻党章规定作为思想自觉和行动自觉。

比如，党的十九大以来，以习近平同志为核心的党中央把马克思主义基本原理与中国具体实际相结合、与中华优秀传统文化相结合。正是在这"两个结合"的引领下，我们形成了一系列理论、制度与实践创新成果。结合这些创新性成就来学习，我们就能更深切地理解为何要把党的十九大以来习近平新时代中国特色社会主义思想新发展写入党章。

比如，经济总量由2012年53.9万亿元上升到2021年114.4万亿元，全球创新指数排名从2012年第34位提升到2021年第12位……结合过去十年的实践和成绩，我们就能深刻理解为何把贯彻新发展理念写入党章，也就能理解继续坚持好新发展理念，必然能推动经济社会发展得更好。

比如，过去十年，现行标准下9899万农村贫困人口全部脱贫，全国832个贫困县全部摘帽，历史性地解决了绝对贫困问题，为全球减贫事业作出了重大贡献，中国共产党把以人民为中心的发展思想写在中国大地上，用事实诠释党的初心使命，标注第二个百年奋斗目标的新征程。

现在，党的二十大已经胜利闭幕，全面建设社会主义现代化国家、全面推进中华民族伟大复兴的号角已经吹响。在新征程上，学习党章、遵守党章、贯彻党章、维护党章是每一位党员应遵循的准则。

山河无言，党章为证。在新党章的引领下，让我们凝聚力量，踔厉奋发再扬帆，昂首阔步向未来。

陈培浩 徐毅 云新宇 何诗航 执笔

2022年10月23日

新的"赶考"路,没有局外人

> 今日之中国,奔腾如时速350公里的"复兴号"。一直坐在车上的乘客感受不到速度的惊人,倒是那些坐在普通客车上的乘客,更能体会到"复兴号"从身边呼啸而过带来的"中国浪潮"。

就在今天,以习近平同志为核心的新一届中央领导班子诞生!

中午,万众瞩目下,中国共产党第二十届中央政治局常委步履稳健,依次走进中外记者见面会会场,新一届"梦之队"自信满满踏上新的征程。

面对全世界,习近平总书记代表新一届中央领导集体发表重要讲话。习近平总书记强调,我们一定牢记党的性质和宗旨,牢记自己的使命和责任,恪尽职守、勤勉工作,决不辜负党和人民重托。

人民领袖掷地有声的话语响彻中华大地,既是气壮山河的宣言书,也是令人热血沸腾的动员令,吹响了以中国式现代化全面推进中华民族伟大复兴的启征号角。

一

习近平总书记说过:"面对复杂形势和艰巨任务,我们党要做到'任凭风浪起,稳坐钓鱼船',全面把握中华民族伟大复兴战略全局和世界百年未有之大变局,在新的赶考路上不断夺取中国特色社会主义新胜利,必须有一个坚强的中央领导集体。"

根据党章规定,党的中央组织包括党的全国代表大会、中央委员会、中央纪律检查委员会、中央政治局、中央政治局常务委员会、中央军事委员会、中央书记处等。

一个国家、一个政党,领导核心至关重要。毛主席就形象地说过,一个桃子剖开来有几个核心?只有一个核心;邓小平同志也曾指出,任何一个领导集体都要有一个核心,没有核心的领导是靠不住的。

回顾百年党史,遵义会议确立了毛泽东同志在红军和党中央的领导地位,从此中国革命焕新颜,不断从胜利走向新的胜利。党的十一届三中全会上,形成了以邓小平同志为核心的党的第二代中央领导集体,中国人民迎来了从站起来向富起来的历史飞跃。

沧海横流显砥柱,万山磅礴看主峰。

对我们这样的大党大国来说,形成坚强的中央领导核心并维护这个核心的权威尤为重要。作为一个有着9600多万党员的大党,有着56个民族和14亿多人口的大国,如果党中央没有核心、全党没有核心,就会一盘散沙,什么事情也办不成。全党有核心,党中央才有权威,党才有凝聚力。

今日之中国,奔腾如时速350公里的"复兴号"。一直坐在车上的乘客感受不到速度的惊人，倒是那些坐在普通客车上的乘客，更能体会到"复兴号"从身边呼啸而过带来的"中国浪潮"。

火车跑得快，全靠车头带。近年来，外国观察家们就特别关注这条中国道路上的"核心带领"和"思想引领"两大命题，因为这正是百年来中国革命、建设、改革能够逆流而进、击水中流、乘风破浪的根本所系，也是新时代十年来中国发展取得历史性成就、发生历史性变革的"密钥"所在。

党的十八大以来，党和国家事业取得历史性成就、发生历史性变革，根本在于有以习近平同志为核心的党中央领航掌舵，有习近平新时代中国特色社会主义思想指引航向。

毫无疑问，"两个确立"对推进新时代党和国家事业发展、推进中华民族伟大复兴历史进程具有决定性意义。

二

"确立习近平同志党中央的核心、全党的核心地位，确立习近平新时代中国特色社会主义思想的指导地位"，这是党的十八大以来形成的最重要政治成果，是我们党在新时代应对一切不确定性的最大确定性。

服从核心、维护核心就是服从大局、维护大局。对于全党来说，走好新的"赶考"之路，摆在第一位的就是进一步深刻领悟"两个确立"的决定性意义，坚决做到"两个维护"。

这不是抽象的而是具体的，不是口头的而是行动的，不是有条件的而是无条件的，不是片面的而是全面的，不是一时一地的而是随时随地的。

全面建设社会主义现代化国家是一场众志成城的攻坚战、持久战，任何形式的个人主义、分散主义、自由主义、本位主义都是有害的，要常念共产党人的"心经"，严格依照党章办事，在政治立场、方向、原则、道路上始终与习近平总书记保持高度一致，真正做到"千军万马听指挥，攻坚克难听号令"，在政治上坚决维护核心。

中国共产党是"先进的有组织的部队"而不是来去自由的"私人俱乐部"，其威力就在于严明的组织纪律和政治规矩，在贯彻二十大精神的具体实践中要做到对什么该坚决响应、什么该坚决照办、什么该坚决杜绝心里门清、不犯糊涂，始终恪守"居其位、担其责，尽其忠、竭其诚"，在组织上自觉服从核心。

完成二十大确定的中心任务，没有全党上下的步调一致、同向同行是做不到的，要有"站在天安门上想问题"的大担当，要有"千磨万击还坚劲"的铁肩膀，始终保持昂扬奋进的精神状态，不懈团结奋斗，在党的旗帜下做一颗团结奋斗的"石榴籽"、聚合成"一块坚硬的钢铁"，全力以赴地落实好党中央的各项决策部署，在行动上始终紧跟核心。

将理性认同升华为情感自发，深刻体悟习近平同志作为当代中国共产党人的优秀代表在一言一行中饱含的人民情怀、家国情怀、天下情怀，在情感上始终与以习近平同志为核心的党中央紧紧贴在一起、连在一起，衷心拥护核心、紧跟核心。

三

如果说全球化是一片汪洋，那么每一个国家都是在海上扬帆前行的船只。面对风高浪急甚至惊涛骇浪，这艘船谁来开、怎么开，将直接影响到船只本身的浮沉，乃至船上每一个人的命运。

当20世纪80年代初开启的"超级全球化"来临，西方陷入经济全球化、国家主权、民主政治三者无法兼顾的"三难困境"，英国脱欧、美国前总统特朗普当选等皆是例证。反观中国，却是风景这边独好，特别是进入新时代，在以习近平同志为核心的党中央坚强领导下，中国贯彻"新发展格局""人类命运共同体"等新理念，不断扎实推动形成全面开放新格局、积极主动参与全球治理。

在同中外记者见面时，习近平总书记强调，经过全党全国各族人民共同努力，我们如期全面建成小康社会、实现了第一个百年奋斗目标。现在，我们正意气风发迈上全面建设社会主义现代化国家新征程，向第二个百年奋斗目标进军，以中国式现代化全面推进中华民族伟大复兴。

大道如砥，行者无疆。面向未来，一个个灿烂前景在向我们招手，同时一道道"难题""险题""加试题"等着我们作出解答。

新征程上，我们有了最强主心骨。十年来，我们战胜一系列重大风险挑战，充分证明了以习近平同志为核心的党中央具有无比坚强的领导力，是风雨来袭时中国人民最可靠的主心骨。有以习近平同志为核心的党中央坚强领导，中华"复兴号"这艘巍巍巨轮有了掌舵者，我们必能在国际格局的风云变幻中乘风破浪、行稳致远，中国特色社会主义的道路一定越走越宽广。

新征程上，我们有了最明新航道。党的二十大既回顾过去，全面总结中国改革发展取得的重大成就和宝贵经验，也展望明天，进一步明确了党的中心任务，即全面建成社会主义现代化强国、实现第二个百年奋斗目标，以中国式现代化全面推进中华民族伟大复兴。这无疑是一场充满光荣和梦想的远征，既然选择了远征，便只顾风雨兼程。紧紧跟随习近平总书记的步伐，做到闻令而动、听令而行、尽锐出击，坚决维护党中央权威和集中统一领导，我们就没有过不了的坎。

新征程上，我们有了最大确定性。未来五年是全面建设社会主义现代化国家开局起步的关键时期。百年变局和世纪疫情交织，再加上改革发展稳定任务之重、矛盾风险挑战之多、治国理政考验之大前所未有，要"准备经受风高浪急甚至惊涛骇浪的重大考验"。有以习近平同志为核心的党中央坚强领导，有习近平新时代中国特色社会主义思想作指引，就是我们党应对一切不确定性的最大确定性。

习近平总书记强调，中国式现代化是中国共产党和中国人民长期实践探索的成果，是一项伟大而艰巨的事业。惟其艰巨，所以伟大；惟其艰巨，更显荣光。

犯其至难，方能图其至远。宏伟蓝图已经绘就，奋斗号角已经吹响，中国共产党一定能在新征程上用新的伟大奋斗创造新的伟业，铸就不负时代、不负人民的伟大与荣光。

新的"赶考"路，没有局外人，你我皆在其中，身披光荣梦想，共赴灿烂前程！

王云长　陈培浩　云新宇　苏畅　徐毅　执笔
2022 年 10 月 23 日

文艺作品靠什么增强精神力量？

> "无愧于时代的优秀作品"虽不拘于一格、不形于一态、不定于一尊，但一定具备几大要素：有正能量、有感染力，能够温润心灵、启迪心智，传得开、留得下，为人民群众所喜爱。

近日，电视剧《我们这十年》热播，第一单元《唐宫夜宴》开播就霸榜，冲上微博热搜。不少网友感叹，"背后的故事让人泪目"。

《唐宫夜宴》的"出圈"，不仅让我们看到了每一位舞者对作品的热爱与付出，更传递了他们在坚守背后的文化自信，折射出优秀文艺作品那股穿透人心的力量。

在党的二十大报告中，"文化"一词出现了50多次。特别是报告第八部分强调，推出更多增强人民精神力量的优秀作品。我们不禁要问，就文艺作品而言，靠什么增强精神力量？

一

首先需要想清楚，文艺对我们来说，意味着什么？

在杂文《论睁了眼看》中，鲁迅先生曾作出回答："文艺是国民精神所发的火光，同时也是引导国民精神的前途的灯火。"

中国共产党带领中国人民实现从站起来、富起来到强起来的历史性跨越中，成就了一批文艺经典。这些作品，不仅是历史转折的见证者、记录者，更是大时代中"精神灯火"的显性表达。

一个时代有一个时代独特的文艺符号。它是《永不消逝的电波》铸就的信仰，是《我的祖国》点燃的战斗激情；是《焦裕禄》用生命书写的为民情怀，是《我们走在大路上》的意气风发；是《春天的故事》对改革开放新画卷的深情期许，是《十八洞村》《山海情》在荒芜土地上种出的梦想……

当号角吹响，铿锵前行有了更坚定的力量。

迈向第二个百年奋斗目标的新征程上，为何要把"增强人民精神力量"放在重要位置？2020年9月，习近平总书记在教育文化卫生体育领域专家代表座谈会上就曾提出：衡量文化产业发展质量和水平，最重要的不是看经济效益，而是看能不能提供更多既能满足人民文化需求、又能增强人民精神力量的文化产品。

如今，无论是国风潮、文博热的蔓延，还是诸多文化消费新业态的勃兴，都彰显出人民不断升温的精神文化需求。只有不断推出更多高质量的文艺作品，才能满足人民群众多样化、多层次、多方面的心灵诉求。

往深远处看，增强人民精神力量，也是实现中华民族伟大复兴的内在要求。没有优秀作品,没有人民精神世界的极大丰富,何来文化自信自强?

一个时代的画卷,底色是人心;一个民族的复兴,关键在精神。优秀作品,始终与时代同向而行、同频共振。

二

沿着历史足迹不断追寻,不难发现,"无愧于时代的优秀作品"虽不拘于一格、不形于一态、不定于一尊,但一定具备几大要素:有正能量、有感染力,能够温润心灵、启迪心智,传得开、留得下,为人民群众所喜爱。

近年来,伴随着系列重大文化文艺工程的实施,"复兴文库""中国历代绘画大系"等众多标志性成果竞相涌现,一大批反映"时代之变、中国之进、人民之呼"的优秀作品映入人们眼帘,有不少成为"爆款"。

像今年,电视剧《人世间》热播,电影《万里归途》热映,"中国历代绘画大系"成果展火爆,无不表明,时代的发展,呼唤更多能够增强人民精神力量的优秀作品,而这些作品,也有着强大的"民意"基础。

不可否认的是,当前,身处"高原"之中,观众们还在期待着"高峰"的涌现。优秀作品看似数量多、供给足,但精品多不多、群众买不买账,却是更重要的课题。

2021年3月,有数据显示,我国每年已推出新书40万余种、电影600多部、电视剧300多部、动漫400多部。但提起儿歌,我们脑海中回荡的依旧是《一分钱》《让我们荡起双桨》;谈到电视剧，11年前的《甄嬛传》和7年前的《琅琊榜》，人们依然百刷不厌……我们不得不反思，既受群众欢迎，又能增强群众精神力量的文艺经典，究竟该如何塑造？

不深入人民生活，就得不到生活的滋养，也就难以登临艺术高峰。不少艺术家喜欢把自己关在书斋、画室中搞创作，看似带来了技艺精进，却容易导致作品不接地气、不冒热气、缺少灵气。

比如，浙江"艺术乡建"工作正如火如荼推进，但遗憾的是，高层次文艺人才深入农村、与村民同吃同住同劳动，从而激发农民审美自觉的案例却不够多。这样一来，既不能满足基层百姓的品质文化需求，也使得艺术家与"沾着露珠、冒着热气"的现实题材擦肩而过。

还需要警惕的是，一旦文化虚无主义等思潮沉渣泛起，文艺作品的精神力量就容易被解构。当市场导向、评奖需求压倒一切，当艺术家脱离生活本质追求所谓的"创新"，当"文化搭台"最终是为了"利益唱戏"，群众的心声、思想的共鸣变得不再重要，文艺作品的精神价值也就只能消解于"快餐式消费"中了。

毕竟，AI可以代替人作画，却代替不了创作者与生活对话；工业化流水线能够批量生产流量明星，却生产不出划时代的优秀作品与文艺巨匠。

三

迈向新征程，如何才能推出更多优秀作品，以满足群众文化需求、丰富人民精神世界？

互联网新技术的变革，为文艺创作带来了更多新的可能。但无论社会如何变化、技术如何创新，文艺工作者都应把握好新时代的铿锵脉动，通过提升生活厚度、情感温度、审美高度来增强文艺力量。优秀作品需要生活厚度。何谓厚度？那就是与历史同向、与时代同行、与人民同心。这样的文艺作品才具有厚重感，才能成为时代的一面镜子，才能打通历史与现实的通道。像《只此青绿》《忆江南》等节目广受好评，证明承载中华文化与人民精神力量的优秀作品，因其具有穿越千年的生活厚度，并以时代化、潮流化的新形式加以表现，正在渐渐"拿捏"住现代人的心。

社会主义文艺，从本质上讲就是群众的文艺。群众，才是作品的主角。"深入生活、扎根群众就像打一口水井，井打得有多深，水就有多甜。"鲁迅文学奖得主、作家铁流曾这样感慨。

因此，优秀作品理应体现情感温度。赵树理深入百姓，熟悉解放区青年男女的情感变化和精神追求，才能写出生动鲜活的《小二黑结婚》；刘文西90多次深入陕北，把自己"种"进黄土地，"种"进人民群众的丰富情感中，才让画作有了坚实的生命力。

"凡作传世之文者，必先有可以传世之心。"优秀作品，同样呼唤审美高度。无论是扎根陕西乡村14年之久、写下鸿篇巨制《创业史》的柳青，还是九旬高龄仍在探索油画民族精神、被授予"中国美术家·终身成就奖"的全山石，都有一颗艺术的"传世之心"。而由此激发的审美高度，恰恰是文艺发展经久不衰的关键。

全山石老师说："油画的色感、质感、触感，就像芭蕾舞的艺术语言一样，有它自己的程式、标准、规格和魅力，体现着其自身的艺术规律。"他20余次深入新疆采风，才创作出一系列反映民族风貌、体现人民情感的油画精品。

这也告诉我们，只有当时代性、人民性、艺术性真正统一时，文艺创作才会具有深沉的精神力量。优秀作品源于人民、反哺人民、激励人民。我们期待着，广大艺术家以深厚的文艺情怀，向人民向生活汲取丰盈的精神滋养，种植出扎根新时代文艺大花园的参天大树。正如二十大报告中指出，"推进文化自信自强，铸就社会主义文化新辉煌"，"激发全民族文化创新创造活力，增强实现中华民族伟大复兴的精神力量"。

童颖骏　祝融融　沈勇　执笔

2022年10月24日

寿命长短看国力

> 人均预期寿命不仅是个简单的生理指标,更是一个国家综合实力的体现,是衡量判断一个国家全面现代化水平的重要指数。

过去都说"人生七十古来稀",而现如今,70岁那可就太普遍了!

不久前,在中共中央宣传部举行的"中国这十年"系列主题新闻发布会上,国家卫生健康委员会有关负责人介绍:十年间,我国人均预期寿命从74.8岁增长到了78.2岁。

这是一个历史性的跃升,也是一个非常了不起的成就。

党的二十大报告提出,要"以中国式现代化全面推进中华民族伟大复兴"。除去世界上极端个例之外,我们可以说,人均预期寿命作为健康现代化的重要指标,是国家现代化的一项重要指标。因此,人均预期寿命不仅是个简单的生理指标,更是一个国家综合实力的体现,是衡量判断一个国家全面现代化水平的重要指数。

让我们把时间拉得更长、视野放得更宽,看看人均预期寿命这个指标背后潜藏着哪些国力密码。

一

先看看历史上的盛世王朝。

有资料显示，汉朝的"文景之治"时期，人口总量大概是3600万，平均寿命约30岁；唐玄宗的"开元盛世"时期，人口总量达到了4800多万，平均寿命约40岁。

再看新中国成立初期，当时人口总量为5.4亿，人均预期寿命仅为35岁。饥荒、天花、佝偻病、小儿麻痹……这些现在听起来陌生的词语，都曾是我们祖辈的真实经历。那个时候，我们不仅穷，粮食也堪忧，还要与各种疾病斗争。

改革开放以来，中国各项福利指标改善明显。改革开放初期，我国人口平均预期寿命为66岁。在此后的四十多年里，随着综合国力的不断提升，人民健康水平也跟着水涨船高。

党的十八大之后，环境就尤其好了。城市生活环境改善明显，农村卫生面貌焕然一新；老百姓更爱运动了，居民健康素养水平提高到25.4%，经常参加体育锻炼人数的比例达到37.2%；公共卫生防护网越织越牢、越织越密，老百姓看病难看病贵问题加速破解……

可以说，这十年，是我国卫生健康事业进步最大、百姓健康获得感不断增强的十年。目前中国人均预期寿命增长到了78.2岁，根据《"十四五"国民健康规划》，展望2035年，人均预期寿命将达到80岁以上。

二

有人可能会问，十年间，我国人均预期寿命增长了3.4岁，达到78.2岁，在世界版图中又处于什么段位呢？

今年7月，联合国发布的《世界人口展望2022》报告称，全球人均预期寿命比1990年提高近9岁，到2019年为72.8岁，但该数据在2021年降至71.0岁。报告预计，2050年全球人均预期寿命将达到约77.2岁。

能比全球人均预期寿命高出好几岁，这对于一个人口规模巨大的发展中大国来说，并不是一件很容易的事，背后的原因有很多，既有经济收入、生活水平的提升，也有医疗保障、生态环境的改善。

特别是近两年来，我国新冠肺炎疫情防控取得巨大成功，人民生命健康安全得到了最大程度的保护，成为全球感染率及死亡率最低的国家，而这一点最直接的体现就是人均预期寿命的历史性跃升。

反观其他一些国家在抗疫问题上选择"躺平"，采取"与病毒共存"政策，过早取消口罩令、隔离感染者、追踪密接者等防控措施，直接造成大量人群感染，甚至超额死亡，成为人均预期寿命增长直接被按下"暂停键"甚至"后退键"的一大原因。

有媒体刊文，据美国疾控中心发布的报告，2021年美国人均预期寿命较前一年缩短近1岁，这是该项数据连续第二年下降。过去两年美国人均预期寿命下降了近3岁，形成第二次世界大战以来最大降幅。

国内外疫情防控政策对比充分印证，动态清零符合国情、符合科学、有效可行。而坚持动态清零，实质就是坚持人民至上、生命至上。

三

中国人均预期寿命的大幅提升，彰显了巨大的社会进步。

在这种进步背后，凝聚着无数人的共同努力，既是中国共产党始终坚持人民至上、生命至上的最好见证，也是中国式现代化道路开出的文明之花、结出的文明之果。

具体来说，笔者以为主要有以下四个方面：

一方面，过去十年，我们的经济发展实力大大提升，"家底"越来越厚，人们的生活条件越来越好，为人均预期寿命的"续航"能力提供了更加充足的"电量"。

一组关键经济指标很有说服力。十年间，中国经济总量由2012年的53.9万亿元上升到2021年的114.4万亿元，占世界经济比重从11.3%上升到18.5%，人均国内生产总值从6300美元上升到超过1.2万美元。

另一方面，过去十年，我们走出了一条中国特色减贫道路。通过脱贫攻坚，贫困地区人民的收入水平大大提升，生产生活条件显著改善，教育医疗和公共服务水平全面提升，对人均预期寿命的延长起到了极大促进作用。众所周知，中国脱贫攻坚战取得全面胜利，不仅是中国奇迹，更是世界奇迹。

此外，过去十年，我们把建设健康中国和积极应对人口老龄化上升为国家战略，建成了具有鲜明中国特色、世界上规模最大、功能完备的社会保障体系,人民群众健康权益得到充分保障。

比如,中国不断深化医药卫生体制改革取得巨大进步,基本医疗保险覆盖13.6亿人,全民医保基本实现;基本养老、失业、工伤三项社会保险参保人数分别从2012年的7.9亿人、1.5亿人、1.9亿人,增加到2022年6月的10.4亿人、2.3亿人、2.9亿人。

还有一点不容忽视。过去十年,中国生态文明理念深入人心。"绿水青山就是金山银山"成为全党全社会的共识和行动,生态环境治理卓有成效,蓝天白云、绿水青山、鸟语花香正在成为常态,越来越多的人用实际行动守护美丽中国。

可以说,良好的生态环境就是最普惠的民生福祉,为老百姓健康长寿提供了保障,让很多人在家门口就体验到了从养老到"享老"的幸福感。

习近平总书记曾深刻指出:"现代化最重要的指标还是人民健康,这是人民幸福生活的基础。"这,正是中国人均预期寿命增长背后的密码。

正所谓窥一斑而知全貌。可以看到,中国式现代化的五个前置词"富强、民主、文明、和谐、美丽",每个词都指向一点,那就是——

始终坚持以人民为中心。"人民"二字的分量,正如习近平总书记同中外记者见面时所强调的,前进道路上,无论是风高浪急还是惊涛骇浪,人民永远是我们最坚实的依托、最强大的底气。

王云长 陈培浩 洪敏 执笔
2022年10月24日

安全感，令人羡慕的中国特色从何而来

> 我们不是生活在一个有安全感的年代，只是生活在一个有安全感的国家。

近日，党的二十大新闻中心举行的第三场记者招待会上，"安全感"成为一个热议话题。会上介绍，根据国家统计局的调查，2021年，中国人民群众的安全感达98.6%，较2012年提升了11个百分点。

党的二十大报告在总结十年成就时提到，"平安中国建设迈向更高水平"，在部署今后工作时提到，"建设更高水平的平安中国，以新安全格局保障新发展格局"。

中国到底有多安全？

有外国友人这样说：在中国，即便晚上十点多也可以放心地在大街上散步，要说危险，就是街上充满诱惑的小吃摊，一不小心就会长胖。

在美版"知乎"、社交问答网站鼻祖"Quora"上有一个热门讨论话题：中国和美国，哪个对旅行者更安全？话题下选择中国的网友无疑更多。

安全感，令人羡慕的中国特色从何而来

中国的安全感在世界上是有目共睹的。美国权威民调机构盖洛普发布《2021年全球法律与秩序报告》，中国以93分与阿联酋、瑞士并列第二，已连续三年上升。国际社会普遍认为，中国是世界上最安全的国家之一。

在这个拥有14亿人口的泱泱大国，安全感从何而来？

一

对不少外国友人来说，安全感是吸引他们来到中国、留在中国的最大因素之一。

一位来自英国的博主杰森，为了展示中国街头的安全感，特地拿上新买的华为手机，记录深夜逛马路的体验。一大圈走下来，小哥坦言："连正眼看我的人都没有，更别说抢我的。可以百分百肯定，中国非常安全。"而在类似的视频下，有外国网友留言："在西方某城市，您的相机5分钟内可能就没了。"

还有的外国朋友走进一家小超市，看到看店的老板在睡觉，完全不担心有人偷拿店里的东西，直呼不可思议。

这些视频让更多的外国网友看到一个更真实的中国，不少留言提到"美国大多数媒体的报道都是虚假的，实际上，中国比美国更安全"。

除了切身的体验，中国的安全感有数据支撑：我国每10万人口命案0.5起，是世界上命案发案率最低的国家之一。此外，根据盖洛普单独列出的"独走夜路感到安全"的指数，中国排名第三，91%的中国受访者认为独自走夜路安全，却有相当多的美国人表示不敢在离家一公里的范围内走夜路。

《弟子规》写道:"凡是人,皆须爱。天同覆,地同载。"但事实上,在我们惬意地说着"唯美食和美景不可辜负"的时候,有的国家正身处战火中,有的国家恐怖袭击频发,有的国家枪支犯罪不断。

所以,我们不是生活在一个有安全感的年代,只是生活在一个有安全感的国家。

二

为什么中国的安全感远超一些西方国家?对比中美两国的国家安全观,似乎就不难解释。

从价值维度上看,美国的霸权主义思维使其更关注所谓的"外部安全、国土安全",所以,我们就不难理解,美国能够轻易以"大规模杀伤性武器"为由发动对伊拉克的战争,却在面对"卡特里娜"飓风来袭时手忙脚乱,导致近2000人丧生。

而中国的总体国家安全观以人民安全为宗旨。无论是1998年的抗洪,2008年的抗震,还是后来的抗疫,中国的军队总能在第一时间组织人力物力前去救援,是人民群众最坚强的后盾。而这在一些外媒看来很费解,甚至有外媒发问:"军队救灾居然不带武器?"中国网友反问:"为什么要带?"

从决策制度上看,美国"轮流坐庄"的政党体制导致安全方面的重大问题难以达成一致。就说美国的控枪问题,两党来回扯皮、无所作为,很多美国人只能靠自己"购枪自卫"。仅2021年,美国"一次死伤4人以上"的恶性枪支暴力事件有693起,成为威胁美国民众人身财产安全的一大隐患。

中国在中国共产党的坚强领导下，历来高度一致、一以贯之地严控枪支，是枪爆犯罪最少的国家之一，也是刑事犯罪率最低的国家之一。

从社会信心上看，美国歧视性执法使民众对警察的信任度降低。美国警察"跪杀"非洲裔男子弗洛依德后，美联社公共事务研究中心开展了一项民意调查，大多数受访者认为，警察暴力执法是一个严重问题。越来越多的美国人对警方失去信心，导致街头暴力与私刑事件频发。

中国警察在人民心中一直保持着可亲可信的形象，"有困难找警察"一直是老百姓的口头禅。近年来，疫情防控、平安建设、扫黑除恶的硕果，更增加了群众对警察的信任。盖洛普给中国安全感打93分的一项重要指标，就是"居民对当地警察的信心"。

从管理措施上看，美国在基层只有松散的非政府组织、慈善组织，与政府联系不紧密，也不存在隶属关系。

而美国缺失的基层治理正是中国的法宝。中国的乡镇、街道、社区或农村都是化解矛盾的小细胞，浙江的"枫桥经验"就是"矛盾不上交"的典型案例。此外，中国基层群众能积极参与社会治理，如"朝阳群众""西城大妈"等在社会治安方面屡立新功。

三

国泰才能民安。司马迁在《史记》中说："人视水见形，视民知治不。"安全感如一面镜子，折射出国家的价值选择、治理能力和治理水平，而这些都是中国特色社会主义制度下所特有的。

2014年4月15日，习近平总书记在中央国家安全委员会第一次会议上创造性提出总体国家安全观，强调当前我国国家安全内涵和外延比历史上任何时候都要丰富，时空领域比历史上任何时候都要宽广，内外因素比历史上任何时候都要复杂。

中国的总体国家安全观涵盖政治、军事、国土、经济、金融、文化等诸多领域。

"仓廪实而知礼节，衣食足而知荣辱"，吃穿不愁、衣食无忧才能心定民安。中国经济持续平稳发展，是民众有安全感的宏观背景。改革开放以来，经济得到快速发展，近年来国内生产总值稳居世界第二位。经济的持续平稳发展，避免了许多因为国家经济下行、通货膨胀、财富缩水等问题造成的民众恐慌和焦虑。

当然，经济总量提升并不必然带来社会的安定有序，因此，在做大蛋糕的同时，分好蛋糕是带来安全感的现实基础。中国通过"精准扶贫"让近亿农民告别绝对贫困，解决了一大世界难题。当下，共同富裕接棒全面小康，成为未来奋进的目标。

经济稳离不开政局稳。中国共产党自成立以来，就以为人民服务为宗旨，带领人民一心一意搞建设，集中力量办大事。反观世界上另一些国家，一直陷于党派斗争，目的只是击败对手，为了谁执政、追随哪个大国而处心积虑、明争暗斗，无暇顾及百姓福祉，最后让人民的安全感成为大国利益的牺牲品。

安全感，是一种无时无刻都存在却又被忽视的感觉，也许在外国友人的"羡慕嫉妒恨"中能更真切地感受到，中国人的安全感背后，是因为有稳定的国家、有强大的后盾。

申屠清儿　执笔

2022年10月25日

互联网这一关该怎么过

> 我们同美西方进行的舆论较量是场持久战，关键之举还是要集中精力做好自己的事，不断夯实国内民意基础。

前些天，中国共产党国际形象网宣片《CPC》发布，从"Who am I（我是谁）？"这一提问开始，用短短两分五十秒，向世界展示了一个真实的中国共产党，被赞以"超燃""有国际范儿"。

信息化时代，互联网越来越成为大国博弈、争夺人心的"暴风眼"。

在党的二十大开幕会上，习近平总书记强调加快建设网络强国、数字中国。习近平总书记还指出，我们要建设具有强大凝聚力和引领力的社会主义意识形态，牢牢掌握党对意识形态工作领导权，全面落实意识形态工作责任制，巩固壮大奋进新时代的主流思想舆论，加强全媒体传播体系建设，推动形成良好网络生态。

"过不了互联网这一关，就过不了长期执政这一关。"互联网是个关口，也是个机遇。打赢这一战，就能赢得更多主动。如何过好这一关？笔者从三个方面谈一谈。

一

人类进入农业社会、工业社会，经历了漫长历程，但步入信息社会仅几十年。可就在这短暂时间内，政治、经济、社会、文化等各领域发生深刻变革。

风险与变革始终相互伴随。特别是当今，世界百年未有之大变局深刻演进，一场新的全方位综合国力的竞争正在全球展开。能不能适应和引领互联网发展，成为决定大国兴衰的一个关键因素。

在互联网世界，美西方"搞乱人们思想"的手段五花八门。今年以来，美西方不断借粮食等民生问题发起舆论战，散播粮荒焦虑，鼓吹粮食金融化、资本化，为全球粮价上涨推波助澜，妄图用粮食卡中国脖子。再比如，在中国疫情防控政策、香港"修例风波"等问题上，各种混淆视听、颠倒黑白的声音不绝于耳。这都说明，我们已经置身这场"没有硝烟的战争"。

事实上，长期以来，西方反华势力一直妄图用互联网来"扳倒中国"，甚至扬言"有了互联网，对付中国就有了办法"。

对此，我们不能被动地卷入这场斗争，而是应该以攻为守，主动挺进互联网"主战场"。主动战略之一，就是主动出击，在大是大非问题上不做绅士，面对一些无端诋毁和恶意抹黑，坚决回击并进行斗争。美国前国务卿蓬佩奥屡次借疫情诬蔑抹黑中国，央视《新闻联播》果断亮剑，连续发布"国际锐评"，起底美国政客的险恶用心，在国际舆论场"扭亏为盈"。

随着全球化程度加深，我们除了传播好历史和文化传统，也不妨融入更多现代元素，塑造立体鲜活的中国形象。2022年北京冬奥会开幕式综合运用了人工智能、超高清渲染、5G、8K等一系列高新技术，吸引全球数亿网友关注。

抢占国际舆论话语权，中国需要创新话语方式，底气十足地"让世界听到中国的声音"。比如，网络大V"乌合麒麟"的漫画作品《和平之师》，描绘了澳大利亚士兵对抱着羊羔的阿富汗儿童割喉的场景，在海外舆论场引发热议，最终此事以澳国防部公开道歉并承诺赔偿而收场。

我们同美西方进行的舆论较量是场持久战，关键之举还是要集中精力做好自己的事，不断夯实国内民意基础。一代代年轻人认识到中国强大的过程，其实就是我们解决"挨骂"问题的过程。

二

如今，中国互联网普及率达到74.4%，超过10亿中国网民每天在互联网上"收音"和"发声"。网络不仅是舆论斗争最重要的阵地之一，而且正在深度融入社会治理。把互联网管好用好，是一个重要课题。

历史一再证明，任何一个政党要想长期执政，都必须维持"长期稳定的社会环境"，而互联网则是影响社会稳定的一大因素。

我们看到，一些热点舆情不时在网络空间引发舆论"海啸"，其中真伪夹杂、目的各异、方式多样，使一些不明真相的网民被"带节奏"，舆情多轮"反转"，扰乱了视听，影响了价值判断，网络空间风险向线下传导趋势加剧。在匿名"保护"下，一些所谓"键盘侠"动辄进行道德审判；一些智能算法披着技术面纱，成为阻挡网络生态健康稳定发展的"刺客"；等等。面对互联网生态所带来的社会影响,我们不能视而不见,而是要让正能量占据主导,站在客观正义的一面,争取话语和事实的主动。

首先,要走好新时代"网上群众路线"。习近平总书记强调,"网民来自老百姓,老百姓上了网,民意也就上了网。群众在哪儿,我们的领导干部就要到哪儿去"。用好网络舆情"收集器",发挥网络引导舆论、反映民意的作用。

近年来,从在网上征求"十四五"规划编制工作的意见,到全国两会召开前的"我给全国两会捎句话"建言征集活动,还有开展"我为党的二十大建言献策"活动等等,都是认真听取网络民意的写照。

其次,网络作为人们生产生活的新空间,也应成为我们凝聚共识的新空间。这片空间应该"为我所用",理直气壮做好正面宣传,让主流舆论声音更响亮,努力建设强大主流意识形态。

在庆祝建军90周年等主题宣传教育活动中,《人民日报》推出"军装照"等H5产品实现"裂变式"传播,正能量和好声音通过网络这一"扩音器"得到更广泛传播。去年,《浙世界那么多人》抗疫MV在网上一经发出,就迅速成为社交媒体上极具感召力的"刷屏"作品,达到稳定公众情绪、提振社会信心的良好效果。

最后,网络空间虽是虚拟的,但不能成为"法外之地"。法治是推进网络治理现代化最好的武器。

近年来,国家针对互联网平台的治理力度不断加大,相继出台《网络信息内容生态治理规定》《互联网信息服务算法推荐管理规定》等一系列规范性文件,执法的"牙齿"也不断锋利起来,体现了我国互联网从"野蛮生长"阶段向"秩序重建"阶段加速迈进。

今年7月,滴滴被国家网信办处以80.26亿元罚款,16项违法事实中就包括"过度收集1.07亿条乘客人脸识别信息"。9月,浙江召开"之江净网"网络空间依法治理新闻发布会,2022年我省关闭违法违规账号23万余个,清理不良有害信息180万余条,拦截虚假流量11亿次,依法治网成效显著。

不过,有的法律制度过于原则或笼统、可操作性不强等问题依然存在,需要我们不断完善立法、严格执法,营造清朗的网络空间。

互联网是把双刃剑。用好这一"利器",不断提升网络治理水平,互联网就会成为中国式现代化推进过程中的重要推力。

三

当前,各国围绕信息主权的争夺日趋激烈,作为互联网技术核心的"芯片",仍是我们的一块短板。

美国总统拜登曾说,"美国如果遭到重大网络攻击,可能会与一个'大国'进行'真正的枪战'"。但事实恰好相反,美国利用其在网络信息系统软硬件领域的技术主导地位,经常在全球范围发动网络攻击。前段时间,美国国家安全局攻击西北工业大学就是例证。

不容忽视的现实是,全球互联网的底层技术掌握在美国手中。加快在互联网前沿技术领域实现"弯道超车",解决中国"缺芯"困境等,成为我们捍卫网络空间主权、建设网络强国的必然路径。

当前,新一轮科技革命和产业变革向纵深演进。以核心技术引领互联网产业发展,不断巩固互联网基础产业,抢占数字变革制高点,是夯实各项事业高楼的地基。

有数据显示，当前我国工业互联网已应用于 45 个国民经济大类，产业规模迈过万亿元大关。互联网产业已经成为国家的战略性产业，在各项事业高质量发展进程中发挥举足轻重的作用。

然而，与世界先进水平相比，我国互联网产业还存在着软硬件自主创新不足、跨领域互联互通欠缺、深度应用场景不够丰富等问题。如何加快脚步追赶领先，还需不断推动融合创新、产业再造。

互联网带来的不仅是产业变革的先机，也是新一轮国际竞争。应时而谋、应势而动、顺势而为，让"最大变量"释放"最大正能量"，中国必将从网络大国向网络强国加快迈进。

徐岚　执笔

2022 年 10 月 25 日

"数学家之乡"是怎么炼成的

> 重实用、求务实的温州有识之士认为"富强之源，在于兴学"，数学渐成"教育救国"思潮中最重要的学科之一。

有人说，数学是人类智慧皇冠上最灿烂的明珠，它是许多学科的基础，在社会生活的各个领域发挥着作用。

几日前，2022世界青年科学家峰会数学及其应用前沿论坛在温州开幕，再次让人们把目光投向温州这个"数学家之乡"。

近百年来，在数学领域的温州籍学者、教授超过200人，涌现出了姜立夫、苏步青、谷超豪等一批里程碑式人物。甚至在解放初期，国内大学里的数学系主任，温州籍的就占四分之一。

东海滨、瓯江畔的温州，为何能走出这么多数学名家？

一

说到温州，不得不提的就是永嘉学派。有学者认为，永嘉学派"事功学说"，是温州当地重视数学学科的一大原因。

永嘉学派学者陈傅良说:"所贵于儒者,谓其能通世物务,以其所学,见之事功。"叶适更是直言:"为文不能关教事,虽工无益也""立志而不存于忧世,虽仁无益也"。

在这样的思想熏陶下,经世致用的精神、务实求变的学风,刻在了温州人的基因里。

1896年,晚清教育家孙诒让和一批士绅贤达创办了瑞安学计馆,这是中国最早的数学专门学校之一。在《瑞安新开学计馆叙》中,孙诒让写道:"瑞安褊小,介浙闽之间,僻处海滨,于天下形势,不足为轻重。然储材兴学,以待国家之用,而出其绪余以泽乡里,则凡践土食毛者皆与有责焉,固不容以僻远而自废也。"

一时间,温州地区钻研算学的氛围相当浓厚。学计馆和后来的瑞安中学培养了温州乃至中国较早一批数学学科人才,其中大多成了当地教员,绘出了温州这一"数学家摇篮"的雏形。

次年,孙诒让的学生黄庆澄创办了《算学报》,以宣传、普及初等算学为宗旨,是国人自办的第一份数学普及刊物。1899年,52岁的孙诒让创立了瑞安天算学社,这是中国现代最早的地区性数学学会,当时还举办了温州六县数学会试,相当于今天的数学竞赛。

在中国现代数学史上,温州创造了许多个"第一"。数学家、《积分表》编译者徐桂芳说:"温州人得山水之灵气,刻苦踏实和勤奋好学蔚然成风,具有学习数学的基本素养。"

渐渐地,温州地区形成了重视学习数学的社会风尚,并由此奠定了"数学家之乡"的基础。

二

温州数学家的使命,绝不仅限于实现个人的成就,更在于为国家之崛起而奋斗。

彼时,中日甲午战争惨败,一批爱国志士主张维新变法,教育强国,"一切西学皆从算学出"的风潮渐起。重实用、求务实的温州有识之士认为"富强之源,在于兴学",数学渐成"教育救国"思潮中最重要的学科之一。

清末民初,温州是中国最早兴起出国留学热潮的地区之一。有数据显示,1898年至1949年间,温州有397人出国留学,他们当中大多数人学的就是数学。而这批留学生学成回乡之后,许多都献身于数学教育事业。

中学时期的苏步青,就遇到了刚从东京留学回来的数学老师杨霁朝。第一堂课上,杨霁朝没讲数学题,而是向同学们感叹:"当今世界弱肉强食,列强船坚炮利,对我们蚕食瓜分,中华民族亡国的危险迫在眉睫。要振兴科学、发展实业,而数学是科学发展的先锋,为了发展科学,必须学好数学。"

一席话,让苏步青彻夜难眠。这个正沉迷于研读《资治通鉴》的孩子,改变了主攻方向,转而投向数学研究。

个人命途与国家处境从来都是密不可分的。在纪录片《百年巨匠——苏步青》的叙述中,刚刚从日本回国任教的苏步青,在浙江大学创办了数学系。在学生们印象里,苏先生的课不好上,"一旦被叫到黑板上,算不出来答案是下不去的"。

不仅如此,在数学系每周一次的集体讨论上,苏步青提出三个要求,一要讨论当下最新最难的数学课题,二是报告人阐述的内容必须有自己的看法,三是研究必须坚持到底,不得半途而废。这样的传统一直延续至今,即便是在浙大西迁时期,在日军轰炸下的岩洞里,数学讨论会也不曾中断。

"高标准、严要求"之下,苏步青培养了百余位学生,包括8位院士,学生的学生同样是桃李满天下,在我国的数学教学、科研攻关中贡献了重要力量。

可以说,一代代温州数学家前赴后继,不仅在科学自立自强道路上不懈求索,也传承着胸怀家国、无私奉献的精神。

三

在今天的温州数学名人馆里,姜立夫、苏步青、谷超豪三尊青铜塑像,让三代温籍数学家穿梭时空相聚。

20世纪20年代,国内数学基础极为薄弱。姜立夫创办的南开大学算学系,是名副其实的"一人系",而正是这个"一人系",开启了我国现代数学一个崭新的纪元。

针对温州为何多数学家这一问,苏步青曾解释,当年研究其他学科没有实验室等硬件,而数学的研究只要用功,有纸头便可。

新中国成立后,苏步青有30多个学生在全国各个大学里担任数学系主任、数学研究所所长。方德植就是苏步青培养的第一届毕业生,而后方德植又培养了陈景润。

苏步青晚年时,对学生谷超豪说:"我培养了超过我的学生,你也要培养超过你的学生。"而谷超豪没有辜负老师的期望,从教60载培养出了9个院士学生。他说:"我想,在一定程度上我可以向苏先生交账了。"

薪火相传，弦歌不辍。直到今天，这些数学家前辈依旧影响着新一代的数学"新星"。

2021年，一项复微分几何领域的"世界难题"被一位年轻的温州籍数学家陈杲攻克，也是在同一年，陈杲拒绝了美国优厚的条件，回国到中国科学技术大学任教。今年7月，才28岁的陈杲摘得了ICCM数学银奖，这也是世界华人数学界的最高奖项。

细数温州数学家辈出的原因，重视数学的社会传承、德学兼优的数学师资、刻苦实干的品性以及地处信息开放的沿海环境等都可归结其中。而在不少学界研究者和教育从业者看来，"情怀"和"传承"是其中核心要义。

这份情怀，犹如浩瀚长空里的"苏步青星""谷超豪星"，为一代代温籍数学家、为中国数学界留下恒久星光。这是"数学家之乡"的基因传承，亦是创新不停、求索不止的精神绵延。

王娟　执笔
2022年10月26日

新闻客户端不能有"端"无"客"

> 互联网时代,流量就是人心,日活数、点击量是最现实的"指尖投票"。

党的二十大报告指出,"加强全媒体传播体系建设,塑造主流舆论新格局。健全网络综合治理体系,推动形成良好网络生态"。

建设全媒体传播体系,需要做强新型主流媒体,打造新型传播平台。移动互联网时代,这个"新型传播平台"主要就是指新闻客户端。

2018年,中央全面启动县级融媒体中心建设,要求集中力量打造客户端,着力提高下载量、日活率。几年来,客户端已成为我省媒体融合发展的"主阵地",在舆论引导、社会治理等方面发挥了重要作用。

不过,仍有一些客户端有"端"无"客",沦为"花瓶""摆设",日活数甚至比传媒集团人数都少,值得反思。

一

有人说，做客户端是两难：不做，等死！做了，找死！

建客户端，成本高、难度大、回报周期长，但为什么再难我们也要建，而且要不遗余力建好用好？

首先，客户端自主可控。

有学者指出，当前媒体融合发展的瓶颈是"有爆款，没用户；有流量，没平台"。主流媒体跑到商业平台上开账号，利用平台优势引流增粉，偶尔出些现象级爆款产品，影响力虽然上去了，但毕竟"寄人篱下"，很多事情"身不由己"。

比如，账号发布内容时常受到平台所谓"审核""规则"等因素制约，影响发布时效和传播效果；拿不到用户核心数据，无法开展精准传播、有效引导舆论；再退一步讲，万一哪天平台瘫痪了、下架了，我们的内容也就不复存在了。我们只是长在人家"皮"上一根有思想的"毛"，皮之不存，毛将焉附？

全媒体时代，传播平台是核心资源。媒体不能在互联网上四处"打游击"，给别人"做嫁衣"。只有客户端，是媒体自己的"一亩三分地"，可以将生存发展主动权牢牢掌握在自己手中。

其次，客户端功能集成。

到目前为止，客户端仍是聚合功能最强大的传播载体，可以实现"新闻＋政务服务商务"，帮助媒体建设成为当地主流舆论阵地、综合服务平台和社区信息枢纽，更好引导群众、服务群众。

党的二十大报告指出，要完善社会治理体系，健全共建共治共享的社会治理制度，提升社会治理效能。

建设全媒体传播体系，是推进国家治理体系和治理能力现代化的重要一环。客户端"新闻＋政务""新闻＋服务""新闻＋商务"等功能，有利于打通传播体系与社会治理体系，以媒体融合发展助力社会治理创新。

建设新型主流媒体，要做正确的事，而不是容易的事。建好客户端，就是这样一件有意义、利长远的事。

二

在推进数字化改革过程中，"舆论引导在线"应用针对省市县融媒体传播和运营情况，通过大数据比对，推出融合指数，检验各地融合成效，其中就包括客户端指数。

通过数据比对发现，浙江市县融媒体中心改革状况与全国相比，整体不错，走在前列，但地区之间不均衡现象较为突出。

作为有几十万人口的经济强县，有的地方客户端日活数却只有上千，个别的只有几百。这意味着，这些客户端的信息甚至出不了媒体大院，连县级融媒体中心的记者编辑，很多也不用自家的客户端，更遑论"飞入寻常百姓家"。

笔者发现，这些光有"端"没有"客"的客户端，主要问题在于：觉得自己是媒体，做好新闻就行，没有必要办好政务服务、开展互动活动。

新媒体时代，人人都有麦克风，单靠新闻本身已经很难留住受众了。更何况，一些市县客户端连新闻本身也没有用心做好：有的将报纸、电视内容简单地一搬了之，内容枯燥乏味，走不进用户心中，阅读量只有可怜的几十个；有的一建了之，栏目没新意，内容缺更新,个别栏目最新内容更新还停留在一两年前。这样的客户端,凭什么让用户每天用、不卸载?

还有一些客户端,尽管意识到了,行动却没跟上。有的"年久失修",常年停留在1.0版本,一阵热潮后就失去了主动"维修保养"的意识,出现页面无法打开等问题;有的界面粗糙,操作复杂,用户需要经历注册、登录、关注专栏等"九九八十一关"才能领取积分;还有的虽然设置了积分商城,但里面空无一物,积分功能形同虚设……

三

解决客户端有"端"无"客"问题,关键要破除自我本位,在做精做优新闻内容的前提下,突出用户意识,做强政务服务,多多开展互动活动。笔者以为,至少有以下三招。

先说做好政务服务。整合党政部门信息数据资源,参与智慧城市、未来社区、电子政务等建设,媒体能够为社会治理提供支持。比如疫情期间,全省各级媒体客户端开设"战疫求助平台",帮助涉疫地区群众解决"急难愁盼"问题,收获群众点赞的同时,客户端日活数也噌噌上涨;又如温岭"掌上温岭"客户端,开设"村社传播通"应用,以村社为单位,搭建感知决策、精准传播、民意反馈、治理提升四大场景,实现信息高效共享、精准触达。

再说提供商务服务。在做强新闻主业、坚持采编经营两分开基础上,依法依规在宣传推广、文化旅游、电子商务等领域拓展产业链条,可以增强用户黏性和造血功能,服务地方发展。比如绍兴"越牛新闻"客户端通过发放消费券迅速增粉;海宁"大潮"客户端，上线"潮豆豆""海宁12楼""潮市街"等应用，其中"潮豆豆"消费平台已入驻商家202家，150多家单位员工注册使用。

最后说开展舆论监督。舆论监督是媒体的重要职责使命，对老百姓关心的问题、意见大反映多的问题，积极关注报道，推动改进工作。比如宁波"甬派"新闻客户端，打造人人参与的舆论监督平台"众筹新闻"，倾听公众声音，鼓励公众报料，引导公众参与讨论。

当理念与方法的调整跟上了，体制机制的保障不能落下。媒体还需不断改革，理顺体制机制，在部门设置和人力分配上体现出对客户端运营和用户互动的重视，要有人负责客户端运营，有人负责与用户互动，将工作成效有效纳入内部考核评价体系。

互联网时代，流量就是人心，日活数、点击量是最现实的"指尖投票"。

赢得人心，要靠用心。老百姓觉得实用、管用、好用，愿意天天登录、时时上线、"非你不可"，新闻客户端才称得上"名副其实"。

张诗妤 林军辉 执笔

2022年10月26日

浙江为何需要一座文学馆

> 浙江文学馆将属于每一个人,也盼望着每一个人都能在这里回望文学之乡、展望文学远途。

每一座建筑背后,都有一个值得细说的故事。

最近,在位于杭州转塘的中国美院象山校区附近,人们发现,不远处有四座建筑悄然拔地而起。这是浙江未来的文化地标——之江文化中心。浙江图书馆新馆、浙江博物馆新馆、浙江非物质文化遗产馆和浙江文学馆四大场馆,将在这里一一"绽放"。

很多人或许会疑惑:图书馆和博物馆大家都熟悉,非遗馆也容易理解,但文学馆是用来做什么的?或者说,文学也需要"馆"吗?

今天,就来说道说道浙江与文学馆的不解之缘。

一

不妨先把镜头拉远,看看全国各地文学馆的发展状况。

今年三月,北京下了一场春雪,路上厚厚的积雪造成出行不便，行人稀少。而位于朝阳区的中国现代文学馆大院却异常喧闹，人们纷纷赶来与雪花轻抚下的鲁迅、郭沫若、茅盾、巴金、老舍、曹禺、朱自清和冰心雕像合影。

这幕动人的场景得以走进现实，还要感念巴金老人。

早在1978年开始，巴金就多方奔走倡议建立中国现代文学馆。他说，我愿意尽最大的努力促成它的出现，这个工作比写五本、十本《创作回忆录》更有意义。一席话，犹如一块小石子激起了大浪花，反响强烈。

1981年3月12日，《人民日报》刊出了巴老的倡议文章，仅一个多月后的4月20日，中国作家协会主席团扩大会议讨论通过，决定筹建中国现代文学馆。1985年1月5日，在中国作家协会第四次会员代表大会上，中国现代文学馆正式宣告成立。

现在，中国现代文学馆已成为世界规模最大的专业文学博物馆之一和中国现当代文学资料研究及交流中心。

从巴金先生生活的年代起，这份为文学发展留档、赓续中国文学根脉的心，一直延续至今。

今年8月16日，上海文学馆开工兴建；紧接着，8月19日，陕西文学馆项目签约。而此前，已动工的有广东文学馆，已建成的还有辽宁文学馆、黑龙江文学馆、内蒙古文学馆、天津文学馆、山东文学馆等。

仔细梳理名单，有心人可能会问，浙江文学渊源深厚，浙江文学馆缺席了？不可能。这个巨大工程，浙江在早前已经提上日程。

浙江是一个持久被文学滋养、又在不断反哺文学的文化大省。"浙江宣传"此前刊发的《"浙水敷文"，何以见得？》一文，就对浙江文学历史的源远流长进行了条分缕析。

在中国现代文学馆中，展示中国现当代文学史的常设展陈出现频率最高的地域名是浙江。有业内人士感慨：中国现代文学馆入藏的作家，超过60%都是浙江作家，当得起名副其实的中国文学"半壁江山"。

从这个角度来说，浙江理应有一座属于自己的文学馆。

二

建设浙江文学馆，也是浙江文学界几代人的梦想。

2002年，浙江省作家协会就正式报告希望"建造一个集文学展览、文学培训、文学讲座、文学交流于一体的文学场馆"。2008年，浙江文学馆项目被正式列入《浙江省推动文化大发展大繁荣纲要（2008—2012）》。

直到2012年至2013年间，浙江文学馆建设取得实质性重大突破，选址杭州市西湖区之江区块龙王沙地块，规划为不少于两万平方米的单体建筑，规模仅次于中国现代文学馆。2019年2月28日，这一承载着浙江文学界梦想的工程奠基开工。

如果要问，浙江文学馆什么时候建成开放？那将是一个颇具独特意义的日子：2023年9月25日，也是鲁迅诞辰142周年的日子。

说到浙江文学，不得不提鲁迅，现代最伟大的作家之一。有专家认为，鲁迅先生的故乡，或也可以说是我们中国现当代文学一个深沉热烈的精神原乡。

就在去年，《故乡》发表100周年，绍兴举办了一次"鲁奖作家鲁迅故乡行"采风活动，参与活动的30位鲁迅文学奖获奖作家最大的共同感受，就是来此进行了一次文学寻根。

等到浙江文学馆开馆时，将有更多浙江籍文学名家或后人及以浙江作家命名的文学奖得主共聚一堂，同步举办全国六家鲁迅纪念馆珍品展，并把完整的全套《鲁迅日记》手稿"请"回家。

三

如今，当一座座文学馆拔地而起，更应该思考，文学馆可以给我们带来什么？

曾经，在巴金的设想中，文学馆是一个资料中心，它搜集、收藏和供应一切我国现代文学的资料，"五四"以来所有作家的作品，以及和他们有关的书刊、图片、手稿、信函、报道等等。他说："要让大家看看，我们这些搞文学工作的人究竟干了些什么事情。"

怀着同样的初衷，建成后的浙江文学馆，将集文献保存、文化产业基地建设、展览等各项功能于一体。一方面，汇聚国内外优秀文学资源，即"引进来"；另一方面，发挥浙江文学馆服务全体作家的功能，把更多的浙江优秀作家"推出去"。

可以说，浙江建设文学馆，承载的是一份文化传承与弘扬浙江文学的责任。

除此之外，更重要的，还有满足群众对文学的需要。

未来，浙江文学馆将是一个面向公众"周周有讲座、季季有展览、月月有活动"的文学服务平台，让群众切实感受"文学四季在浙里"。此外，馆内还将结合元宇宙智慧场馆，让文学从平面走向立体，让群众从单纯阅读的感知转化沉浸式的体验。

畅想浙江文学馆开馆后的场景，青少年们可以在这里接触到充满想象力的故事和诗歌，在文学世界寻找自我、思考生活、体验情感，享受文字的乐趣；

忙碌于各行各业的人们可以在丰富多样的讲座和研究里，找到认识世界、反思社会的灵感，追求精神和心灵的升华；

而对于上了年纪的长者来说，文学馆就仿佛是一部时光机器，让经历岁月沧桑的人们在文字里重温流逝的岁月……

这些，都将是浙江文学馆努力的方向。

浙江文学馆将属于每一个人，也盼望着每一个人都能在这里回望文学之乡、展望文学远途。这里，必将是所有文学爱好者的梦许之地。

程士庆　执笔
2022 年 10 月 27 日

80年前的这场生死营救

> 中国民众为何不顾生死奔赴营救？
> 因为曾经遭受欺凌和战争苦难的经历，让中国人民更加珍视生命、渴望和平。

新的十字路口，世界之变、时代之变、历史之变前所未有。同乘一条大船，各国如何同舟共济，穿越惊涛骇浪？

党的二十大报告指出，我们真诚呼吁，世界各国弘扬和平、发展、公平、正义、民主、自由的全人类共同价值，促进各国人民相知相亲，共同应对各种全球性挑战。

有一段二战中的往事，或许可以给我们启迪。翻开《浙江抗日军民救护遇险盟军档案》，视线被拉回那段硝烟四起的岁月——1941年，太平洋战争爆发后，中、美、英等国军民携手，共同抗击日本侵略者。

抗战期间，浙江军民留下许多感人事迹，其中影响最大的当数营救杜立特轰炸机中队飞行员和舟山渔民救助"里斯本丸"号英军战俘事件。

此前，我们已重温过"里斯本丸"号的感动，今日且来解密营救行动。

一

1942年4月18日，完成突袭东京任务后的杜立特轰炸机中队，正飞临中国东部的浙江。

夜色沉沉，飞机在暴风骤雨中摇摇欲坠，燃油告急的红色警示灯闪烁不停，在一遍遍呼叫地面机场依旧无人应答的情况下，指挥官杜立特中校作出了悲伤而无奈的决定——跳伞弃机。

电影《决战中途岛》里有个场景，再现了这一惊险时刻：

面对黑黢黢的夜空，杜立特给即将跳伞的战友们鼓劲打气："我不知道下面是中国人还是日本人的地盘，大家都小心点，我们在衢州见……"

3个月前，杜立特接到一项绝密任务，组建训练一支能在航空母舰上起飞的轰炸机中队。但直到登上"大黄蜂号"航母，他的队员们才知道这项秘密行动的目的，是洗刷珍珠港之耻——轰炸东京。

这场后来被称为杜立特突袭行动的轰炸，只在东京上空持续了30秒，但它的战略意义远超空袭本身，直接促使日本提前引爆中途岛海战。经此一役，日本海军受到"降维打击"，整个太平洋战场的局势得到了扭转。

不过这些都是后话。作出跳伞弃机这一决定时的杜立特，心情是跌落谷底的。跳伞后的第二天，当他在临安天目山上看到自己驾驶的1号机已摔成碎片，想到其他队员不知生死何处时，一度沮丧地以为，突袭行动宣告失败。

但正如他们所期待，只要降落在中国，幸运之神就不会抛下他们：中国民众，会救他们。

二

深夜坠机的巨响，惊醒了当地百姓。

杜立特中队除了8号机降落在苏联海参崴外，其余15架飞机都坠毁于浙江沿海和衢州机场附近的浙皖闽赣四省边际山区。

从天而降的"怪人"从哪里来？是敌还是友？

在江山县长台镇，当时的江山初中校长周仁贵与获救飞行员对话后，心里的一块石头落了地：这些金发碧眼的"洋人"，都是并肩抗日的美国盟军。

随之而来的，便是一场刻不容缓的全民拯救。

在江山，东积尾村村民在山顶发现了鲜血淋漓的队员曼奇。身高1米74的村民毛继富主动背起身高1米93的曼奇下山，不知疲倦，整整走了一天山路。

在遂昌，降落在岩坑村的队员格雷困乏饥饿，只是在纸上画了一只鸡，村民就真的给他端来刚出锅的鸡。缺衣少粮的战乱年代，这是何其珍贵的食物。

营救的过程并非一帆风顺，不少中国老百姓甚至付出了生命代价。在象山，爵溪镇的10名壮丁，秘密护送3位杜立特队员离开日军控制区，途中不幸被日军拦截，惨遭枪杀。这些牺牲的壮丁，都是当地赤贫的劳动者。

这场自发的上山入海的搜救，结果如何？降落中国的75名杜立特队员中，共有64人被成功救起。

中国百姓创造了二战史上的救援奇迹。

不过，脱离险境的杜立特队员们并不知道，丧心病狂的日军，早已积蓄了满腔的怒火，更大的危险正在逼近那些施以援手的中国人。

杜立特行动后的一个月内，衢州机场遭受轰炸达59次；日军报复性地发动浙赣战役，实施惨无人道的细菌战，妄图将浙赣铁路沿线沦为人间地狱；25万中国军民在无情战火中不幸罹难。凡是营救过杜立特队员的地区，日军的暴行往往更加残忍……

三

曾有研究者这样说：一旦离开那些重情重义的中国人民，被誉为二战传奇的杜立特行动，或许只能沦为一场失败的冒险。

中国民众为何不顾生死奔赴营救？

因为曾经遭受欺凌和战争苦难的经历，让中国人民更加珍视生命、渴望和平。

历史不会被波涛吞噬，也不会随岁月消逝。这些敢于牺牲自己、平凡善良的中国人，用自己的血肉之躯为来自异国的勇士提供人道主义坚盾，为世界反法西斯战争作出了贡献。

二战结束后，杜立特轰炸机中队的飞行员们成立了"杜立特轰炸机队协会"，每年4月18日，他们及其后代都会进行纪念活动——铭记当年冒死营救过他们的中国救命恩人。

1990年，老兵亨利·波特等组成的考察团回访浙江。所到之处，他们都会送上一枚写有中文"多谢"的纪念铜牌。而上面镌刻着的，是44名健在杜立特老兵的签名。

被救起的队员西姆斯在日记中写道:"中国人的回报如此丰厚。待在衢州的一周里,我们见到的只有友善……"

80年前,蜿蜒的山路上,浙西民众迈着坚定的步履,接力救护坠机跳伞的美国杜立特队员;澎湃的东海中,舟山渔民驾着小舢板翻滚出无畏的浪花,划向奄奄一息的"里斯本丸"号船英军战俘……

今天,在浙江,很多地方也都修建了杜立特行动纪念馆,人们在凝视历史的同时,也领悟出更为深刻的时代启示——

守望相助,共克时艰,顺应和平、发展、合作、共赢的时代潮流,人类一定能抵达光明的彼岸。

党的二十大报告指出:构建人类命运共同体是世界各国人民前途所在。万物并育而不相害,道并行而不相悖。只有各国行天下之大道,和睦相处、合作共赢,繁荣才能持久,安全才有保障。

档案资料

《浙江抗日军民救护遇险盟军档案》由珍藏于浙江省档案馆、江山市档案馆、遂昌县档案馆、象山县档案馆等处的相关档案共同组成。2010年2月,入选第三批《中国档案文献遗产名录》。

该档案文献客观地记录了浙江抗日军民勇救美国飞行员和英军战俘的事实,体现了中国人民伟大的国际人道主义精神,真实地再现了第二次世界大战期间中、美、英三国人民共同抗日,用鲜血和生命在反法西斯战场上筑就友谊的历史,多年来在国际上有重大影响。

李啸 陈逸翔 执笔

2022年10月27日

虚拟数字人凭什么与真人"抢镜"

> 虚拟数字人如何拥有人类的"魂",关键在于人们为它们注入怎样的文化内涵。

现实中,真人抢镜屡见不鲜。然而谁能想到,"抢镜"这事,还能发生在虚拟数字人身上。

前不久,浙江卫视《天赐的声音》节目中,宋韵文化数字推广人"谷小雨"以温婉清丽的形象气质,与嘉宾一道,共同演绎青春、释放活力,得到广大观众尤其是年轻观众的好评,再次引发人们对虚拟数字人的关注。

实际上,去年以来,虚拟数字人市场快速升温。虚拟数字人AYAYI正式"入职"阿里,成为天猫超级品牌日的数字主理人;百度发布国内首个可在App内互动的虚拟数字人;B站专门为虚拟主播开设分区;等等。

那么,虚拟数字人凭什么能与真人"抢镜"?它们又将为文化创新带来些什么?

一

虚拟数字人，许多人并不陌生。它们是一种依赖显示设备展示的虚拟人物形象，拥有人的外观，能像人一样行动、对话。我们身边的数字讲解员、AI主播、虚拟代言人等等，都属于虚拟数字人的范畴。

虚拟数字人首先是技术的产物。在技术的更迭出新中，从2D的数字形象，迈向3D超写实数字人，虚拟数字人在动作、语言、思想等方面都变得越来越逼真。比如今年冬奥会上的虚拟手语主播，就全程无休地为听障观众服务。

同时，虚拟数字人更是文化的产物。它们可以根据不同的应用场景，搭配不同的身份、装扮、语言，以极具中国特色的模样，给人惊艳的"第一印象"。

比如，不久前连续登上热搜榜的国风虚拟人"天妤"，其造型来源于敦煌壁画中的飞天形象，衣袂飘飘，发饰、衣服、簪子几乎都可以称为"高定款"，让史书、文物、敦煌壁画中的古典元素"活"了起来。

颇具中国特色的"天妤"在海外同样广受欢迎。有数据显示，数月前，其TikTok账号粉丝数已突破10万，海外总播放量突破100万次。

虚拟数字人之所以能称之为"人"，核心还在于它们拥有像人一样的思考、学习能力，以及社交的属性。

比如，今年国际博物馆日，中国文物交流中心推出的国内首个文博虚拟宣推官"文夭夭"，既有"高颜值"更有"高智商"。这个梳着双丸子头，装扮着唐代盛行的花钿装饰，总爱拿着一把红色折扇的"小姑娘"，经过超越人脑记忆的AI训练，对文物的历史、艺术、科学价值如数家珍，能够提供讲解、导览、咨询、对话、直播等各种服务。

在浙江自然博物院"24小时博物馆"，也有类似的一位讲解员。它叫"华智云"，24小时在岗，不仅明眸善睐、声音甜美，还是"三农"知识和数据专家，能够带领游客了解大自然的奇妙和魅力。

虚拟数字人正以各种各样的身份出现在我们生活中，给我们提供服务、带来快乐。

二

俗话说，好看的皮囊千篇一律，有趣的灵魂万里挑一。虚拟数字人也需要内外兼修，才能被赋予强大的生命力。

比如，"天妤"在新媒体平台成了短剧主角，传播琵琶、巾舞、围棋等传统文化，甚至还曾出现在北京地铁站，呼吁大家关注心理健康，传达人文关怀。

虚拟数字人如何拥有人类的"魂"，关键在于人们为它们注入怎样的文化内涵。技术的长足发展可以让虚拟数字人走得更远，而多元丰富的文化，则能让它们的道路越走越宽。

今年以来，虚拟数字人也是投资界、产业界和各国政府均高度关注的话题。比如，中办、国办印发的《关于推进实施国家文化数字化战略的意见》提出，"培育以文化体验为主要特征的文化新业态，创新呈现方式，推动中华文化瑰宝活起来"。

《广播电视和网络视听"十四五"科技发展规划》提出,"推动虚拟主播、动画手语广泛应用于新闻播报、天气预报、综艺科教等节目生产,创新节目形态,提高制播效率和智能化水平"。

由此可见,不仅虚拟数字人需要用文化来激活头脑,中国优秀的传统文化也需要借助虚拟数字人这一年轻的表达,走向更多人。在这一趋势下,虚拟数字人应用于文化领域的落地场景、IP价值和衍生能力,都值得进一步挖掘。

在一系列政策引导以及"非接触需求"增加的情况下,虚拟数字人正迎来广阔的发展前景。可以说,这是技术与文化的一次热烈拥抱。

三

作为现实世界与虚拟世界交互的重要载体,随着5G、人工智能、云渲染、增强现实、动作捕捉等新一代信息技术发展逐步成熟,虚拟数字人面前,是一片发展的蓝海。

有数据显示,我国现有虚拟数字人相关企业超过38万家,虚拟数字人行业正进入爆发期。到2030年,我国虚拟数字人整体市场规模预计将达到2700亿元。

尽管概念火热,但不少专家认为,目前该产业仍处于较为初期的阶段,虚拟数字人还存在着技术参差不齐、生活中的渗透率较低、商家盲目追逐等问题。

比如,在形象打造方面,个别人物造型雷同,缺乏特色,甚至出现"撞脸"情况。这也反映出,个别商家原创意识不强,追求人物美丽的外观,却忽视了只有拥有鲜明的人设、精彩的故事,才能让虚拟数字人走出自己的成名之路。

在应用场景方面，虚拟数字人虽然是"虚"的，但它们的所有能力都是人的能力的延伸，是现实的映射。对于开发者来说，虚拟数字人的运营，也应尊重国家政策、公序良俗，在与公众的良性互动中构建深度情感链接，持续传递正能量。

而从产业上看，目前虚拟数字人的制作方式自动化程度低、生产门槛高，关键技术还不完全成熟。还应继续加大关键核心技术创新，推进虚拟数字人开放平台建设，降低生产制作成本，增强技术可及性。

文化艺术与科学技术不断碰撞出新的火花与智慧，涌现出更多虚拟数字人"明星"，打造更多具有文化内涵和生命力的优质内容。

就像法国作家福楼拜所说的："越往前走，艺术越要科学化，同时科学也要艺术化。两者从山麓分手，又在山顶会合。"

也许，在不久的将来，虚拟数字人将为我们带来更多沉浸感、陪伴感和归属感，成为每个人的贴心助手、知心朋友。

郑思舒　执笔

2022年10月28日

回延安

> 一次次地回到出发的地方,正是在一次次"回眸"中感悟初心的炙热温度,领略事业的波澜壮阔,传承红色基因,从而不断振奋起一次次"鸣枪起跑"的奔涌力量。

"几回回梦里回延安,双手搂定宝塔山。千声万声呼唤你——母亲延安就在这里!"

1956年,当代诗人贺敬之重回阔别许久的延安,带着翻涌的深情,挥笔写下《回延安》。

延安是中国共产党人执政之前最亲的家!"回延安"作为一种精神洗礼,呼唤着一代代共产党人奔赴此地。

10月27日,党的二十大闭幕不到一周,中共中央总书记、国家主席、中央军委主席习近平带领新一届中共中央政治局常委前往延安,瞻仰延安革命纪念地。

巍巍宝塔山下,滔滔延河水畔,习近平等先后瞻仰了中共七大会址、毛泽东旧居等,并在延安革命纪念馆参观《伟大历程——中共中央在延安十三年历史陈列》。

一张张照片、一件件实物，见证了党中央在这里战斗和生活的13个春秋，具象化了伟大建党精神和延安精神，并提醒我们：坚定历史自信，增强历史主动，发扬斗争精神，为实现党的二十大提出的目标任务而团结奋斗。

今时今日，总书记带领中共中央政治局常委专程"回延安"，深意何在？延安，这一永载史册的名字，又留下了怎样的丰厚遗产？

一

党的十八大以来，习近平总书记在地方考察时遍访党史故地、红色热土。正如一位西方政治观察家所说，中共的领导人在重要的时间节点重访革命故地已经成为中共政党文化的重要部分。

2012年，十八大闭幕不久，习近平总书记率中共中央政治局常委到国家博物馆参观《复兴之路》展览，那是一幅幅印刻着中国人民波澜壮阔奋斗历程的壮美画卷。

2013年7月，党的群众路线教育实践活动开始不久，习近平总书记来到西柏坡，在著名的九月会议旧址主持召开座谈会。

2017年10月，十九大闭幕仅一周，习近平总书记带领中共中央政治局常委前往上海和浙江嘉兴，瞻仰上海中共一大会址和浙江嘉兴南湖红船……

浙江嘉兴、江西井冈山、贵州遵义、陕西延安、河北西柏坡……这些坐标为何让总书记牵挂？答案就在那一番番深情话语中。

2014年10月,全军政治工作会议在古田召开。习近平总书记要求大家深入思考,我们当初是从哪里出发的、为什么出发的。

2015年2月,在七大会址,习近平总书记曾说,这里我来过多次,插队时每次到延安都要来看看,每次都受到精神上的洗礼。

回顾总书记遍布大江南北的"红色足迹",一以贯之的,都是为了接受精神上、思想上的洗礼,从革命精神中追寻初心、校准方向,汲取前行的动力。

每一个革命老区、每一处革命旧址、每一地革命遗迹,都是我们党革命文化的承载,初心使命的承载,精神动力的承载。

拨开时间的面纱,往往能将历史的脉络和意义梳理得更为清晰。建党之路上,形成了坚持真理、坚守理想,践行初心、担当使命,不怕牺牲、英勇斗争,对党忠诚、不负人民的伟大精神;井冈山为我们留下的是坚定信念、艰苦奋斗,实事求是、敢闯新路,依靠群众、勇于胜利的精神;西柏坡,留给我们的是谦虚谨慎、艰苦奋斗,敢于斗争、敢于胜利,依靠群众、团结统一的精神……

延安精神,和伟大建党精神、井冈山精神、长征精神、遵义会议精神、西柏坡精神等一系列伟大精神一起,构筑起了中国共产党人的精神谱系。

中国革命历史就是最好的营养剂。党的二十大报告提出,要"弘扬以伟大建党精神为源头的中国共产党人精神谱系,用好红色资源"。红色血脉永赓续,精神伟力跨越时空,那些壮阔的历程、丰厚的资源,珍贵之处不仅在于其历史光辉,更在于她带给我们的精神滋养。

二

昨天,在瞻仰延安革命纪念地时,习近平总书记满怀深情地说,当年在陕北插队的时候,每次路过延安,我都要来七大会址、杨家岭、枣园、凤凰山等革命旧址看一看。到中央工作后,先后3次来延安考察调研。

这片黄土地,为何令习近平总书记如此重视?此番,总书记为何再次来到这里?

历史不语,却已铿锵作答。这片神奇的土地,值得"大书特书"的事情特别多。它们,就是回答——

答案,在《为人民服务》的不朽名篇里。1944年9月,一位名叫张思德的普通战士牺牲。毛泽东在追悼会上发表《为人民服务》的讲演,成为家喻户晓的"老三篇"之一。时至今日,这篇讲演仍然是广为传诵的经典佳作,是中国共产党性质和宗旨的集中体现。

答案,在驰名党史的"窑洞对"里。1945年,抗日战争胜利前夕,毛泽东和民主人士黄炎培在延安的窑洞中展开了一场探讨。面对"历史周期率之问",毛泽东给出了第一个答案,这就是"只有让人民来监督政府,政府才不敢松懈"。

答案,还在光照千秋的延安精神里。在延安时期,党培育形成了以坚定正确的政治方向、解放思想实事求是的思想路线、全心全意为人民服务的根本宗旨、自力更生艰苦奋斗的创业精神为主要内容的延安精神。

作为第一批纳入中国共产党人精神谱系的伟大精神之一,延安精神培育一代代中国共产党人筑牢理想信念的根基,守住为民服务的初心，铸成艰苦奋斗的作风，是我们党的宝贵精神财富。

延安，还是文化精神圣地，革命人才圣地。在延安文艺座谈会上的讲话精神的指引下，一大批反映现实生活、群众喜闻乐见的优秀作品由此"生长"；而到延安去，更是一代热血爱国青年的心灵呼唤，"打断骨头连着筋，扒了皮肉还有心，只要还有一口气，爬也爬到延安城"。

可以说，延安承载了我们党的信仰和信念。党中央和毛泽东等老一辈革命家在这里生活和战斗的13个春秋里，经历了抗日战争、解放战争和整风运动、大生产运动、中共七大等一系列影响和改变中国历史进程的重大事件，见证了中国革命事业从低潮走向高潮、实现历史性转折。

正因如此，我们才将延安称为中国革命的圣地、新中国的摇篮。

三

时光荏苒，中共中央离开延安已有70多年，而延安作为共产党人的精神家园却一直散发着耀眼的光芒。

如今，党的二十大已经吹响以中国式现代化全面推进中华民族伟大复兴的冲锋号，前方是看得见"桅杆顶"的最美风景，但周边则是可预见与不可预见的风高浪急，甚至还有惊涛骇浪。

在这个新的历史节点，在出发了很久、走了很远之后，再回到关键转折的地方，讲到底，是为了重温光辉历程，砥砺奋斗初心，不忘来时的路，走好前行的路！

来到这个军民"自己动手、丰衣足食"的地方，回头看我们走过的路，更清醒地知道我们党艰苦创业是何其不易，特别是从站起来、富起来到强起来的伟大跨越何其艰辛、又何其辉煌。继续奔跑，就必须保持志不改、道不变的坚定决心，始终保持战略主动，一鼓作气向前进。

来到这个"延安作风打败西安作风"的地方，让我们知道补给在哪里、力量之源在何方，再次笃定我们"为了谁、依靠谁、我是谁"，从而继续"把屁股端端地坐在老百姓的这一面"，让我们在奔跑路上有着使不完的力气、用不完的力量。

来到这个确立了毛泽东思想作为党的指导思想的地方，我们更强烈地感受到，马克思主义只有中国化时代化才能保持永久的生命力。奋进新征程，我们要高举习近平新时代中国特色社会主义思想这面旗帜，在以习近平同志为核心的党中央领导下，"团结成一块坚硬的钢铁"，准备付出巨大努力，为实现党的二十大提出的目标任务而团结奋斗！

来到这个依靠"小米加步枪"打开革命新局面的地方，我们能看到，党是如何以顽强的斗争精神和高超的斗争本领，有力开展抗日斗争、有力应对西安事变等一系列重大挑战。前进的路不可能是笔直的，而是无人区、新蓝海，又或是一座人迹未至的高山，我们必须敢于斗争、善于斗争，才能掌握技能、提升打法，披荆斩棘、开通道路。

来到这个给出"如何跳出治乱兴衰历史周期率"第一个答案的地方，我们可以感受到，毛泽东等老一辈革命家对避免人亡政息、确保政权长期存在的清醒认识和深邃思考。新一届中央政治局常委带着第二个答案回到延安，也是为了告慰先辈，在中国共产党带领人民充满光荣与梦想的远征上，我们一定永葆先进性和纯洁性，自我完善、行稳致远。

对于一个走过101年的大党而言，一次次地回到出发的地方，正是在一次次"回眸"中感悟初心的炙热温度，领略事业的波澜壮阔，传承红色基因，从而不断振奋起一次次"鸣枪起跑"的奔涌力量。

对历史最好的致敬，就是不断书写新的历史；对未来最好的把握，就是不断开创更美好的未来。在迈上全面建设社会主义现代化国家新征程的关键时刻，回延安，既是为了纪念历史，更是一次灵魂洗礼、精神升华、思想淬炼、作风检视。

王云长　陈培浩　郑思舒　郑梦莹　执笔

2022年10月28日

秋意浓，邂逅那抹银杏黄

> 待一阵凉风带来山河褪尽青绿的消息，扇形的叶片便泼泼洒洒似飞扬的雨丝，温柔地拥向哺育自己一整个春夏的大地。

银杏从来不会辜负秋天。

栩栩乱风蝶，天半垂黄叶。待一阵凉风带来山河褪尽青绿的消息，扇形的叶片便泼泼洒洒似飞扬的雨丝，温柔地拥向哺育自己一整个春夏的大地。

这份盛大的浪漫属于湖州。"千山都看霜叶红，独有此地一片金。"不是鹅黄、不是棕黄，在桂花香和螃蟹鲜之外，天地之间亮到耀眼的银杏黄，是湖州为江南之秋贡献的一抹亮色。

一

"亭亭最是公孙树，挺立乾坤亿万年。"

银杏和湖州的深厚情缘，或许得从亿年前说起。

作为2.5亿年前地球上最大规模生物灭绝事件的"档案管理

员"，湖州长兴的"金钉子"灰岩层，至今妥善保存着史前的"银杏化石"。令人称奇的是，这种曾与恐龙共呼吸的古树种，竟与现在的湖州银杏同宗同源。

也就是说，正是湖州这片位于天目山余脉的土壤，在第四纪冰川期长达千万年的浩劫中，坚实地庇佑着银杏这种濒临灭绝的孑遗植物，见证了它"活化石"的勋称。

有这样一种说法，在宋朝，银杏经日本逐渐传播到欧洲和美洲。1996年，以"不怕冰川的银杏"为正题、"从长兴传遍世界"为副题，银杏与湖州的这段往事登上了《中国时报》，其后不同国家和地区的80多份报刊纷纷转载，其传奇魅力可见一斑。

现在，虽然树龄超千年的银杏树在不少地方亦可得见，但湖州仍然以两大特色保持着原产地的底气。

一曰，数量多。

都说"走遍天下景，难见银杏古树群"，作为庙堂村头的"圣树"，银杏一直都像个将军，独自挺拔地屹立于世间。就连苏轼也曾写道："一树擎天，圈圈点点文章。"但这种单株成景的画面，恐怕不是他在湖州任知州时所见。

因为在这里，银杏以群著称。

3448棵，这是湖州八都岕景区现存百年以上古银杏树的数目。这里散落着3万多株原生野银杏，星罗棋布、绵延迤逦成十里长廊，目光穷极处金色相衔，常常让人恍惚间不知阳光与叶片哪个更璀璨。

又曰，景致奇。

谁人知，银杏有雄雌。在八都岕，"银杏王"饱经风霜却仍枝繁叶茂，"银杏皇后"巨影婆娑且硕果累累。虽不知二树是否曾相约为伉俪,但相望相守一千三百余年,此情此景足以让人心驰神往。

如今,银杏树被誉为湖州的市树,湖州长兴被称为"世界银杏之乡",八都岕的"十里古银杏长廊"已成了游客们寻觅秋日童话的浪漫之地。

时光荏苒,亿年光阴如梭。银杏在历史长河中为湖州留下了独一份的印迹,而湖州人代代将银杏与日常生活相缀连,道出了他们对这"活化石"的特别情谊。

二

"银杏一株今尚在,从知润物有渊然。"

银杏顽强的生命力,在湖州的许家村三古巷,还造就了"怀中抱子"的奇特景象:一棵存世千年的古银杏树,屡遭雷击火烧,依然生机不灭——尽管下部焦枯,仅剩一层树皮,竟还能于空心中新生一株小银杏。

从古至今,银杏和湖州的往事一直被寄予"永恒"的美好愿望。

据传,曾主持编撰中国现存最早诗文总集《文选》的南梁昭明太子萧统,有未嫁而亡之妻葬于湖州栖贤山。为表追思,他在此建庙修佛,并手植32株树木护穴。

"南朝四百八十寺,多少楼台烟雨中。"现在,这里仅存一株高30多米的千年银杏,诉说着历史变迁,纪念着故人。而它曾经荫蔽的娘娘庙,如今也已改名仙顶寺。"仙顶"二字,取自李白的唐诗"仙人抚我顶,结发受长生"。

除了寄托长久的爱与思念，浑身是宝的银杏树，还给湖州当地带来了诸多与美丽有关的馈赠——它是嫔妃的最爱。据传，出自湖州的后宫佳丽，都是因为自幼吃这种果实，所以才拥有姣好的容颜。

古时传说或不可信，但现代检测却另辟蹊径，证明了其中的几分真实。

有资料称，在我国12个银杏主产区中，独湖州银杏在5种重要营养成分上含量显著较高。尤其是百年以上银杏树的果实，还富有锗和硒等其他产区银杏果所没有的微量元素……

"公公种树，孙孙得果。"因生长缓慢、寿命绵长，银杏树别名又叫"公孙树"。

民间曾有俗语"桃三李四杏五，唯独不种银杏"，很多地方因银杏生长太慢而不喜种植，但湖州人民却道"桃三李四杏五，谁也不及银杏"。

三

银杏惠人，人爱银杏。今天，层林尽染的银杏与湖州续写着动人的美文。

八都岕游人如织，秋日大片随手可得。晨间的银杏林，不论从什么角度看都是最美的。7点左右飘起的薄雾，如同新娘披着的洁白轻纱，带来朦胧梦幻的美感。等到村民们起床洗漱、出门走动，人影穿梭在银杏林间，清冷之姿褪去，别有一种人间烟火的温暖。

银杏果价值颇丰，在美食爱好者口中又是一番佳话。生的银杏果呈乳白色，所以在湖州被叫作白果。传说汉光武帝刘秀曾逃难至八都岕，烤食此物以果腹；南宋美食"博主"杨万里甚至还说，"未必鸡头如鸭脚，不妨银杏作金桃"，可盐可甜的银杏果"韵最高"。

而守护银杏，也为湖州留下了代代相传的仪式感。

《本草纲目》中记载，白果"生食降痰消毒，熟食温肺益气"。北宋诗人张无尽更是提到，在当时即使是尚未成熟的银杏果，用纱囊盛贮包装后也被视为使节赠礼的佳品。

珍贵的药用价值，使银杏成为湖州重要的经济作物。20世纪八九十年代，守着一棵树，一个金秋的果实，甚至可以满足一年的花销，不少"万元户"由此而来。

现在，不仅是经济价值，湖州老百姓守护的，更是银杏所承载着的历史文明、所寄予的精神向往，以及那一片"碧云天，黄叶地，秋色连波"的好风景。

"凉风有信，秋月无边。"每到一年秋浓时，外地游客便怀揣着殷殷期待，乐此不疲地向湖州友人打听："那里的叶子黄了没？"

答为：金秋既至，银杏渐黄，可缓缓来矣。

程静静　执笔

2022 年 10 月 29 日

循着习近平浙江足迹读懂现代化

> 我们所追求的现代化,最终反映在每个人的真切感受上。

现代化是近代以来中国人民孜孜以求的美好愿景,一代又一代仁人志士为此进行了不懈探索。

党的二十大报告指出,中国式现代化是人口规模巨大的现代化,是全体人民共同富裕的现代化,是物质文明和精神文明相协调的现代化,是人与自然和谐共生的现代化,是走和平发展道路的现代化。

一条成功道路不是从天上掉下来的,也不是移植舶来的,而是从历史中走来、从实践中走来、从经验中走来的。

阅读《习近平浙江足迹》,不难发现,习近平总书记在浙江工作期间,就促进全体人民共同富裕、物质文明和精神文明相协调、人与自然和谐共生等等作出了一系列重要部署,采取了一系列重要举措。

一条清晰主线浮现在眼前:浙江波澜壮阔的实践历程,可以说是党带领人民探索中国式现代化道路的一个生动缩影。

一

"楼上楼下，电灯电话。"耳熟能详的一句话，承载了一代人对社会主义美好生活的共同愿景。

如今，这些早已成为现实，我们也有了更高的目标。实现共同富裕作为社会主义的本质要求，被提上了日程。

推进社会主义现代化，一个地区也不能落下。

2002年底，浙江成为全国第一个没有贫困乡镇的省份。但是，平均数下的不平衡现象引人深思。

尤其是革命老区、欠发达地区等，困难群众最多，习近平同志很挂念他们。上高山，入海岛，走在田埂上，进到渔民家，山里人的苦、海边人的难，他都记在心里。

习近平同志指出，全面建成小康社会，强调的不仅是"小康"，而且更重要的也是更难做到的是"全面"。2003年全省农村工作会议召开后不久，农历新年将至。天寒地冻，从余姚市区出发，车程3个小时，习近平同志来到四明山革命老区考察。

当时，四明山深处的梁弄镇横坎头村，连条像样的水泥路都没有，当地人发出"横坎横坎，横看竖看看不到头"的感叹。

习近平同志与镇里、村里的同志围坐在一起谋划发展之路，对梁弄镇提出建设"全国革命老区全面奔小康样板镇"的殷切期望。在全体村民的努力下，一晃快20年过去了，如今的横坎头村，早已经旧貌换新颜。

这其中，2018年，横坎头村还收到了习近平总书记的回信，信中说："15年前到你们村的情景我都记得，我一直惦记着乡亲们。"

社会主义现代化进程中,一个人也不能少。

访贫问苦、问计于欠发达地区干部群众,是习近平同志在浙江工作期间调研的重点方向。

2003年6月,他专程来到武义县调研下山脱贫经验,其间,开了个座谈会。村支书们掏出准备好的汇报材料,习近平同志注意到了,他笑着说,今天来就是想看看你们下山后的生活怎么样,最喜欢听你们讲讲心里话。

见省委书记如此亲民,新九龙山村村支书邓寿明干脆把稿子放在一边,深有感触地说:"我们下山前在高山村时,都是一根藤上的苦瓜。现在下山脱贫了,我们都是一根藤上的甜瓜!"

一根藤,藤上结满甜瓜,生动传达出中国式现代化之路的目标所系、旨归所在。

二

《管子》有言:"君子使物,不为物使。"为何人类步入现代社会,反而离这一目标越来越遥远?

习近平同志深刻洞察和反思资本主义社会以"物"为中心的现代化模式,一针见血地指出:人,本质上就是文化的人,而不是"物化"的人;是能动的、全面的人,而不是僵化的、"单向度"的人。

2005年5月,习近平同志来到"浙江百强镇"之首杨汛桥镇考察调研。那段时间,"杨汛桥现象"是众多专家学者关注的话题。

让很多人没想到的是,习近平同志来到杨汛桥后,选的第一站竟然是新落成的文化中心。

他一边饶有兴致地察看文化中心,一边嘱咐身边的人:现在群众生活逐渐富裕起来，对精神文化生活提出新的更高要求，我们在抓好物质文明建设的同时，要高度重视精神文明建设。

文化建设需要代代相传，绝不能急功近利。随着经济社会快速发展，一些文化遗存被湮没在钢筋水泥的丛林里，这是许多历史文化名城在现代化进程中的惨痛教训。

2006年6月，习近平同志在"文化遗产日"调研时说："城市化率的提高往往意味着'建新拆旧'，意味着农村变城市，意味着现代化的过程。但是在这个过程中，也隐藏着对文化遗产进行破坏的危险，在现实中就存在着对城市文化个性的轻视甚至埋没，造成文脉的断裂，造成'千城一面'的现象。"

从良渚古城遗址、西湖综保工程、京杭大运河综保工程、大禹祭典，到实施文化建设"八项工程"，习近平同志在浙江工作期间，尤其重视将浙江优秀历史文化发扬光大。

文化的力量润物无声，深刻改变着浙江人的精神面貌和发展模式，正在成为现代化之路上源源不断的内在动力。

三

在21世纪初的浙江，生态环境保护与现代化建设之间的矛盾十分突出。

作为经济大省、出口大省，于内，浙江水污染、大气污染、海洋污染和农业面源污染问题较为突出；于外，浙江出口贸易越来越多地面临发达国家"绿色壁垒"的挑战。

"内外夹击"下的痛苦，是浙江现代化历程中"成长的烦恼"之一。如何在经济发展中为生态发展抢时间，关系到经济社会的可持续发展。

2002年12月,习近平同志正式提出建设生态省。这个新鲜概念,为未来的浙江定下了绿色的底色。

习近平同志对生态省建设有多重视?一个细节,至今为浙江干部津津乐道。当时,省委、省政府有许多领导小组,但由主要负责同志担任组长的不多。习近平同志亲自担任生态省建设工作领导小组组长,而且一当就是五个年头。

为什么要亲自担任组长?在考察南太湖开发治理工作时,习近平同志解释说,"因为这些工作都是要为子孙后代负历史责任的"。

在景宁畲族自治县,习近平同志勉励当地干部:"任何时候都要看得远一点,生态的优势不能丢。千万不要以牺牲环境为代价换取一点经济的利益。"

在开化金星村,习近平同志对村支书郑初一说,这里山好、水好、空气好,将来通过"山海协作",空气也能卖钱。

在安吉余村,习近平同志首提"两山"理念:"过去我们讲既要绿水青山,又要金山银山,其实绿水青山就是金山银山,本身,它有含金量。"

"保护生态,生态也会回馈你。"中国式现代化不是竭泽而渔、焚林而猎的现代化,而是绿水青山向金山银山的转化之路。

一路走来,一个信念无比坚定——我们所追求的现代化,最终反映在每个人的真切感受上。让老百姓的口袋鼓起来,脑袋富起来,生活美起来,是中国式现代化孜孜以求的初心坐标,也是伟大民族走向未来的永恒追求。

何诗航 谢滨同 执笔
2022年10月29日

为何念金庸：江湖之上是家国

> 这情义不是简单的江湖侠义，而是萦绕一生的故土情深，是超越江湖的民族大义。

"有井水处有柳词，有华人处有金庸。"这不是夸大之词。金庸作品几乎传遍了华人世界，被太多读者喜爱。

有人说，即便远在东南亚，有两个官员吵架，如果一人骂对方，你是野心家左冷禅，另一人就会回击，你才是伪君子岳不群。可见，金庸笔下的人物形象早已走出国门、深入人心。

四年前的今日，金庸离我们而去。如今我们来追忆他，是因为他的作品，超越了旧武侠时代的恩怨情仇和单纯的儿女情长，有一种穿越时空的磅礴之力。不管是评论，还是小说，他都用至情至性至美的文字，体现了华夏民族的独特精神，展示了悲天悯人的终极关怀——江湖之上是家国。

一

先看金庸之文。

梁羽生曾有过生动评价,他说自己是旧士子,而金庸是洋才子,这是很贴切的。金庸写的是武侠,看似传统文体,但他的底子是五四以来的新文学。他是在传统文化的浸润中,用现代文学对旧武侠进行改造,将武侠、历史、言情三者完美融合,在大雅大俗之间找到最佳平衡。

看金庸的小说,儒释道墨文化的传统因子无处不在又融会贯通,此为其精妙之处。这让金庸的武侠小说,跳出了通俗文学,拥有了高雅文学的一些特质。

在他的作品里,侠义不再是单纯的哥们义气和除暴安良。金庸曾借用郭靖讲出:行侠仗义、济人困厄只是侠之小者,为国为民才是侠之大者。

金庸小说的背景,多在王朝更迭碰撞之时,如宋辽对峙、宋元交替、明清更迭。从他的第一本《书剑恩仇录》出山,到最后一本《鹿鼎记》杀青,迎难而上的英雄形象层出不穷,家国情深的侠义之士接续不绝。

这种强烈的家国情怀,在他的作品中是一以贯之的。在他最重要的几部作品——"射雕三部曲"和《天龙八部》的英雄主角上体现得最为酣畅淋漓。

如郭靖,兼有儒墨双重气质。他明知不可为而为之,对抗蒙古入侵,死守襄阳十几年,誓和城池共存亡。小说中写道,成吉思汗觉得自己东征西讨,古往今来没有英雄能和他相比,一向老实的郭靖却当场反驳：自来英雄而为当世钦仰、后人追慕，必是为民造福、爱护百姓之人。

如杨过，一生敢爱敢恨，把郭靖误认成自己的杀父仇人，屡次想暗中下手，终被郭靖顶天立地的大义行为感动，才及时收手。他用"大我"战胜了"小我"，最后杀死蒙古大汗蒙哥，解了襄阳之围。

如张无忌，取得屠龙宝刀之后，并不贪恋，而是大方地把藏在屠龙刀里的《武穆遗书》交给徐达，让徐达成为兵神，帮助朱元璋完成北伐和统一大业。

而到了萧峰这里，心系苍生、义薄云天，更是超越了汉人单一的民族视角。萧峰身为契丹人，却一直被宋人养大，最后在这双重身份激烈的冲突中选择自尽，以此消弭两国纷争，换来和平。在这里，金庸对家国情怀有了更深的思考，已站在多民族融合和全人类的视角思索个人命运和家国情结。

他坦言：《射雕英雄传》所颂扬的英雄，是质朴厚道的平民郭靖，而不是灭国无数的成吉思汗。他自己最为欣赏的，都是郭靖、乔峰、杨过这般豪气干云、深明大义的人物，他们自觉为群体、民族谋利，甘愿献身，体现了武侠精神的新跃升。这和古龙笔下的人物，多是高冷的独行侠形象，有着巨大的区别。

这也是其作品一直为读者喜爱追捧、长盛不衰的精魂所在。

二

再看金庸其人。

他生逢乱世，遭遇日寇侵华。少年的他辗转流亡，一路颠簸到浙西南求学。而老家袁花镇被日军蹂躏践踏，十室九空，母亲在乱世中去世，家中老宅被烧毁，查家六百年书香门第就此中落。

他在衢州求学时，日军制造了惨绝人寰的鼠疫。他看见最亲近的同学，感染鼠疫后，就被抬到衢江边上的船里头，任其自生自灭。

此种家国之痛，让他把人世间的冷暖看得更清，让其更加坚定爱国之心，这种情感在日后的作品里屡有映射——如他在《书剑恩仇录》中写陈家洛"离家十年，重回江南，母亲却已亡故，想起慈容笑貌，从此人鬼殊途，不由得悲从中来"，写的就是自己悲苦的前半生。

对金庸而言，写小说只是一时兴起的副业，办报才是其一生探寻的事业。他在香港创办的《明报》王国，影响巨大。

《明报》从娱乐小报起步，逐渐变为以新闻、评论为主的大报，成为当地严肃报纸的代表，在整个华人世界都有广泛的影响。他在《明报》时，33年间撰写了社评7000多篇。在20世纪六七十年代写稿高峰期，几乎每天一篇。他的社评是《明报》的金字招牌，和连载的武侠小说一样，是读者购买报纸的重要原因。

他通过办报实现文人论政的理想，想发扬"中国读书人一点不屈不挠的正气"。他指点江山，旗帜鲜明地支持邓小平，认为只有邓小平才能让中国安定下来；他穿越迷雾，早在1982年就预测香港必然回归，展示了超越当下的眼光；他一向反对"台独"，积极支持保卫钓鱼岛，体现了爱国的拳拳之心。

他曾出过一本书，叫《论祖国问题》，署名黄爱华。笔名的言下之意是：我是黄种人，我爱中华。

围绕金庸，武侠文体的雅或俗，学术知识的深或浅，偶有争议，但在大节大义上，他光明磊落，和祖国同心同德，和人民心心相印，和他创造的英雄人物的所作所为高度一致，是无可挑剔的。

我们既要记得妙笔生花的小说巨匠金庸，也要记得那个激扬文字的报人查良镛，要去细细品味他的小说和社论中一脉相连的家国情怀，这才是真正完整的他。

三

金庸一生都惦记家国故园，他曾写道：如果你到过江南，会想到那些燕子，那些杨柳与杏花，那些微雨中的小船。

《书剑恩仇录》里的海宁潮，《射雕英雄传》中的烟雨楼，《倚天屠龙记》里的六和塔，《笑傲江湖》中的孤山梅庄，都是他惦念故乡的风物影射。

正因浓厚的故土情结，他在1999年，才会以75岁高龄出任浙大人文学院院长，来家乡传承中国传统文化精神。

这一切便如他自己所言：中华民族所以历数千年而不断壮大，在生存竞争中始终保持活力，给外族压倒之后一次又一次地站起来，或许与我们重视情义有重大关系。

这情义不是简单的江湖侠义，而是萦绕一生的故土情深，是超越江湖的民族大义。这也是金庸的作品，既引得庙堂之高的青睐，又受到走夫贩卒的钟爱，引起华夏子孙共鸣共情的密码所在。

半个世纪过去了，他的作品已然成为经典，拥有着强大的生命力和吸引力。时光越是流逝，其作品里的家国情怀便会愈加耀眼，值得每一代人珍重和景仰。

赵波　执笔

2022年10月30日

笔墨当随时代

> 这些作品善用笔墨，把宣讲的"苦味"降到最低，把真理的"甜味"提到最高，让传播的"鲜味"飘到最远。

在这个时代，想让内容抵达用户到底有多难？

试想，拥挤的早高峰地铁上，我们打开手机，成百上千条信息开始被算法推荐到指尖。里面有歼20最新消息，有3分钟速读《红楼梦》，有某娱乐明星红毯造型。随着手指滑动，一天中声势浩大而又不动声色的"眼球争夺战"开启了。

江湖新秀崛起，门派林立。对主流媒体来说，这场仗越来越难打。究其根本，还是"话语赤字"渐露，"传播逆差"显现。

而破局秘籍，已经写在今年党的二十大报告中："巩固壮大奋进新时代的主流思想舆论"，"加强全媒体传播体系建设"。

秘籍人人都会念，不过想要打出足秤足两的功力，还得靠传播力先行。

一

关于"传播力",我们要跨出一个误区:提升传播力,就靠短视频。

很多主流媒体,叹服于近年来短视频"横扫之势",于是纷纷下场,开始做各类短视频。

碎片化传播时代,短视频固然是让权威声音触达用户的一种形式,但是如果只是简单粗暴地把长消息贴在短视频里,抑或原封不动地把以前说过的话,套在短视频的壳子里重复一遍,甚至还用着几乎雷同的模板,就很难有传播实效。

求"形"为表,求"魂"才是里。表里共构、形魂兼备,方有气吞山河之势。

那"魂",究竟是什么?

千年前,王希孟绘《千里江山图》;前不久,《人民日报》推出"新千里江山图"短视频,把白鹤滩水电站、"燃灯校长"张桂梅、云南野象北上南归等意象都揉进青绿交错、生生不息的长卷中。

同一幅画作,不同的笔墨;同样的千里江山,不同的万千气象。

王希孟看到了景,笔墨也落于景;"新千里江山图"看到了景中的时代特质,笔墨也落于时代特质。这则短视频推出后不到24小时,仅在人民日报新媒体自有平台上就点击破亿。

可以说,提升传播力,从形而上的维度来说,有一条铁律:文章为时而著,笔墨当随时代。

二

1936年，范长江所著《中国的西北角》出版，而后一版再版，轰动当时。里面有一句话，无比精准地剖开了旧中国之痛患。

> 时代之社会政治制度，苟不能适合于当时大多数人生存之需要，则此大多数人必如石羊之艰苦挣扎，以求其生存之继续与发展。

事实上，无论是《中国的西北角》，还是彼时《新青年》《大公报》等时局评论、报道，抑或进入新中国之后《人民日报》、新华社的通讯、消息等，每一种文字扑面而来的气息，都在不断提示，它与时代的呼应是多么丝丝入扣。

笔墨如何随时代奋进？

关键是媒体人首先要看到时代，认识时代，胸怀时代。

今年党的二十大报告提出"中国式现代化"的概念。中国式现代化，是中国共产党领导的社会主义现代化，既有各国现代化的共同特征，更有基于自己国情的中国特色。

这为媒体人提供了理解时代最准确精练的语义范本。

像党的二十大召开期间推出的中国共产党国际形象网宣片《CPC》，就紧紧扣住"中国共产党领导"这几个字，以大片的形式、平实坚定的叙述，向世界宣告：我们身后是波澜壮阔的历史，我们面前是喷薄而出的曙光。

而关于"现代化"的诠释，笔者则对"中国这十年·浙江"主题新闻发布会的现场视频印象深刻。这条短视频是由数字展示浙江十年变化。巧妙的是，它通过一段实拍的钢琴演奏，让枯燥的数字在琴键上跳跃，在旋律间泛波。

媒体人对时代的理解，投射在每一个作品之中，也决定了笔墨的走向。

三

很多时候，媒体人总会发牢骚：不是我不想提升传播力，而是大量内容题材本身就仙气飘飘，脚不沾地。那老百姓不感兴趣，我也没办法。

同样的食材，好厨子来做，能上《舌尖上的中国》；坏厨子来做，就只能上豆瓣的"炸厨房"小组了。

以题材比食材的话，民生新闻是炸鸡，香气扑鼻，简单易食；经济报道是螃蟹，剥之烦琐，食之有味；最不讨喜的就是理论节目，那是苦瓜，解毒祛湿，没人爱吃。

但是前不久有一档理论节目，把"苦瓜"做成了人人爱吃的"苦瓜酿肉"。

那就是由国家广电总局指导推出的"思想耀江山"绿色篇。

一档理论节目，现场不仅引入了浙江卫视宋韵文化推广人谷小雨，还有9位生态文明领域的权威专家坐镇演播室。讲到不同故事的时候，就有不同的虚拟场景，比如气象万千的黄河源头、江豚跳跃的长江流域、满目苍翠的黄土高原……

无独有偶，新华社《以"理"服人：十年的十个"为什么"》，请来十位党校青年教师，消解严肃，放大思想，以答破问，为年轻人在不确定的世界提供理论的确定性。

其实,人总会有困惑,而理论就是要解疑释惑的。劝退观众的并不是理论,而是扯着大旗的"理论俯视"。

这些作品善用笔墨,把宣讲的"苦味"降到最低,把真理的"甜味"提到最高,让传播的"鲜味"飘到最远。

所以,哪怕是最营养丰富但味感淡涩的食材,好厨子也总能找到各种煎炒煮炸的方式,让它成为人人追捧的"网红菜"。

四

有一种特殊类型的"报道",往往比普通新闻更打动人,那就是"记者手记"。比起第三视角的客观叙述,第一视角的主观描述显然更容易让人代入。

在不同的叙事语境下,笔墨也应追随时代中的"第一人称"。

党的二十大期间,浙江卫视推出的时代主题大片《我们的新时代》,含"我"量就非常高。里面有做缙云烧饼的师傅,也有做开蚌直播的爷爷;有修路造坝的建设者,也有摘"星"逐"日"的研究者。对"时代"这个宏大主题的解剖被精准地落到了"我"之上,让每个观众都能产生"对号入座"的共鸣感。

时代涌现人物,人物映衬时代,时代、人物的风貌又恰是时代精神的写照。这也是《我们的新时代》等一批作品留下的创新经验和思考。

不少成功的作品都是以"我"的故事,消弭宏大叙事带来的间离感。它们在中国语境与时代背景的交汇点上,找到了平衡点。以最小的情感颗粒,诠释宏大的时代命题。

这就是新纪录、新呈现,这是极具传播力的表达。

纪录片《地球脉动》里有一个故事,讲的是海鬣蜥宝宝一出生,就要面临成百上千的游蛇追捕,它只有全力奔跑,甩脱追兵,才能突出重围,抵达海边。主流媒体的声音何尝不是如此?

内容创作过程中,只有讲好"中国式现代化"的故事,乘着时代东风,踩准时代鼓点,用好形式,做精品质,才能真正抵达用户手中、脑中、心中。

周新科 钱颖超　执笔
2022 年 10 月 30 日

平视阳明

> 他曾经和我们一样普通,到五岁才开始说话,进士两次落榜,最后却活成了我们理想中的样子,这既是其心学实战成功的最佳例证,也是给我们人生之路的最好启迪。

今日是王阳明先生诞辰550周年,我们该怎么纪念他?

如果只是对他"立德立功立言"的人生三不朽再次如数家珍一遍,或者对他犹如神助的军旅生涯津津乐道一回,都感觉只是云端里朝拜,并不能真正地亲近王阳明。

王阳明虽是圣人,但唯有将其看成和我们一样,年轻时有梦想、中年时会迷茫、老年时会坚守,那么他才能真正地走入我们的内心世界。

王阳明一生重要的节点有三——少年时格竹寻道,中年时龙场悟道,暮年时天泉证道,其一生都在探寻心学、创造心学、实践心学中度过。少年读王阳明,是学其人生起步之时,该如何立下信念,追寻远大理想;中年读王阳明,是学其如何"在事上磨",拨开迷雾，自创心学，走出中年困境；老年读王阳明，是学其一生从不懈怠，越到老年，为学更加精纯，信念愈加坚定。

一

我们先来看少年的王阳明。

少年的王阳明便有其超人之处，当人人把科场功名当成人生最高目标时，他却坚守本心，立下了当圣贤的理想。这或许跟他的家境有关，他爸爸王华是状元，科举上再怎么努力也超不过了。而当圣人比当状元还难，古往今来就孔子一个。

理想虽然远大，道路却异常曲折。当时，在成为圣贤的道路上，朱熹的思想处于绝对垄断的地位。要成为圣贤，必须要按照他"格物致知"的教科书路径去实现。

年轻的王阳明对朱熹的理论极为崇拜，但也只是一知半解，拉了自己的朋友就一块儿跑后院的亭子前"格竹子"去了，希望能悟出什么来。两人一直盯着竹子看，朋友看了三天，病倒了。王阳明嫌他精力不行，自己坚持了七天，最后也倒下了。

这次失败对王阳明打击很大。他对朱熹的理学失望了，觉得不是理想之道；他对自己也失望了，觉得不是圣贤之料。好好地考个进士吧，当什么圣贤呢？

青年的王阳明尤其迷乱。他重新翻开了佛经，看看能不能找到人生的出路；他新婚之夜撇下新娘，跟一个道士探讨养生之道。佛老之学，这些他曾经不屑一顾的东西，都成了他青春期排解迷茫的思想试剂。

他的好友湛甘泉评价年轻的王阳明是"五溺"，"初溺于任侠之习,再溺于骑射之习,三溺于词章之习,四溺于神仙之习,五溺于佛氏之习"。联想到我们每个人的青春,不也都是有许多茫然无序吗?

直到三十一岁,他才又重新回到做圣贤的正途上来。

这些走过的弯路都没用吗?不!这些才构成一个丰富多彩的王阳明,才成就了日后的他。比如说,要是王阳明年轻时没有对禅宗的研习,学习化用佛学心法义理,哪会有心学的创立?

二

人到中年的王阳明,学养认知虽已积累很多,但从表面上看还是泯然众人的——官职不大不小,六品主事;学问不深不浅,还没有自己的学说;门徒不多不少,"铁杆"的也就三四个。无论怎么看,也没成为圣贤的一点迹象。

那他是如何突然开挂,突破中年的平庸,踢好了人生的下半场球呢?这或许得"感谢"那一手遮天的太监头子刘瑾。他把仗义执言的王阳明打了个半死,然后扔到了贵州龙场。

现在我们说贵州好山好水好风光,可那时完全是化外之地,野兽出没、瘴气肆虐,被发配到那里,家里就先得准备后事了。王阳明的千古名篇《瘗旅文》,入木三分地描述了这一可怕场景:北京的一个小官员到贵州上任,结果两日之内,官员、儿子、仆从全部水土不服暴毙,三具尸体都躺在王阳明面前。这就是他当时的生活环境。

王阳明反思,自己这三年之所以能活下来,就在于内心安宁,从不忧伤。作为主人,他反过来照顾一起来的仆人,给他们烧饭吃药，为他们唱歌起舞，排解思乡之苦。周边的土人虽和他言语不通，但也被他慢慢感化，和睦相处，成了好朋友。

他克服了病痛、忍受了煎熬、超越了荣辱，但还未参透生死，没有突破生命中最大的困惑。他整日"端居澄默，以求静一"。直至有日半夜，他大呼大叫，高呼"圣人之道，吾性自足"。

他终于明白了，唯有打开自己，回到内心，才能追寻到圣人之道。自宋元以来，程朱理学一统天下。理学固然有其可取之处，但在修炼上，得按着"存天理，灭人欲"的要求，一步步格物致知，宛如打怪升级，这路径有点高不可攀。而到了王阳明这里，变成了向内求理，追寻自己内心的深处，就能达到圣贤之道，这明显便捷多了。

这一夜，影响中国思想历程数百年之久的阳明心学正式诞生了。但这只是初级的阳明心学，并没有比陆九渊的"吾心即宇宙，宇宙即吾心"高明多少。

但在彻悟的那一夜，他点亮了自己，在磨难和淬炼中，实现了对中年平庸的跨越。

三

龙场悟道只是开始，心学还需要打磨完善。他开始传播"知行合一"的理念，这在当时是石破天惊的。

因为朱熹讲的是"先知后行"——唯有认清了，才能去实践——当时被认作绝对的真理。而王阳明却认为"知是行之始，行是知之成"，两者本来就是一体的，"知而不行，只是未知"，如果一个人没做到知行合一，那是因为被私欲隔断了。

但"知"和"行"如何合一？它们之间依然还缺一座桥。

直到晚年，王阳明终于在《孟子》里找到了"良知"二字，认为"良知"就是"知"和"行"的本体。他认为，良知人人具有、个个自足，是一种不假外力的内在力量。只要人人抹去了遮蔽在良知上的那层壁障，就能致良知了。他建立了"以良知为本体，致良知为功夫"的路径，贯通了格物、致知与正心、诚意，使心学体系愈加完善。这一年他已近知天命之年。

晚年在西征广西之前，在家门口的天泉桥上，面对两个学生的争论，他又对四句教的宗旨进行了更深层次的解读。四句教此后广为人知——"无善无恶心之体，有善有恶意之动，知善知恶是良知，为善去恶是格物"，是王门的不二法门。不管本性上是利根还是钝根，不管方式上是渐修还是顿悟，据此皆有入门之径。但王门弟子对此理解不一，后世纷争不断，难有定论。这一年，他已五十六岁，距离开人世只有两年。

王阳明的后半生较为顺风顺水。仕途上，他迅速升迁，从小站长成为朝廷的一方大员；功业上，他屡立奇功，多次剿灭叛乱，几乎战无不胜，成了兵神；学术上，他成为天下闻名的大儒，在军旅中或书院里不停讲学，南来北往的门徒越聚越多。

而支撑他顺利完成这一切的，就是他自创的心学。比如，他的"良知之学"在平定宁王之乱时便发挥了用处。两军交战，我军失利，别人失色，他依然在帐中讲学，神色自若；顷刻敌军溃败的喜讯传来，别人狂喜，他却不为所动，将"良知临事不动心"的用兵之道运用到极致。

伟大也要有人懂，人生要读王阳明。因为你我在这纷杂世界里，懂了心学，更容易守住本心，懂得宁静，解除困惑，破除心中贼。少年读，能解青春无序的迷茫；中年读，能解人生半场的困惑；老年读，能解暮气沉沉的懈怠。

学其"知行合一"，能让自己的认知和行动不相分离，既在内在精神上下功夫，也在事上磨炼，在实践上下功夫；学其"良知之学"，就是从良知良能出发，努力达到超凡入圣的境界。

或许，我们还要记得，他曾经和我们一样普通，到五岁才开始说话，进士两次落榜，最后却活成了我们理想中的样子，这既是其心学实战成功的最佳例证，也是给我们人生之路的最好启迪。

赵波　执笔

2022年10月31日

学理论切忌八个"了之"

> 学习理论,也没有终南捷径,下真功夫、苦功夫、细功夫,纵使"衣带渐宽"也"终不悔",方能有所得。

"我们要建设大党,我们的干部非学习不可。"1939年毛泽东在延安就对全党学习作了动员。习近平总书记同样高度重视学习,他强调,中国共产党人依靠学习走到今天,也必然要依靠学习走向未来。百年来,重视学习、善于学习成为我们党的优良作风。

理论上清醒,政治上才能坚定。注重思想建党、理论强党,是我们党的鲜明特色和光荣传统。每当面对新阶段新形势新任务,我们党总是号召全党同志加强理论学习,而每次学习,都能推动党和人民事业实现新的进步和发展。

长期以来,全省各地形成了学习理论的好经验好做法。比如有的地方创新开展"10分钟悦读""咖啡式研讨"等活动,深受职工欢迎;有的地方创新理论宣讲方式,让年轻人来讲,让一线劳动者来讲,把理论知识传递到田间地头。事实也证明,理论学习气氛好的单位往往也都风清气正、斗志昂扬。

抓理论学习，就是抓思想、抓政治，这是一项常做常新的政治行动。然而，笔者注意到，在日常工作中，由于主客观条件不到位，也常常会出现各种学而不实、学而不用的问题，具体来说有以下八种情形。

一是机械传达，文件一转了之

有的部门表面上开了轰轰烈烈的学习大会，但却局限于把领导讲话拿来读一读，把上级文件拿来念一念，既不结合实际深刻领会，也不调查研究提出贯彻意见，美其名曰"原汁原味"，实际上就是机械照搬、虚多实少的"传声筒"。

理论学习还时常被当成例行公事，文件不来不行动，文件一来便转发，既不改头也不换面，通知下发了，理论书籍配送了，任务便完成了，至于学习落实与否、效果如何无人管，也无人问。

除了文件的层层转发，某些地方还热衷于搞不切实际的层层加码，学习目标层层拔高，任务要求层层抬升，完成时限层层压缩，比如活动还没开展就要求报送经验总结，一些所谓"全覆盖""无死角"的要求更是让基层疲于奔命、叫苦不迭。

二是走个形式，照片一拍了之

有人可能会觉得，理论学习学得好不好、悟得深不深，别人也看不到、查不着，拍个照片留个痕迹，搞个形式就好。正是这种错误思想作祟，有的单位平时不怎么学习，为了应付检查组织花式"摆拍"，自编自导全靠"照骗"飙演技。

用各种理论著作装点门面也成为"拍照留痕式"学习的常态，案头上、书柜里那一排排沉淀思想、饱含智慧的书籍著作无人问津，却沦为装饰的背景。

正是因为理论学习中出现的过于注重学习形式，甚至弄虚作假的浮躁作风，才导致某些地方出现大白天打着马灯学党史等"低级红""高级黑"现象，被人民群众诟病。

三是囫囵吞枣，口号一喊了之

"坚持马克思主义""以习近平新时代中国特色社会主义思想为指导"，这些话我们嘴上讲、纸上写，看似耳熟能详，但真要问马克思主义是什么，习近平新时代中国特色社会主义思想怎么用，可能会问懵一些人。

不可否认，走马观花、蜻蜓点水式的学习现象仍然多多少少存在，有的人把名词、概念随时挂在嘴边喊一喊，似乎就认为自己学深了、学透了，事实上却是似懂非懂。

有人总觉得理论枯燥乏味、晦涩难懂，深学深研是专家学者的事，自己学不好、学了用不上，听听讲座、翻翻辅导读物，会说几个新名词就万事大吉，究其原因还是习惯了躺在"学而不思"的舒适圈，缺乏思考和钻研能力。

四是学用分离，学完一放了之

早在延安时期，毛泽东就曾经严肃批评一些看不上学理论的干部，指出他们"宁愿挑大粪，不愿学理论"。现在，这样的干部仍然存在，理论学习"讲起来重要，忙起来不要"。

尤其有极少数同志，认为自己有丰富的实战经验，简单地认为自己的积累完全能落实好上级的任务，学得好不如干得好。殊不知，一旦把理论学习当作麻烦和累赘，工作就有可能跟不上形势，止步不前甚至偏离航向。

从很多先进模范的事迹中，我们可以看出，理论学习的自觉与坚定往往是他们攻坚克难、百折不挠的动力源泉。从落马官员的警示录中，我们也能看到，理论学习的随意与放松，往往是他们进退失据、陷入迷途的重要原因。

五是照虎画猫，心得一粘了之

心得体会是真学真懂之后的有感而发，写得好不好直接反映学得深不深。学习时就浮皮潦草、敷衍对付，写作时自然头脑空空、无话可说，于是上网检索便成了救命的稻草。

网上各种学习体会文章铺天盖地、应有尽有，一些身患"懒病"的人便在网上照葫芦画瓢，这里抄一段，那里改一段，这里换换说法，那里改改词语，更有甚者，网上原文下载，落上名字便草草上交。

这些心得体会文章要么口号成篇，全是放之四海皆可的空话，难以读下去；要么陈词滥调，一看就是多年前的文章套上新主题，应景翻新；要么逻辑不通，全靠移花接木式拼凑，整个文章粗制滥造。有的甚至是一字不改、全文下载，闹出了不少此地非彼地、此人非彼人、此事非彼事的笑话。

六是临抱佛脚，笔记一抄了之

摘抄笔记看似是学习的消化吸收方式，但事实上一部分人抄笔记还是为了完成任务、应付检查。笔记抄得全不全、工不工整成了有没有学、学得好不好的评判标准。

有的单位平时学得少，为了保证学习内容、时间、人数与会议记录能够达到各项考核要求，往往是临近检查时火急火燎找人补记录，学习卡片、学习内容、学习形式全靠挖空心思去编造。一些年轻人刚入职接到的第一项工作就是抄各类学习笔记，"抄到手软、抄得恼火"成了他们说不出的无奈。

事实上，理论学习不是靠笔上用力，"表面文章"多了，"面子"是有了，但"里子"却空了，这样的理论学习还谈什么入脑入心。

七是万能补丁，问题一掩了之

很多党员干部在开展自我批评时最喜欢用"理论学习不够"，这个"不够"似乎就像一块万能补丁，谁都可以用，谁用都不会错，这个"不够"年年反思、年年整改、年复一年，循环往复。

"理论学习不够"为什么那么好用，就因为这个问题最难成为问题，表现形式可虚可实，整改措施可虚可实，好像只有表明学习不够，才能彰显自己谦虚谨慎的态度。

其实，理论学习长期"不够"是个危险的信号。共产党人讲求实事求是，不能总是在"不够"的文字游戏上"打转转"，到底是压根没学的"不够",还是学得零散细碎的"不够",还是学了用不上的"不够",还是学的方式方法上的"不够",需要具体问题具体分析,然后对症下药、有则改之。

八是考核不实,评价一切了之

理论学习怎么考核评价,一些地方基本上还是围绕会议开了多少、笔记记了多少、简报发了多少、党媒报了多少,只重视完成的次数,使得一些基层干部不得不以"精致的形式主义"来完成任务,甚至对理论学习产生了抵触情绪。此外,量化考核花样繁多,搞各种线上线下的比赛排名,以排名来反映学习情况。学习本来应该是件快乐的事情,最后却让基层干部一时间应接不暇,没有精力学深悟透理论本身。

考核评价理论学习,不能唯数据论、唯排名论。如此一刀切,不可能考出理论学习实效。理论学习,关键要看能不能真正把理论学习成果化作改善民生的"密钥",化作冲破荆棘的"利剑",化作破解难题的"法宝"。怎么评价"转化效能",还值得进一步深入研究和探索。

不可否认,基层理论学习确实存在着师资薄弱、工学矛盾等客观因素,但这并不是走形式、走过场的理由。思想的根基不牢固,防范能力就会下降,就会存在工作没做好、方向会跑偏等风险。

马克思讲过,在科学上没有平坦的大道,只有不畏劳苦沿着陡峭山路攀登的人,才有希望达到光辉的顶点。学习理论,也没有终南捷径,下真功夫、苦功夫、细功夫,纵使"衣带渐宽"也"终不悔",方能有所得。

100多年前,陈望道感叹"真理的味道有点甜",他在《共产党宣言》的翻译和学习中,看到了中国的希望和未来。今天,我们在新的赶考路上奔跑,"真理的甜味"仍值得我们细细品味。

王人骏　执笔

2022年10月31日

再过10天,赴一场"乌镇之约"

> 无论是谁,只要经历过"乌镇奇幻之旅",都在记忆里深深留下了乌镇"网"事的烙印。

今天上午,2022年世界互联网大会乌镇峰会新闻发布会在北京举行。世界互联网大会国际组织与浙江省一道,再一次向五湖四海的朋友,发出了齐聚水乡古镇、畅想数字文明的"乌镇之约"。

11月9日,世界互联网大会乌镇峰会就将正式开幕,一场桨声摇橹里的思想碰撞、一次小桥连廊中的万物互联再次如约而至。届时,古朴深沉的大运河,伴之以互联网国际会展中心、云舟宾客中心、互联网之光博览中心等现代地标建筑,又将为我们徐徐铺开一幅纵贯过去与未来、融合诗画与活力的精彩画卷。

一

这是一个什么会?

纵观世界文明史,人类先后经历了农业革命、工业革命、信息革命,每一次产业技术革命,都给人类生产生活带来巨大而深远的影响。如何顺应信息化时代发展潮流、深化网络空间国际交流合作?

互联网让世界变成了"鸡犬之声相闻"的地球村,相隔万里的人们不再"老死不相往来"。但同时也带来了信息滥用、网络犯罪、网络沉迷、网络安全等一系列风险挑战。互联网到底是"阿里巴巴的宝库",还是"潘多拉的魔盒"?

基于这样的现实之问,世界互联网大会应运而生。

2014年,中央确定举办世界互联网大会乌镇峰会,并把桐乡乌镇作为大会永久会址,每年举办一次,算到今年已经是第九个年头了。

在"会"上,诞生了"构建网络空间命运共同体"的新理念。2015年,习近平主席在第二届大会的开幕式上指出,各国应该加强沟通、扩大共识、深化合作,共同构建网络空间命运共同体,并且提出了"五点主张",让世界看见了互联网治理的中国智慧、中国方案。

网络空间的明天究竟该如何书写,取决于当下的行动。今年7月,世界互联网大会国际组织宣布成立。这一始于中国、属于世界的互联网国际大家庭,将推动构建更加公平合理、开放包容、安全稳定、富有生机活力的网络空间,让互联网更好造福世界各国人民。

二

有人说,科学与艺术就像不同方向攀登同一座山峰的两个人,在山麓下分手,必将在山顶重逢。

乌镇,就是这样一个交汇点。

人间乌镇,梦里江南。乌镇地处浙江桐乡,是一座典型的江南水乡、千年古镇。

回望过去，早在七千多年前，乌镇便有了先人足迹，后人称"马家浜"文化。拥有两千多年历史的京杭大运河，也与乌镇血脉相通，在此汇聚了锦绣江南的繁华。一百多年前，距离乌镇不远的嘉兴南湖的一艘游船上，中国共产党就诞生在那儿。

放眼当下，当乌镇邂逅世界互联网大会，世界互联网发展也由此进入"乌镇时间"。八届峰会，无数互联网精英来到乌镇。有人仰望星空，坐而论道；有人照见梦想，慨而歌之；有人看见未来，起而行之。"来过，就不曾离开"，无论是谁，只要经历过"乌镇奇幻之旅"，都在记忆里深深留下了乌镇"网"事的烙印。

展望前路，从一枕临流水，到一网通天下，历史和未来将继续在乌镇的白墙黛瓦、小桥流水间交汇。这座古镇的每一块青石板、每一艘乌篷船、每一条清水河，甚至家家户户、花花草草，都将持续演绎着新旧交融、快慢交织的有机对话。

可以说，置身乌镇、行走乌镇，就是一次徜徉在诗画山水，逐浪在活力潮头的体验。在这里，正浓缩呈现着"诗画江南，活力浙江"的精华所在。

三

作为永久举办地，大会年年开，怎么一年比一年好？怎样对照二十大提出的建设"网络强国、数字中国"要求，办出新精彩、焕发新魅力？这是举办方日思夜想的事儿。

据介绍，今年的大会，看点很多、亮点很亮，值得期待。

比如，以前是"车子跳，乌镇到"，如今，智能车路协同系统打造的自动驾驶、共享出行，让出行更美好。40条万兆级别的光缆、5G信号深度覆盖，来宾将体验"飞一般"的网速。华为、阿里巴巴、百度、腾讯、卡巴斯基、印孚瑟斯、爱普生等百余家行业头部企业参展，境内外互联网领军人物以及图灵奖、诺贝尔奖获得者等"大咖"将发表演讲，公众还可以通过线上线下平台参与探讨人工智能与数字伦理等互联网前沿话题，共同打造科技前沿的思想盛宴、数字剧场……

乌镇峰会的精彩实践，是浙江主动拥抱数字文明新时代的生动印证，也为"加快建设网络强国、数字中国"提供了丰富的浙江实践、浙江样本。

在"浙"里，见证了让产业变革插上数字、让数字文明造福人民群众的生动实践。早在浙江工作期间，习近平同志就以前瞻的战略眼光，作出了建设"数字浙江"的决策部署，开创了数字化理论创新和实践创新的先河。

从"四张清单一张网"、"最多跑一次"改革、政府数字化转型，再到数字化改革，浙江历届省委坚持一张蓝图绘到底，持续迭代升级，推动系统性变革重塑。如今，浙江的数字经济增加值占GDP比重达48.6%，居全国第一。一条以数字变革为牵引的创新蝶变之路，正越走越宽阔。

"我的家乡乌镇，历史悠久……漫长的岁月和迢迢千里的远隔，从未遮断我的乡思"，这是文学巨匠茅盾笔下一段饱含深情的文字。再赴乌镇，似水年华，既可见岁月的痕迹，亦可见未来的萤火。

再过10天，我们乌镇见！

何诗航 杨昕 执笔

2022年10月31日

今天，我们一起续写兰亭精神

> 要在书法高原上再造高峰，不是去推翻原来的高峰、标新立异，而是先攀登上去，在传承的基础上守正创新。

之江大地，翰墨飘香。今天下午，浙江展览馆内，各地知名书法家齐聚，将一起见证承载诸多期待的浙江书法院正式成立。

据悉，新设立的浙江书法院，定位为一个专业书法创作研究平台，将兼具精品创作、学术研究、名家培养、展示交流、艺术典藏等五大功能。

可以说，它是继浙江画院、浙江油画院后，又一座被寄予厚望的文化艺术殿堂。

事实上，单从设立书法院此举看，浙江并不算走在全国前列。自2004年中国书法院成立以来，全国各地陆续建起10多家省级书法院，在艺术创作、学术建设和青年人才培养方面发挥了一定作用。

那么，浙江在今天做这件事情，有什么样的说头？备受期待的浙江书法院，又担负着哪些重任？

一

古今浙江，书法鼎盛。

先秦时期起，吴越先民便开始追求文字的精美，工细华丽的鸟虫书，或施之于青铜，或契刻于玉石，显现出早期浙江书法的灵巧。

东晋时期自不必说，那是中国书法史上的高峰之一。"书圣"王羲之祖籍虽不在浙，但自随晋室南迁后，长期生活在浙江。唐太宗称他的书法"尽善尽美"，一篇《兰亭序》字字珠玑，被推为"天下第一行书"。王献之承家学，不守旧，开新体，与其父并称"二王"，这种守正创新、因时相传的兰亭精神成为后世书家追寻的目标。

唐代书法，以虞世南、褚遂良等为首，两位都是地地道道浙江人。褚遂良开创唐代书法新风，被誉为唐之"广大教化主"。连宋代不以唐书为然的书法家米芾，都不吝华丽辞藻盛赞他的小楷，"九奏万舞，鹤鹭充庭，锵玉鸣珰，窈窕合度"。

及至宋末元初，吴兴人赵孟頫不仅振兴了元初书坛，更对后世造成深远影响，堪称"集书法之大成，开一代之风气"。

他早年学习先祖宋高宗赵构，到中年时开始主张法古，效仿"二王"书风，一举掀起复古潮流。

毫不夸张地说，大家耳熟能详的书法大家，大半出自浙江或与浙江渊源颇深。即使在内忧外患的艰难环境中，这颗传统文化艺术的火种也从未熄灭。

近代以后，中华民族遭受了前所未有的劫难。浙派篆刻家丁辅之、王福庵、叶为铭、吴隐等在西湖孤山买地筑室，成立西泠印社。

再到20世纪六七十年代，潘天寿、陆维钊等在浙江美术学院全国首创书法高等教育，后又招收了我国第一批书法专业研究生，朱关田、王冬龄、邱振中、祝遂之、陈振濂等人，在当代书坛富有影响，更为全国培养出一大批书法人才。

可以说，浙江这片土地上诞生了众多学养与风骨兼备的大师巨匠，拥有清晰完整的书法文脉传承，更有取之不尽的书学矿藏。

二

江山代有才人出。回看浙江书坛，可以说长期处于高原，亦不缺高峰。今天，浙江书法如何再登高峰、再造高峰？

数千年的笔墨脉络延续至今，成为今天浙江书法发展的深厚根基。同时，这辉煌灿烂的历史，也无形当中为浙江书法的前行之路注入能量——压力与动力并行的能量。

再登高峰、再造高峰，这是行业内外的期盼，也是浙江书法院肩负的使命。

有人说，"使你疲倦的往往并不是远方的高山，而是鞋子里的一粒砂石"。以"刀刃向内"自我剖析，细看当下书法界，或许我们还得将鞋里的这三粒"砂石"倾倒而出：

"名利"之石。浮华喧嚣之下，不少人在随波逐流中迷失了方向。比如少数书家一味迎合市场，不在技艺上下功夫，反在名利上搞钻营，只管赚个盆满钵满，使得书法从高雅艺术沦为地摊杂耍，丧失其审美意趣与文化价值。

"好奖"之石。比如在各类书法评奖中,为了获得更多关注,有的书家将入展获奖作为创作的唯一目标,唯"评委喜好"是从。事实上,我们鼓励摘金夺银,但这个时代更呼唤真正的书法大家。书家应更多从把握艺术规律、追求艺术真谛上探路。

"虚浮"之石。对以墨香为基底的书法界来说,学养缺失更是一大憾事。历代书法大家,多是满腹经纶的学问家。比如沙孟海,自少年时在帖碑中彷徨求索,到辗转访谒冯君木、吴昌硕等大家,又独自在藏书阁中穷源竟流,对篆隶楷行草诸体用功、融会贯通,才形成其古拙雄浑的独特艺术风格。

当下书法界,需要更多人能够像老一辈书家那样讲究"品格、学养、基础、个性",而不是片面强调个性。

艺术创作没有捷径,攀登途中的每一步都算数。

我们说,要在书法高原上再造高峰,不是去推翻原来的高峰、标新立异,而是先攀登上去,在传承的基础上守正创新。

三

"乘之愈往,识之愈真。"发展艺术事业,既要向历史深处、向文化源头去追溯老一辈书法家的成功路径,去凝练历代优秀书家和优秀书法作品中的共通思想,也要不断吹响向未来出发的号角。

书法大省浙江,呼唤一座综合型专业型书法院。近些年,浙江各界多次提出创建浙江书法院的设想,一些知名书法家也频频建言,希望创设浙江书法院。

如今,浙江书法院成立,能否续写浙江书法的兰亭精神?能否成为一支攀峰的先遣队？这有一系列随之而来需要深入思考的问题。

先说文脉赓续。如何在梳理浙江文脉的基础上，接续开展艺术创作？或许，浙江书法界既要反思抛弃传统、单纯标新立异之举，也要反对关在书斋孤芳自赏的做法，把赓续文脉、富有学养的书法家和书法作品推出来、传开去。

再说时代需求。如何回答时代之问，回应群众的审美追问？或许，浙江书法界需要甘坐冷板凳的学问家，更需要深入百姓生活的艺术家。

另外，面对"前有标兵、后有追兵"的局面，前人的功劳簿不是"躺平"的理由。如何激发书法骨干参展参赛热情，拥有融入文艺发展大环境的胸怀？人们也期待浙江书法院的成立，能让更多书家重燃自我革新精神。

"文章千古事，得失寸心知。"

这个时代，是书法发展最好的时代。前人培植了厚实的书法沃土，传统文化得到前所未有的传承弘扬，书法艺术受到越来越多普通大众的追捧热爱。数据显示，过去一年抖音平台书法类内容创作者增长161%，播放量增长93%。

这个时代，也是书法创作最具挑战的时代。环顾四周已高峰林立，技法造诣似乎很难再突破创新、超越先贤，浮躁风气与逐利心态蔓延。艺术创作的道路如同万里长征，路上并不总是鲜花掌声，更多的是孤独、挫折、失意，需要的是慎独、自省、坚守。

风物长宜放眼量。一位艺术家和他的艺术作品，最终将放在历史的坐标系中加以衡量；一个省域辉煌书坛的续写，也必将接受人民和时代的检验和拷问。

愿浙江书法院，在翰墨馨香的之江大地，坚守兰亭精神，笃行致远，续写华章。

童颖骏 茹雪雯 何涤非 王义骅　执笔
2022年11月1日

"梦天"圆梦告诉我们什么

> 航天事业是"千人一枚箭、万人一杆枪"的事业,因为它承载着亿万人民的夙愿,凝聚着无数科学家的心血,集结了全国的科技力量。

大国飞天,圆梦太空。

昨天,中国空间站第三个舱段——梦天实验舱,在海南文昌航天发射场发射升空。1日4时27分,成功对接于天和核心舱前向端口。后续,梦天实验舱将与天和核心舱、问天实验舱形成空间站"T"字基本构型组合体。放眼世界,中国是继美国和俄罗斯之后,第三个将航天员送入太空并建立空间站的国家。

昨天也是"中国航天之父"钱学森去世13周年。1967年,他在一次卫星方案论证会上首次提出了"航天"一词。1970年,他又提出"航天员"一词。有网友说,我们可以告慰钱老,航天人正在接续奋进,他的不少设想正在化为现实。

在感慨中国综合国力强大、科技实力雄厚的同时,我们不禁思考:短短几十年间,从跟跑、并跑到领跑,再到完成空间站建造的

"超级工程",中国航天有什么成功密码?

一

站在历史纵深处看,载人航天事业的成长,何尝不是伟大祖国"强起来"的生动缩影。

我国航天事业起步晚、基础薄,相比美俄有着数十年差距,中国载人航天工程该走怎样的发展道路?载人航天工程首任总设计师王永志说:"我们要横空出世,一起步就要赶超到位。"

1992年9月,中央决策实施载人航天工程,并确定我国载人航天"三步走"发展战略。1999年正式起步,2005年"第一步"收官,2017年"第二步"完成,2022年中国空间站如期建成,实现"第三步"的跨越。

三十年过去,我们见证了许多个载人航天的"第一次":第一艘无人试验飞船,第一次载人航天飞行,第一次开展空间科学主动实验,第一次"太空漫步",第一次空间交会对接,第一次"太空授课",天舟货运飞船第一次应用性飞行……每个"第一次",都是时间的刻度,圆梦的标尺。

有的国家只盘算100天,有的国家却能规划三十年。大到建成社会主义现代化强国"三步走",小到载人航天工程"三步走",中国人在实现强国梦想的征途上,既有敢想敢干的雄心壮志,更有说到做到的果决行动。

中国航天为什么能?

有人说,航天事业是"千人一枚箭、万人一杆枪"的事业,因为它承载着亿万人民的夙愿,凝聚着无数科学家的心血,集结了全国的科技力量。不难发现，中国航天事业的成功是在党的坚强领导下，大力协同、密切配合、攻坚克难的结果。

正是循着这条逻辑，我们有了"集中力量办大事"的制度优势，有了"一任接着一任干"的战略定力，才能在短短几十年时间实现赶超发展。

正是循着这条逻辑，进入新时代以来，载人航天、探月探火、深海深地探测、超级计算机、卫星导航、量子信息、核电技术、新能源技术、大飞机制造、生物医药等各个领域均取得重大成果，我国进入了创新型国家行列。

二

党的二十大报告强调，坚持面向世界科技前沿、面向经济主战场、面向国家重大需求、面向人民生命健康，加快实现高水平科技自立自强。

自立自强，对科技创新来说究竟有多重要？

回望中国航天事业，自诞生之日起，就遭遇美西方的重重技术封锁，还面临着底子薄、技术门槛高等状况。但我们深知，核心技术讨不来、买不来、化缘不来，唯有汲取经验、自力更生，方能成就每一个飞天逐梦的大胆设想，方能实施一次又一次航天任务。

特别是党的十八大以来，我们攻克了一个又一个核心技术难关、推动了一项又一项航天技术转化，牢牢把握发展的主动权，其中就包括独立自主完成了中国空间站从设计、制造到测试的全过程，中国航天事业不断刷新纪录。

现今的中国载人航天工程，载满了"自主知识产权"。举例来说，此次梦天实验舱的专属"座驾"长征五号B运载火箭，曾成功发射过天和核心舱、问天实验舱，攻关历时10余年，克服了四大关键技术，是我国低轨运载能力最强的火箭。

可以说，没有高水平科技自立自强，就没有航天事业的跨越式发展。唯有把关键核心技术命脉牢牢掌握在自己手中，才能在国际竞争的"马拉松"中赢得比较优势、赢得战略主动。

三

2016年，在会见天宫二号和神舟十一号载人飞行任务航天员及参研参试人员代表时，习近平总书记特别提到了"特别能吃苦、特别能战斗、特别能攻关、特别能奉献"的载人航天精神。

这是一种怎样的精神？

航天事业是集体事业。载人航天精神背后是航天科技团队日复一日的刻苦攻关、拼搏研发。回想起攻关岁月，神舟飞船首任总设计师戚发轫曾说，为了赶上任务的进度，"我们白天做晚上做，星期天星期六也做，过年过节也做"。面对一系列全新领域和尖端课题，航天科技团队啃下一个个"硬骨头"，使我国在一些重要技术领域达到了世界先进水平。

"在茫茫的人海里，我是哪一个，在奔腾的浪花里，我是哪一朵，在征服宇宙的大军里，那默默奉献的就是我，在辉煌事业的长河里，那永远奔腾的就是我……"这首《祖国不会忘记》唱出了航天科技工作者的集体心声。在艰苦环境下开展的中国载人航天事业，饱含着一个个航天人不求名利、舍小家为大家的默默奉献。

不少人或许还有印象，2003年2月1日，美国"哥伦比亚"号航天飞机在重返地面的过程中突然解体，7名宇航员罹难。当时，正值中国航天员大队选拔首飞梯队的关键时刻，大家都为中国航天员受到的心理压力而感到揪心。

出乎意料的是，第二天，航天员大队党支部收到了全部参训的14名备选航天员递交的请战书，他们一致要求争当首飞第一人。最后，杨利伟脱颖而出。

杨利伟在《太空一日》中回忆道，发射当天，火箭上升到三四十公里的高度时开始急剧抖动，产生了共振，"痛苦的感觉越来越强烈，五脏六腑似乎都要碎了……短短一刹那，我真的以为自己要牺牲了"。

共振持续了26秒。后来有人评价：26秒，见证了中国航天员英勇无畏、舍身为国的赤胆忠心。

"我们有幸成了人们的踩路石……石子铺就的小道或大道，任由人们踩踏。因为石子的承受，才有了人走的路，相伴着人生辉煌"，有一位航天幕后英雄这样写道。

现如今，我们早已对"感觉良好""北京明白"的一问一答习以为常，亲切关心起"出差三人组"的日常起居，这毫无疑问是一个航天大国自信自强的体现。

但不能忘记，中国载人航天事业的成就是一代又一代航天人拼出来、干出来、奋斗出来的，甚至是冒着失去生命的危险换来的。

正如一位航天人写下的诗："你要写航天，就不能只写航天。要写黎明前坚守的眼，要写黑暗中不灭的灯，要写深山里的发射架，要写戈壁上的马兰花。"

迈向"空间站时代"，我们的太空探索正不断结出硕果。"北斗"指路、"嫦娥"奔月、"祝融"探火、"羲和"逐日，梦想接连实现。在新时代新征程上,载人航天精神仍然是强大的"助推器",让我们追寻星辰大海的征途行之愈坚,让我们叩问苍穹的脚步永不停歇。

谢滨同　执笔

2022年11月1日

费孝通"三顾"温州

> 费孝通的文化观重在新而不在旧，重在人而不在物，重在未来而不在既往，重在发展而不在止步不前。

2022年11月1日，温州迎来第四个温州民营企业家节。

以一座城市的礼遇致敬民营企业家群体，深意不言而明：改革开放以来，温州发展史就是一部民营经济创新史，就是一部民营企业家创业史。

解读这部发展史，会发现：温州民营经济的一路前行，从来不缺少摸着石头过河的探索者，也从来不缺少关键时刻大声疾呼的支持者。

这些声音，不单给温州以信心，更给中国民营经济发展以方向。其中，让温州人至今念念不忘的，就有著名社会学家、人类学家费孝通。

在温州民营经济发展的特殊日子里，在费孝通诞辰112周年之际，我们循着费老温州"三部曲"追寻……

一

行行重行行，费孝通先生一生曾"三顾"温州。

他第一次踏上温州这块土地，是在1986年2月底。这是春寒料峭、乍暖还寒的日子。

此时，温州商潮涌动，但一个未知的未来，让温州人变得战战兢兢。此行，费孝通写下关于温州的第一篇文章——《小商品大市场》。

这篇文章，在温州民营经济最困难之时，肯定认可了"温州模式"。而"一石激起千层浪"，其所激荡的涟漪，在全国影响极大，在舆论场上极大地呵护了刚萌芽起步的民营经济。

8年之后，1994年，温州进行二次创业的探索。当年11月，84岁的费孝通再次来到温州。

这一次，他看到了温州的发展不光是数量上的增加，更重要的是质的变化，是新的飞跃。他以《家底实创新业》为题，在《瞭望》上发表再访温州的调查文章。

《家底实创新业》放在今天，可以总结为"实干争先"。费老在文中说："温州实践再次告诉我们：市场经济并不都是舶来的、搬来的，也有中国土生土长的。它开始时可能有点四不像，但毕竟是草根经济，有很强的生命力。它既吸取传统的营养，又逢社会变革为它提供适宜的土壤和气候，一旦生长起来，就会有芳草遍天涯的情景。"

诚如斯言，如今，这一派"芳草碧连天"的景象，开始出现在辽阔的疆域上。

1998年10月，费孝通第三次来到温州这个他怀有特殊感情的地方。这一次，他提前拟定的题目叫《筑码头闯天下》。在这一名篇中，费老为温州指出了发展的方向：今天的温州人要闯的天下，已经是全球经济一体化的洲际经济时代，如果没有适应这样一个时代需要的流通基地，是很难找到自己在这个世界上的位置的，更谈不上能闯出一条大发展的坦途。

在三个关键历史阶段，费老的脚步行至温州、深入温州，观察并萃取"温州模式"内涵，先后以"小商品、大市场""家底实、创新业""筑码头、闯天下"提炼温州经济特点，成为当时温州民营经济发展的"压舱石"。

在民营经济发展的重要节点上，总有一些声音，让探路者的脚步更加坚定。

透过"三部曲"，我们看到的是，费老赋予历久弥新的"温州模式"的"经典阐述"。这些思想智慧，成为费老在关键时刻给予民营经济发展的巨大舆论支持。

也许，普普通通、千千万万的温州创业者并不知道，当时这种振臂呐喊，需要莫大的理论勇气。勇气的背后，是为温州"立言"、为民营经济"立言"的唯实精神和学术价值观。

二

"志在富民"，是费孝通"皓首不移"的信念。如今细品这四个字，很是契合共同富裕的内涵意蕴。

立足于中国乡土、寻求富民之路的费老，走进乡野、走到温州，"走一趟、写一篇"，以调查的形式来探寻中国改革发展的道路，以此坚定支持温州民营经济发展。

第一次来到温州，费孝通思考的问题是："同样人多地少，也同样由贫变富，为什么人们对苏南肯定的较多，而对温州的看法却有大分歧呢？"

带着这个问题去探求两地的不同之处后，他得出结论："无论是苏南模式，还是温州模式或群众创造的其他模式，评价他们的唯一标准应当是视其是否促进社会生产力的发展，是否提高了人民大众的生活水平。"

在《家底实创新业》中，他这样写道："正在温州发生的历史事实说明，市场经济是可以和社会主义结合起来发展生产力的。"

从实践到理论再到实践，费老专注中国经济社会重大实际问题，以大社会学家的敏锐、智慧，为中国农民的创造性呼吁，并使之产生生产力。

纵观40多年来，民办、民营、民资、民富、民享，成了温州经济发展的最大特色。温州民营经济发展始终与创富、富民相伴相生，闯出了"先富带后富"的共富之路，创造了富民强市的鲜活样本。

从这个层面看，温州坚定以民营经济推动共同富裕的实践，也正耦合了"志在富民"的思想内核。

三

民营经济，是温州的底色，也是特色。

昨天，瓯江之畔，城市阳台，第四个温州民营企业家节汇聚各方目光。

潮起瓯江海天阔，一代代的温州民营企业家与时代潮同频共舞，推动温州民营经济从"小舢板"成长为"巨轮"，一次次驶向广阔的天地。

犹记得，当年已是88岁高龄的费老在《筑码头闯天下》中写道：我已经不是第一次被温州精神所感染、所激动。我体会到温州精神就是不甘心落后，敢为天下先，冲破旧框框，闯出新路子，并且不断创新……

这番语重心长，温州人念念不忘。

当下的温州，锚定"千年商港、幸福温州"，推进物流港、商贸港、金融港、总部港、数字港"五港"联动，何尝不是对"筑码头、闯天下"远见的有力印证呢？

如今，离费老第一次温州之行，已经整整过去36年，离费老最后一次温州之行，也有24年之久。他对温州改革创新的认可，对温州民营经济发轫的肯定，对"温州模式"形成的激励，宛如寒冬的暖阳，总给这片土地无限的憧憬和希望。

"'志在富民'是不够的，还有一个'富了怎么办'的问题。"这个费孝通于1989年抛出的问题，到其晚年逐渐聚焦到文化反思上来。就在第三次来温州的前一年，费老提出"文化自觉"概念。

有专家认为，费孝通的文化观重在新而不在旧，重在人而不在物，重在未来而不在既往，重在发展而不在止步不前。这就是一位学者的良知和一位大家的良心。

今天，温州要在中国式现代化进程中写下一部具有典型意义的温州创新史，就需要唤醒文化自觉。

时至今日，费老所总结的"温州精神"，依然在温州人创业创新实践中闪耀着光芒，彰显着现实价值意义。

可以说，温州民营企业家节的设立，很大程度上也就是要发扬、利用这种精神的力量，让这种精神与城市精神血脉相融、互为支持。

站在新时代新征程，这种文化自觉中，有着温州人精神的激扬传承，有着民营企业守实业、精主业、创大业的"青蓝接力"……

这是对民营经济发展最好的致敬，亦是对费老最好的怀念。

王丹容　陆建余　执笔

2022年11月2日

何以"飞天"?

> 主题符合时代发展、人物得立得住、剧情能产生共鸣,抓住了这几个关键,一部剧才有"飞天"的底气。

昨晚,第33届电视剧"飞天奖"获奖结果公布。在16部获得优秀电视剧殊荣的作品中,浙产剧《和平之舟》《叛逆者》榜上有名,此外,还有《大浪淘沙》《流金岁月》《清平乐》《问天》《刑警之海外行动》5部浙产剧获提名。

本届"飞天奖"可谓是"神仙打架"。《山海情》《大江大河2》《觉醒年代》《三十而已》等46部作品入围,每一部都曾在一段时间里掀起热潮。在这其中,浙产电视剧占据7席,涵盖了现实题材、革命题材、历史题材等不同类型,成为近几年浙产电视剧"飞天"星空最为闪耀的一次。

喜获"丰收"的同时,我们不禁思考,获奖作品到底优秀在哪儿?

一

说起"飞天奖",许多人首先想到的,大概是源自敦煌壁画"飞天"形象的奖杯。但这一奖项在业内的分量如何,很多人可能并不知晓。

"飞天奖"设立于1980年,原名"全国优秀电视剧奖",是国家广播电视总局设立的电视剧类政府奖,堪称国产电视剧创作的标杆。长期以来,它与中国电影"华表奖"、中国电视文艺"星光奖"一起,组成了"中国广播影视大奖",成为政府对电视剧、电影、广播电视节目领域的最高表彰。

如此规格的奖项,竞争激烈自是不必说的。"飞天奖"走过的40余年,也是我国电视剧事业飞速发展的40多年。当年,第一届的参评剧目不过数十集,走到第十届时已增至数百集,而本届更是达到了11749集。电视剧创作整体数量实现了千倍增长,这么多剧目争夺16个获奖名额,可谓是"千军万马过独木桥"。

与此同时,奖项还在不断精简。从2005年开始,"飞天奖"从一年一届变更为每两年评选一次;从长篇、中篇、短篇等不同类型各设奖项且拥有多个个人奖项,到只保留优秀电视剧奖和4个个人奖项,奖项总量大幅减少,更凸显了"飞天奖"的成色。

严标准下,每部获奖作品都是优中选优,堪称业界标杆。

当然了,"飞天奖"也承载着一代代人的回忆,映射着祖国的发展变迁,其本身就是时代的印记。

就像在很多人心里,1991年是属于《渴望》和《围城》的年份,它们热播的日子曾是万人空巷,直到今天,当《渴望》的同名主题曲响起，仍旧能拨动很多人的心弦。那一年，这两部剧也双双拿下第11届"飞天奖"。

1993年，第13届"飞天奖"的榜单上，居于首位的是优秀译制片《卖花女》。今天的"90后"可能很难理解，20世纪90年代的观众有多么喜爱中气十足的译制片配音腔，那也是当时老百姓了解世界的一扇窗口。

第14届，《情满珠江》讲述了改革开放初期知青返城后创业的喜怒哀乐；第29届，《温州一家人》通过温州小家庭的命运沉浮展现改革开放的时代变迁；到了2020年，第32届"飞天奖"首次将在网络平台首播的电视剧纳入评选范围，对网络传播的崛起作出了回应。

可以说，人民的壮阔奋斗、历史的火热篇章，"飞天奖"都不曾缺席。

二

什么样的作品，才能当得起"飞天奖"这一荣誉？

习近平总书记曾指出："优秀作品并不拘于一格、不形于一态、不定于一尊，既要有阳春白雪、也要有下里巴人，既要顶天立地、也要铺天盖地。只要有正能量、有感染力，能够温润心灵、启迪心智，传得开、留得下，为人民群众所喜爱，这就是优秀作品。"

怎样让作品传得开、留得下，得紧跟时与势，画好时代背景下的"大写意"。

细数这次"飞天奖"入围作品，有32部现实题材作品、12部革命题材作品和2部历史题材作品。从中可见，现实题材电视作品的比例最高，尤以主旋律题材为主。

比如此次获奖的《和平之舟》，根据海军"和平方舟"号医院船执行国际人道主义医疗服务和救援任务的先进事迹改编，展现了跨越国界的大爱担当，向世界展示可信、可敬、可爱的中国形象；《山海情》立足东西协作对口扶贫的大背景，讲述西海固人民将风沙走石的"干沙滩"建设成寸土寸金的"金沙滩"的历程；《问天》领着观众从地面望向太空，静候那句"苍穹报告，目前一切良好"。

电视剧就像时代的视听镜像，能看到社会怎么变得更富、更强、更好。

而怎样把故事讲进老百姓心坎里，则要摸准百姓情感脉搏，画好真情实感的"工笔画"。

一个立得住的人物有时候可以说是一部剧的"剧魂"。《叛逆者》里，林楠笙、朱怡贞等革命者带着理想而"逆行"，一路向阳生长，他们的满腔挚诚一次次让荧幕前的我们热泪盈眶。《流金岁月》里两个好朋友性格互补，你有你的小毛病，我有我的小问题。这些电视剧里的鲜活人物，又何尝不像当下真实存在的你和我？

当然，有血有肉的人物是存在于有生活感的故事之中的。《我在他乡挺好的》描绘了4个女孩在异乡摸爬滚打、奋斗打拼的故事，即使有困难有悲伤，也始终积极生活、望向远方；《刑警之海外行动》以跨境诈骗案例为原型，有观众表示"得喊我大姨来好好看看"。

主题符合时代发展、人物得立得住、剧情能产生共鸣，抓住了这几个关键，一部剧才有"飞天"的底气。

三

历届"飞天奖"沉淀下来的作品，成为中国人民追逐梦想的鲜活佐证。面向未来,我们的电视剧事业,又能从"飞天奖"中收获怎样的启发?

习近平总书记强调:"文艺创作方法有一百条、一千条,但最根本的方法是扎根人民。"

着眼时代、扎根人民,是电视剧要守的"正";创新话语、创新形式,是电视剧要创的"新"。

就拿正在热播的《我们这十年》来说,在选题阶段便精选出120多个故事,经过内部100多轮讨论,确定11个故事入选,之后又围绕这些故事展开更深入的调研,打破传统线性叙事方式,用11个切面拼凑出属于每个人的十年历程。

即将播出的《县委大院》,编剧赴江西省大余县挂职,历时5个月,助理导演也赴湖南省衡南县挂职,收集了大量真实故事与生动细节。

说一千道一万,拍好一部剧,还离不开贯穿选题、拍摄、制作等全流程的"工匠精神"。

《我们这十年》《运河边的人们》,已闪耀于2022年下半年的电视屏幕,而即将播出的《县委大院》《天下长河》,即将拍摄的《冬与狮》《我站的地方叫中国》也正蓄力待发。

时代的步伐不会停止,优秀电视剧的创作不会停歇。这些印记,生于诗画江南,长于活力浙江,朝向人民内心,指向伟大时代。

郑娅娜　顾晓燕　朱怡　执笔
2022 年 11 月 2 日

德寿宫那面墙

> 当它"上妆",这一抹独特的中国红,像是古典美人染绛唇,成了连接时间长河的载体,让人们从现代都市中短暂抽离,"穿越"至宋代,前往中国古代文化艺术史上的高峰时期,与那个华美又壮阔的时代进行跨越时空的"对话"。

最近,杭州街头有一面红墙"红"了——

这面墙,是南宋德寿宫遗址博物馆的一段外墙,北至河坊街,南到胡雪岩故居,长度约170米。

秋日午后,阳光透过路边的梧桐,在红色的宫墙上留下斑驳的光影,檐脊处,片片灰瓦整齐排列,让人瞬间梦回千年。

短短几天,这抹惊艳的"宫墙红"刷爆了杭州人的朋友圈。市民、游客纷纷前来拍照打卡,相关话题冲上热搜,大有"霸屏出圈"之势。不少网友感慨,"红墙拍照才是YYDS"(永远的神)、"最美不过中国红"。

同时,也有有心人发现,"之前德寿宫的外墙还没刷上红色,哪有人来打卡,就是变了变颜色而已,就有了这么大的反差!"坦白说,大多数游客或许暂时并不了解德寿宫的前世今生,仅仅是被红墙疏影的颜值所吸引便不约而至。

那么,人们为何对这面红墙情有独钟?

一

德寿宫的红墙,并不是第一个凭借"一墙之力"爆火全网的案例。

从北京故宫,到成都的武侯祠、南京的鼓楼、上海的广富林、西安的广仁寺,再到杭州的钱王祠、岳王庙,等等,放眼全国,近年来很多地方都兴起了一阵又一阵"红墙热"。

比如"老牌网红"故宫。如果在百度上输入"故宫""红墙"这两个关键词,就会立即得到2180多万条搜索结果和32000多张不同角度、不同构图的图片。

如果恰好碰上晴朗天气或者特殊节气,红墙更是很多人不会错过的拍照打卡的必去之处。尤其每逢下雪天,"故宫就变成了紫禁城",无数摄影爱好者、汉服爱好者等都会赶到红墙脚下,捕捉这"白雪镶红墙,碎碎坠琼芳"的美景,并尽情地拍摄。

又比如我们今天要说的德寿宫遗址博物馆的宫墙。当它"上妆",这一抹独特的中国红,像是古典美人染绛唇,成了连接时间长河的载体,让人们从现代都市中短暂抽离,"穿越"至宋代,前往中国古代文化艺术史上的高峰时期,与那个华美又壮阔的时代进行跨越时空的"对话"。

红墙之外有天地,红墙之内皆故事。一面面绝美的红墙,承载着历史沉淀感和独有的中式美学，也正日益成为当下流行的文化元素。

在微博、抖音、小红书、哔哩哔哩等颇受年轻人欢迎和喜爱的网络平台上，不少与红墙相关的照片、视频都能收获上万点赞、评论和收藏。"红墙映梅""红墙竹影""红墙银杏""红墙夕照"……随之相伴而生的大量话题，也逐渐在互联网上受到关注。

二

红墙为什么会"走红"？

答案可以很简单：以红墙为背景，拍照效果确实好。包括笔者在内，很多人每到一个城市，都喜欢在当地景点的红墙前留影。红墙的红，令人赏心悦目。当明媚的阳光洒在墙面上，掏出相机，即使是摄影小白，也能给朋友拍出一张不错的照片来，再发到朋友圈，引来一众点赞。这种成就感是实实在在的。

如果再深究一层，为什么我们这么喜欢红色呢？回望历史长河，中国人的内心深处自古便热爱红色。

当我们翻开中国红色谱，绛、赤、朱、丹、红、茜、彤、赭、绯9种颜色类别，依冷暖、轻重、光泽变化，可以衍生出上百种不同的红色。

先说大红宫墙。"宫墙红"作为红色中的经典，饱和度高、明艳大气，具有强烈的视觉冲击力。德寿宫的宫墙则为岱赭色，比朱红多添一点墨色，融入了烟雨江南特有的氤氲与朦胧，又是另一番风韵。

再说始终备受中国人青睐的红色器物。那是汉时宫女们挑起的红色宫灯，盛唐歌姬曼舞翻飞的红袖，宋朝文人墨客笔下的枝枝红梅，明清时期烧制难度极大的传世珍品釉里红瓷……

可以说，相较西方的"red"，中国人对红色的命名，因着天气、时节的更迭，承载着更多细腻的感受。

一抹红，是美好。它可以代表喜庆、吉利、红火，如大喜之日的花烛罗帐；可以代表兴旺、繁荣、热闹，如每逢佳节的大红灯笼；也可以代表承诺、守信、郑重，如盖印落款的红印泥等。可以说，它是我们中华民族最喜爱的颜色之一。

一抹红，是诗意。很显然，在唐诗宋词中，"红"出现的几率就很高。它是春之"草树知春不久归，百般红紫斗芳菲"，夏之"接天莲叶无穷碧，映日荷花别样红"，秋之"停车坐爱枫林晚，霜叶红于二月花"，抑或是冬之"纷纷暮雪下辕门，风掣红旗冻不翻"。

一抹红，是文化的底色。它似乎拥有着凝聚自然万物的力量，沉稳而奔放、热烈而豪迈，让人深深陶醉，成为中国人的文化图腾和精神皈依。

三

看到故宫的红墙，我们的脑海中，是对于大气磅礴的紫禁城的想象；看到德寿宫的红墙，我们眼前扑面而来的是浓郁的宋韵氛围感。

讲到底，我们对红色情有独钟，归根结底是因为我们深爱我们的传统文化，深爱中式美学。

像是突出江南色彩、宋韵元素、浙江特色的杭州国家版本馆，自今年7月底开馆以来就常常出现一号难求的情况；17年磨一剑的"盛世修典——中国历代绘画大系"成果展从浙江"火"到北京，有参观者专程从云南赶到展览现场，只为一探宋徽宗《瑞鹤图》的色彩密码，有小观众甚至当场能流利背出王冕《墨梅图》的题诗……

经过岁月洗礼，无论是大红宫墙，又或是绘画艺术、建筑文化，作为中华优秀传统文化载体的它们，都拥有着随历史长河流传至今的独特魅力。它们带来的，不仅是对美的呼应，对中华优秀传统文化的认同，更是一种更深沉更持久的力量。

党的二十大报告提出，要"推进文化自信自强"。笔者以为，文化自信自强，可以解读为既要立足于自身实际，突出中华优秀传统文化特色，又要创造出激发出传统文化强大的传播力、感召力、影响力和竞争力。

这种自信自强的力量，让我们在与世界共享中华文明精神标识和文化精髓的过程中脚步将更加坚定从容，让我们有理由坚信一切美好的事物都是相通相惜的，可以横亘时空，可以跨越国界，并且具有永恒魅力。

古典元素、传统元素日渐流行的背后，正是深深植入中国人内心的文化自信自强之美。

郑思舒 李戈辉 吴洋 郑梦莹 执笔

2022年11月3日

历史虚无主义的六种手段

> 作为一种错误思潮，历史虚无主义从来不是一个学术问题、理论问题，而是一个政治是非、政治立场问题，必须旗帜鲜明反对，理直气壮批驳。

以铜为镜，可以正衣冠；以史为镜，可以知兴替。历史是一个国家、一个民族安身立命的基础。

党的十八大以来，习近平总书记高度重视历史学习。他强调，"历史是最好的教科书"，"历史是一面镜子，从历史中得到启迪、得到定力"。在党史学习教育动员大会上，他强调，要在全社会广泛开展党史、新中国史、改革开放史、社会主义发展史宣传教育。在党的二十大报告中，习近平总书记指出，要坚定历史自信，增强历史主动。笔者注意到，在党的二十大报告中，除了党史、新中国史、改革开放史、社会主义发展史这"四史"，还增加了中华民族发展史。

坚定历史自信，增强历史主动，我们就要深入学习、正确认识党史、新中国史、改革开放史、社会主义发展史、中华民族发展史。可不容回避的是，历史虚无主义等错误思潮仍不时出现。不管走多久、走多远，我们始终都要抵制和反对历史虚无主义。正如习近平总书记指出，要旗帜鲜明反对历史虚无主义，加强思想引导和理论辨析。

虚者，模糊歪曲也；无者，抹杀消除也。历史虚无主义借所谓"解放思想""反思历史""重新评价"等由头，企图否定、歪曲中华文化和中国历史，特别是极力抹黑近现代以来的党史、国史。

又因其常常披着"学术研究""理论创新""还原真相"等伪装，具有一定迷惑性、欺骗性，扰乱人心、动摇思想，篡史乱今、贻害无穷。

思想舆论场上，历史虚无主义的错误思潮在敏感节点时而沉渣泛起，其错误观点的制造传播往往呈现六种手段。

其一，佯装客观式"洗白"历史。一些人打着"反思历史""还原真相""重新评价"的幌子做翻案文章，颠覆已有的基本历史结论，无实事求是之意，有哗众取宠之心。

如个别专家学者洗白日本侵华历史，质疑"南京大屠杀""细菌战"等历史事实，无视民族苦难，为侵华日军开脱。有的以日本神风敢死队照片为素材进行"翻画"再创作；有的"精日"分子用二次元动漫方式美化和萌化日本侵略者，更有甚者穿着侵华日军军服在敏感时间地点摆拍，公然为侵略者招魂张目。

还有的崇尚"坏人不坏""好人不好"的相对主义，颠倒对历史人物功过是非的评价，为历史上有定性的叛徒、卖国贼、汉奸、特务、刽子手洗白、翻案，看似以"客观""公正"之名研究历史，实则玩弄历史、扭曲历史。

其二，颠倒黑白式"丑化"历史。一些人颠倒黑白，混淆是非、贬损、丑化党的领袖、英雄烈士和模范人物。

如"辣笔小球"、罗昌平等网络博主价值观扭曲，多次发表侮辱、嘲讽英雄烈士等违法帖文，歪曲革命烈士的英雄事迹，侵害英雄烈士的名誉、荣誉，最终受到了法律的严惩。

还有一些境外非法出版物打着"党史解密"的旗号，罔顾史实、任意曲解，用充满个人成见和情绪化的主观感受乃至想象代替客观理性分析，污蔑、丑化党和国家领导人。

其三，削足适履式"否定"历史。一些人热衷于用西式现代化标准衡量中国历史发展，把西方的政治思想、政治制度、价值观念作为"普世价值"，提倡全盘西化，恨不得拆了故宫建白宫。

有的专家学者鼓吹中国本质上没有历史，只有王朝更迭。认为中华民族和中华文化"愚昧""丑陋"，只有抛弃没落的"黄色文明"、拥抱西方"蓝色文明"才能实现"现代化"。

这种"言必称希腊""唯西方马首是瞻"的观点至今仍有受众，用西方理论、西方话语粗暴否定中国现实、中国历史的状况，并不鲜见。

还有的竭力否定中国共产党领导的革命斗争，空谈渐进改良和阶级调和，宣扬革命"弊病"，忽略斗争的客观残酷性，试图将中国革命的辉煌历程改写成"残忍、血腥"的历史，并以此达到否定革命历史的目的。

其四，以偏概全式"裁剪"历史。有的人通过夸大党史上的失误与曲折，来抹杀党领导人民革命、进行社会主义建设的历史成就，从而抹黑歪曲党的历史、攻击党的领导。

如一些人罔顾新中国在一穷二白的困难条件下取得的历史性伟大成就，仅凭新中国成立后在艰难探索中经历的曲折和失误，就全盘否定新中国史，认为搞社会主义是"误入歧途""闭关锁国"，否定社会主义道路。

近些年，又有一些人把发展中暴露出的资本乱象等新矛盾新问题统统归咎于改革开放，认为改革"搞过了头""背离了社会主义方向""走上了资本主义歧途"。

实际上，无论是用改革开放前三十年否定改革开放后四十年，还是用后四十年否定前三十年，都不利于全面、客观、辩证地认识历史，都是典型的荒谬论断。

其五，牵强附会式"炒作"历史。少数别有用心的人将党史事件同现实问题刻意勾连、恶意炒作，假研究、解密之名，行诋毁、攻击之实。

如在讨论苏联解体时，有一种把俄国十月革命看作是历史巧合、认为苏联解体是历史必然的"革命早产论"，一些人借此在网上挑起中国共产党和中国革命是"早产儿"的讨论，其潜台词是中国将像苏联一样最终"崩溃"。

其六，戏谑调侃式"消解"历史。一些人不信正史信野史，热衷于"挖掘"近现代史和党史的边角史料，随意捏造、添油加醋，甚至无限放大和虚构细节，以满足人们猎奇、求异心理。

如近年来的一些抗日神剧中，战场上俊男靓女谈情说爱、八路军住别墅喝咖啡等脱离现实、违反常识、违背历史的桥段时现荧屏。

这种"娱乐至上"的艺术加工俨然把历史当作"任人打扮的小姑娘"，消解历史的严肃性，也使许多历史事件和历史人物严重失真，让人们对历史的认知出现偏差和错位。

古人说"灭人之国，必先去其史"。历史虚无主义并不"虚无",其本质是以错误的历史观、价值观,有目的、有诉求地攻击抹黑。

作为一种错误思潮,历史虚无主义从来不是一个学术问题、理论问题,而是一个政治是非、政治立场问题,必须旗帜鲜明反对,理直气壮批驳。

历史学家钱穆先生曾在其《国史大纲》中说:"当信任何一国之国民,尤其是自称知识在水平线以上之国民,对其本国已往历史,应该略有所知……""所谓对其本国已往历史有一种温情与敬意者,至少不会对其本国已往历史抱一种偏激的虚无主义……"

《国史大纲》著于抗日战争时期,其时,国家可谓危在旦夕,时人尚且深知应对本国历史保有温情与敬意,抵制虚无主义。

如今,我们更应珍惜来之不易的伟大成就,让历史说话、用史实发言,将历史事件、历史人物放在其所处的时代和社会中客观评价,不能拿今天的标尺去丈量过去的历史,更不能用西方理论裁剪中国历史。

与此同时,要提高对各种错误观点思潮的敏锐性、鉴别力,及时澄清错误言论和模糊认识,不给历史虚无主义等错误思潮提供传播渠道和发展空间。

云新宇 洪敏 执笔

2022年11月3日

千年一塔

> 雷峰塔并不仅仅是一座代表西湖风光的自然景观，同样还蕴涵着深厚的文化意义，泽被后世的吴越家国文化、独领风骚的西湖诗词文化，以及流传至今的白蛇传爱情传说，都通过新的古塔"诉说"给世界。

在杭州西湖，"雷峰夕照"与"宝石流霞"两大绝美景色隔湖相望，让雷峰塔与保俶塔这两座地标添了几分浪漫色彩。

今天我们要细说的，是立于西湖南岸的雷峰塔。

许多人或许不知道，始建于吴越国时期的雷峰塔，曾几经损毁与重建。现在人们看到的这座新塔，到今年也已经走过20载春秋。

再回望，雷峰塔是如何走过漫长的岁月，又实现了怎样的跨越与重生？

一

1924年9月25日，是杭州历史上一个不寻常的日子。

下午1时40分许，住在孤山俞楼的国学大师俞平伯，在阳台望向西湖对岸，黄雾漫天，雷峰塔倒塌了，塔身倾倒的速度很快。下午4时，俞平伯到了现场，大地上只见黄土一堆，废墟之上，一大堆人正把雷峰塔的砖头背回家。

事实上，这已不是雷峰塔第一次遭遇劫难。

北宋太平兴国二年（977年），吴越末代国王钱俶为供奉佛螺髻发舍利、祈求国泰民安，花费六年时间耗巨资建成雷峰塔，雷峰塔的故事从此开启。

北宋末年，外围木构建筑被烧毁；南宋宁宗庆元元年（1195年），重修一新；明代嘉靖三十四年（1555年），倭寇大举进犯，杭州被围，战火中雷峰塔遭遇了第二次火劫，仅存砖塔心。

1924年雷峰塔倒塌之后，"西湖十景"变成了九景。不仅如此，西湖水面子午线上，原本保俶塔、雷峰塔分列两点，雷峰塔一倒，从此北重南轻，西湖失衡。

有学者认为，雷峰塔倾圮，犹如西子姑娘断其一臂。园林建筑大师陈从周表示："雷峰塔倒掉，西湖南面景皆虚。"

此后，民国时期曾出现过三次要求重建雷峰塔的浪潮。人们认为，雷峰塔与国家气运紧密相关，倡导重建雷峰塔，正如向往一个富强的新社会面貌。然而乱世之间，雷峰塔的重建也就这么拖下来了。

"一水沉沉数劫灰，几番金碧几蒿莱。梦回苦忆雷峰塔，谁是湖山再造才？"中国近现代爱国主义者和民主主义教育家黄炎培就连做梦都想着古塔重现。

二

谁是湖山再造才？世纪之交，浙江给出了答案。

1999年7月，浙江省委、省政府作出了重建雷峰塔、恢复"雷峰夕照"景观的决定，并成立了省"双景"协调小组及办公室。

从启动到完工，雷峰塔施工建设只花了一年零十个月，但前期的设计和论证却费了两年多时间。

新建一座什么样的塔？这是最让大家伤脑筋的问题。

2000年开始，省市有关部门召开多轮专家论证会，对10个雷峰塔设计方案和4个"雷峰夕照"景区方案进行评议。2000年3月27日，雷峰塔设计方案和模型在杭州湖畔居展出，接受市民评议。

当时，方案主要有两种：一是老衲式样的塔，也就是人们看到过的明代被焚烧后的残塔；二是还原雷峰塔最初的模样，南宋画家李嵩曾在《西湖图》中画过南宋时期重修的雷峰塔，就是木构砖身的楼阁式塔。

几经斟酌，最终的方案中，雷峰塔与《西湖图》中形象相仿，沿袭了宋塔传统之外檐斗拱结构，在外面就能看到斗拱，保留了宋式古塔所特有的特征和韵味。而在材料上，虽是铜制，但经过涂层与预氧化技术处理后，看上去仿佛木料，体现了文化传承与技术创新的融合，实现"技术上是现代的，形象上要能传达历史信息"的效果。

三

在雷峰塔开工重建之前，还有一项必须要做的工作，就是发掘雷峰塔的地宫。这件事在当时轰动了全城。

关于雷峰塔倒掉的原因，有这样一种说法：雷峰塔的塔身，是特质的空心"藏经砖"，里头珍藏着五代吴越的经书，是中国早期雕版印刷术的见证。然而，因为"金"和"经"读音相近，以讹传讹，"藏经砖"成了"藏金砖"，于是就有人去捡砖头。日复一日，原本就年老失修的雷峰塔，终不堪重负而倒塌。

"藏金"虽是传言，但雷峰塔下确实藏有珍宝。

发掘工作从2001年3月11日上午9时开始，一直延续到次日凌晨3时，浙江电视台对地宫发掘作现场全程直播，中央电视台、香港凤凰电视台以及来自北京、上海、辽宁、河南、山东、江苏等地的30多家媒体，对考古发掘的每一步骤都在第一时间进行追踪报道。

整整18个小时，一个被埋藏千年、承载着神秘古老的王朝悠久历史的入口展示在人们面前。

雷峰塔地宫最受关注的，当属正中心位置的大铁函。浙江省文物考古研究所副所长郑嘉励当时是参与地宫发掘的年轻考古队员，他说："铁函打开的一刹那，只见一座金涂塔巍然耸立，底部水锈斑斑，上半身则光彩照人，一如新造。"

文物重见天日，古塔再焕新生。2002年10月25日，雷峰塔重建落成。

新建成的雷峰塔，是中国第一座彩色铜雕塔，体量堪称"古塔之最"，总共耗费了280吨铜，是迄今为止古今中外采用铜件最多、铜饰面积最大的铜塔。

重生后的雷峰新塔，建在遗址之上，保留了旧塔被烧毁之前的楼阁式结构，完全按照南宋初年重修时的风格、设计和大小建造，成为杭州南宋文化人文景观的重要标志。

四

"上苍无意留古砖，盛世有心铸新瓦。"

雷峰塔的重建，让消失78年的"雷峰夕照"重现人间，"一湖映双塔，南北相对峙"，"西湖十景"终于再度回归完整体。

习近平总书记在党的二十大报告中指出，"传承中华优秀传统文化""加大文物和文化遗产保护力度，加强城乡建设中历史文化保护传承"。

如今的雷峰塔内，新塔与遗址保护结合起来，形成了"新塔在上、遗址在下"的格局，保护遗址的同时，也让游人能登高望西湖，感受中华文化的魅力。古塔重生新塔，新塔彰显古塔，创下了中国古塔遗址原地保护的全国第一。

几度被毁，几度修复。

雷峰塔并不仅仅是一座代表西湖风光的自然景观，同样还蕴涵着深厚的文化意义，泽被后世的吴越家国文化、独领风骚的西湖诗词文化，以及流传至今的白蛇传爱情传说，都通过新的古塔"诉说"给世界。

文运与国运相牵，文脉同国脉相连。重建雷峰塔，不仅延续了一段文脉，也表达了人们期盼繁荣昌盛的心愿，更是中华文化传承与创新的又一篇章。

湖山再造，盛世新颜。

档案资料

雷峰塔并不是本名，考古发掘出土的碑刻上明确记载"塔因名之曰皇妃"，佛塔建成后，钱俶为感恩北宋朝廷的谥妃之典，缅怀夫人孙氏，将塔命名为"皇妃塔"，又因为塔建在雷峰上，百姓习惯称之为"雷峰塔"。

2001年，雷峰塔地宫发掘发现了秘藏佛螺髻发舍利的纯银阿育王塔、鎏金龙莲座铜佛像、千秋万岁铭鎏金银盒等珍贵文物，现珍藏在浙江省博物馆。

潘卓盈　执笔

2022年11月4日

现代化≠西方化

> 西方垄断现代化话语权、鼓动发展中国家走西式道路，绝非善心大发，而是为了让发展中国家顺从顺应西方主导的各方面游戏规则，更好地薅全世界羊毛，让西方可以永远高高在上。

党的二十大报告全面阐述了"中国式现代化"的中国特色和本质要求，引发国际社会高度关注。

在很多人的印象中，"现代化"的概念似乎是一个舶来品。一种流传甚广的说法是，在1951年美国《文化变迁》杂志编辑部的学术会议上，与会学者首先使用"现代化"一词来描述农业社会向工业社会的转变。但实际上，早在1933年，受中国共产党思想影响的《申报月刊》就发行了"中国现代化问题"特辑，对"中国现代化"以及现代化中"工业化"意义等问题作了深入探讨，这比西方思想界至少提前了二三十年。

那么，西方对现代化理论和话语的垄断是如何形成的？今天我们为什么要在现代化前加上"中国式"？中国式现代化与西方现代化到底有何不同？

一

近几十年间，国内外各领域专家对"现代化"及其指标体系进行了广泛而深入的研究。但时至今日，关于"现代化"的确切含义依然众说纷纭。

倒是有两点共识得到了普遍认可：一个是经济社会发展的先进状态，另一个是从传统社会向先进社会的转变过程。通俗地说，"现代化"既包括静态的"现代"状态，又包括动态的"化"的发展过程。

从人类现代化的发展时序看，西方国家现代化处于先发行列并在全球范围内产生了广泛影响。

回顾世界近代史历程，文艺复兴以后，西方就如同开了挂一般，先后通过宗教改革、启蒙运动、资产阶级革命和工业革命迅速提升"段位"，率先从传统社会转向了现代社会，并在19世纪形成了发展的优势。比如英国，1850年时仅占世界人口2%，却生产了世界上大约一半的工业制成品，是名副其实的世界工厂。

实践的先行带来的是话语权的垄断。长期以来，西方的知识界将自身现代化经验标定为人类社会唯一的现代化道路，极力营造现代化就是西方化的"美丽神话"，甚至大言不惭地宣告这是"人类文明的终极形态"。讲到这里就不难理解，为什么基于西方实践建构起来、反映西方国家现代化规律的现代化理论，会被一些人奉为金科玉律。

客观地说，在16世纪至20世纪初的漫长数百年之中，西方长期主导人类现代化进程，在加速积累现代化因素上确实起到了一定的积极促进作用，但受制于资本主义政治制度的局限性，其天然缺陷和自身弊端也愈加凸显。

二

随着西方现代化道路暴露出的问题越来越多，现代化就是西方化的神话正在被打破，人们越来越深刻认识到西方现代化恃强凌弱的掠夺本质和难以为继的暗淡前景。

西方现代化过去之所以能够取得成功，固然离不开生产方式的深刻变革和科技的飞速发展，但建立在强大武力基础上的帝国主义、殖民主义、金融霸权和不公平的国际经济分工体系，才是其能够快速且持续"飞黄腾达"的更重要因素。

有网友说得好，如果没有掠夺，世界上最著名的大英博物馆今天会是什么样？如果没有掠夺，法国、德国、瑞典等其他许多西方国家的博物馆会是什么样？它们还会保持"先进"的状态吗？

窥一斑而知全豹，无论怎么包装美化，都无法掩盖西方现代化发家史的罪行与血腥。

作为一条受资本主宰的现代化道路，西方式的现代化道路不仅是对外扩张掠夺的现代化，也是两极分化的现代化、物质主义膨胀的现代化、人与自然相互割裂的现代化。

现如今，西方怎一个"乱"字了得，种族矛盾加剧、游行示威频发、政党相互倾轧、社会严重撕裂……特别是在新冠肺炎疫情暴发以后，西方社会近乎病态的偏执与反智让世界大跌眼镜，深藏于西方现代化道路的资本劣根性、政治操纵性和价值剥削本质暴露无遗。

再看一些听从西方说教的发展中国家，因为忽视了西方现代化特殊的历史文化背景和掠夺性的发展道路，结果只能是削足适履、误入歧途、无路可走，现代化尝试纷纷失败。

实际上，西方垄断现代化话语权、鼓动发展中国家走西式道路，绝非善心大发，而是为了让发展中国家顺从顺应西方主导的各方面游戏规则，更好地薅全世界羊毛，让西方可以永远高高在上。西方现代化之路，到底是包治百病的"万能神药"，还是害人不浅的"假药"乃至"毒药"，人们对此看得越来越清楚。

三

随着中国特色社会主义伟大实践的推进，我们不仅对中国式现代化进行了成功探索，也打破了西方对现代化理论和话语的垄断，从而使得现代化从"单选题"变成了"多选题"。

何以见得？

答案就在中国式现代化取得的"高分成绩单"里。从1978年到2021年，我国国内生产总值由3645亿元跃升到114.4万亿元，占世界经济的比重由1.73%跃升到超过18%；人均国内生产总值由156美元跃升到12551美元，成功地由低收入国家跨入中等偏上收入国家行列。特别是新时代10年，我国近1亿农村贫困人口实现脱贫，历史性地解决了绝对贫困问题，创造了人类减贫史上的奇迹。

答案就在中国式现代化对世界经济发展的突出贡献里。2013年至2021年，中国国内生产总值年均增长6.6%，对世界经济增长的平均贡献率达到38.6%，超过G7国家贡献率的总和，是推动世界经济增长的第一动力。

答案就在国际社会的高度评价里。国际舆论普遍认为，中国式现代化是中国共产党的理论创新和实践突破，不仅明确了中国自身的发展方向，而且也具有重要的世界意义。正如英国学者马丁·雅克评价说，中国为世界提供了一种新的可能，这就是摒弃丛林法则、不搞强权独霸、超越零和博弈，开辟一条合作共赢、共建共享的文明发展新道路。

党的二十大郑重宣示：中国式现代化既有各国现代化的共同特征，更有基于自己国情的中国特色，是人口规模巨大的现代化，是全体人民共同富裕的现代化，是物质文明和精神文明相协调的现代化，是人与自然和谐共生的现代化，是走和平发展道路的现代化。

鞋子合不合脚，只有自己知道。世界上既不存在定于一尊的现代化模式，也不存在放之四海而皆准的现代化标准，历史条件的多样性决定了各国现代化道路的多样性。

这正是：
道路千万条，管用第一条。
适合自己的，才是最好的。

陈培浩　执笔
2022年11月4日

"金钉子"背后的百年较量

> 那一代代科学家,信仰是照耀他们内心的一盏明灯,他们不求名利,只求民族大义,用毕生献身科研,挺起了大国崛起的脊梁。

我们生活的地球已经46亿岁。地球上生命与历史漫长演变的故事,很多就蕴藏在层层堆叠的岩石中。

地质剖面,仿佛将地层纵向劈开,人们可以从一层层清晰可辨的岩层中探究地球演变史。

最近,国际地质科学联合会在西班牙公布了全球首批100个地质遗产地名录,浙江长兴"金钉子"地质剖面等7个中国地质遗产地入选。这枚承载着距今2.5亿年前史上最大一次生物大灭绝的"金钉子",再次吸引了世人目光。

"金钉子"到底是什么?长兴"金钉子"有怎样的含金量?

一

说起这个地质学概念，或许很多人觉得费解，但深究细研就会发现其中大有学问。

"金钉子"，科学全名是"全球界线层型剖面和点位"，用于标记、确定和识别两个时代地层之间的界线。

这一叫法来源于铁路。1869年5月10日，第一条横穿美洲大陆的铁路贯通，为表示纪念，人们在最后两根铁轨的连接处钉了一颗金铆钉。地质学上便借用这个典故，把"全球界线层型剖面和点位"形象地称为"金钉子"——金子贵重，表示重要；钉子钉下后固定不动，表示是一个永久的标志。

那长兴的"金钉子"有何不同？

据了解，截至今年2月份，全球已经确定的"金钉子"78颗，有11颗在中国，数量居世界首位。其中，能够区分地质代与代之间的"金钉子"，全球仅3颗。一颗在加拿大纽芬兰，一颗在突尼斯，还有一颗就在长兴。

长兴"金钉子"位于煤山镇境内，是地球演变史书的"金色书签"。这里产出的两枚"金钉子"，分别认定于2001年和2005年，一枚夹在古生代和中生代之间，一枚夹在古生代内两个时段之间。

它们的"江湖地位"在于，其中蕴含的生物化石，完整记录了2.5亿年前的那次生物大灭绝事件。在这次浩劫中，地球上80%以上的生物物种在短时间内灭绝。很多生物，就此尘封，随着时间演进，变成了化石。比如，光是煤山剖面地层，就拥有十多个门类化石300多种。

可以说，长兴钉下的这两颗"金钉子"，既珍贵又分量十足。它们不仅标志着中国地层学研究进入世界领先水平，而且对提高我国地球科学国际地位有着极其重要的意义。

二

岁月悠悠，有些记忆，如今回想难免苦涩。

但长兴的这部记载着数代科学家"百年接力""百年较量"的"掘金史"，现在读来依旧激荡人心。

100多年来，欧美学者公认用来划分古生代和中生代的标准化石是耳菊石。但由于耳菊石分布的局限性，无法充分解释全球范围内的地质现象。

因此，中国科学家一直想方设法寻求一种新解释，但西方学者却一次次地将中国科学家的努力拒之门外。

1917年，长兴煤山"五通石英岩"被地质学家发现，这片古老土地便再次被"唤醒"，几代科学家接踵而至。

1955年，第二代科学家盛金章带着科考队员来到长兴煤山，以"长兴灰岩"研究中所建立的蜓类化石带为基础，破解了国外学者提出的一道难题。谁知国外学者不予正面回应，一拖再拖。

20世纪60年代初，时任南京古生物所所长的赵金科，在长兴煤山发现华夏菊石，试图以此取代耳菊石，却又被国外学者否定。

屡遭刁难，中国地质学家能成功挑战国际权威吗？

或许国外学者想不到，这反而激发了中国科学家对这枚"金钉子"孜孜以求的动力和决心。

1983年，年逾古稀的杨遵仪和殷鸿福院士组成了最高水平的研究组,对这枚"金钉子"展开新一轮攻势。浙江大学教授王安德带着癌细胞扩散的身躯"披挂上阵",在这里发现了牙形化石,遗憾的是来不及细作研究便撒手而去。

"初生牛犊不怕虎"的年轻学者张克信接过这份重任。他用最"笨"的土办法,按厘米对长兴煤山岩层进行连续取样。功夫不负有心人,张克信花了8个月时间终于在大量样品中发现了微小欣德牙形石,一种新的依据被找到。

研究组提出该牙形化石取代菊石作为界线标志化石,正式向国际委员会提出在长兴建立全球二叠系–三叠系界线层型剖面和点位的报告。在翔实的数据、充分的论证面前,西方科学家只能勉强默认。

2001年,经过国际学术组织多轮投票,正式确定长兴煤山剖面为全球二叠系–三叠系界线层型剖面和点位,至此这枚"金钉子"落户中国。

三

一场"百年较量",见证了中国科学的自强之路。

中国地质学家成功挑战国际权威的故事,更蕴含了锲而不舍、求真求实的科学家精神。

"一个科学工作者只有把自己与国家和民族的命运紧密地联系在一起,他的生命才会有价值,一生才会有作为,才会活得有意义!"

在百岁生日宴上,杨遵仪院士的一番话语,道出了几代中国科学家的人生信仰,也点出了能赢得这场"百年较量"的关键所在。

金玉玕院士，用一身伤病换来了长兴"金钉子"。他近乎玩命地工作，积劳成疾，甚至在动手术住院时仍不忘工作；沈树忠等一批年轻科学家，放弃海外优厚待遇毅然回国，扎根长兴煤山这片古老的岩层，只为求得把那枚"金钉子"镶嵌在中国大地上。

正如习近平总书记指出的，"科学成就离不开精神支撑。科学家精神是科技工作者在长期科学实践中积累的宝贵精神财富"。

那一代代科学家，信仰是照耀他们内心的一盏明灯，他们不求名利，只求民族大义，用毕生献身科研，挺起了大国崛起的脊梁。

如今，这场"百年较量"画上了句号。但成功列入首批世界地质遗产地名录，对于长兴"金钉子"剖面而言又是一个新开始。

这个新开始，意味着中国地质科学家百年探索奋斗留下的宝贵精神财富，应该得到进一步发扬光大，也让我们更加相信，必须坚定科技自立自强，把话语权、解释权牢牢掌握在自己手上。

程少波 杨新立 郑剑辉　执笔
2022年11月5日

今天为何更需要"胆剑精神"?

> "胆剑精神"是这座城市的"根"与"魂"。展开来说,就是要卧薪尝胆、奋发图强,敢作敢为、创新创业,攻坚克难、全力以赴,把绍兴人精明务实的性格与大气开放的气度结合起来。

精神力量与社会发展,总在相互影响、彼此赋能。

党的二十大报告中提出,"推进文化自信自强,铸就社会主义文化新辉煌","增强实现中华民族伟大复兴的精神力量"。

在有着2500多年建城史的浙江绍兴,厚重的历史文化赋予了城市丰富的精神财富,其中一笔就是"胆剑精神"。

"胆剑精神"是这座城市的"根"与"魂"。展开来说,就是要卧薪尝胆、奋发图强,敢作敢为、创新创业,攻坚克难、全力以赴,把绍兴人精明务实的性格与大气开放的气度结合起来。

"胆剑精神"因何提出、如何体现?今天为何更需要"胆剑精神"?读懂了它,我们就读懂了这座城市的脾性。

一

习近平总书记对绍兴的"胆剑精神"曾有过解读。《习近平在浙江》当中,就记录了这样两个细节——

2003年1月,浙江省两会期间,时任浙江省委书记的习近平同志在出席绍兴代表团讨论会时说:"今天,我们弘扬越王勾践卧薪尝胆、'十年生聚,十年教训'的精神,就是要围绕全面建设小康社会、提前基本实现现代化的目标,卧薪尝胆,艰苦奋斗,努力谱写新时期的'胆剑篇'。"

2004年,国家进行了宏观调控。在此大背景下,绍兴乃至浙江的经济发展速度开始下降。这个时候,习近平同志再次强调要发扬"胆剑精神"。

越王勾践卧薪尝胆的故事,在全国流传甚广。

公元前496年,吴王阖闾在一场战争中大败离世。其子夫差即位之后,亟待一雪前耻。随后的一战中,勾践草率出击,最终落得一个大败,越国都城随即被攻破。求和不成,勾践只好携家眷前往吴国当人质,这是一段刻骨的耻辱经历。

为了重振越国,勾践走上发奋图强之路。他以柴草为床铺,在房里挂上一只苦胆,以尝苦胆来时刻提醒自己国仇未报,复仇的种子在心里萌芽壮大。

再后来,越国一面养精蓄锐、发展生产,一面又用计离间吴国君臣、消磨吴王精力,苦等机遇,终于一举击败吴国,勾践霸业终成。

"苦心人天不负,卧薪尝胆,三千越甲可吞吴。"诚然,历史时代赋予了越王勾践多维度的品性，以使现如今专家学者对这个人物褒贬不一，但他卧薪尝胆的志气、勇气和骨气，着实勉励了一代又一代后世之人。

二

绍兴人十分善于从岁月的长河中挖掘历史文化价值，并将之发扬光大。以大讨论的形式探讨城市精神、定义城市精神，是绍兴一项不成文的传统。

早在1988年，绍兴就开始大范围开展"绍兴精神"的讨论。全民投稿、专家建议，最终以"涉尽千山万水、想尽千方百计、说尽千言万语、吃尽千辛万苦"为内容的"四千精神"，因高度总结了乡镇企业的创业精神，获得认可并被广泛传播。

2000年，绍兴再次发起全民讨论，要求"总结绍兴经验，提炼绍兴精神"。这一次，专家学者和理论工作者提出了20多种"绍兴精神"的概括，最终"坚韧不拔、奋发图强、崇尚科学、务实创新"被敲定。

"胆剑精神"一词被高频提及之后，"何为其精神内涵""其价值如何体现"这些问题，也在绍兴全市范围内开展过一场大讨论。这也被认为是对"绍兴精神"开展的第三波全民解读。

这场讨论以报告会、党课、参观"红色之旅"等多种形式进行，参与者从政府人员到普通群众，影响面不可谓不大。通过大讨论，既传承了绍兴悠久的文脉，又为历史文化赋予新的精神特质，同时激发了干部群众克服困难的精气神。

最终，"卧薪尝胆、奋发图强、敢作敢为、创业创新"这16字的定义,被认定为绍兴"胆剑精神"的官方释义版本。

2004年7月至8月间,《绍兴日报》连续刊登多篇文章,邀请各方代表对新时期的"胆剑精神"进行全面阐释。在讨论中,形成了三种较有代表性的观点:

"胆剑精神",是绍兴历史上富有特色的人文精神的核心,也是"绍兴精神"的核心;

它不是静止不变的,其时代演绎就是"敢作敢为、创业创新";

它是绍兴人攻坚克难求发展的精神支柱和力量源泉。

至此确认下来的"胆剑精神"的内涵,直至今日仍被广为认可。

三

身处江南水乡,绍兴人的脾性却格外地"刚"。"横眉冷对千夫指"的鲁迅、古轩亭口誓不屈服的秋瑾……绍兴人性子硬,自古出了名。究其原因,正是受到"胆剑精神"的深深影响。

"胆剑精神"的基因,自始至终刻在绍兴人的骨子里。比如,一批早期的绍兴籍马克思主义者,在"胆剑精神"的熏陶之下,从这片土地走出去,曾书写过无数感人篇章。

俞秀松、邵力子、宣中华、张秋人、叶天底、梁柏台……在宣传马列主义、创建党团组织等壮行义举中,他们身上闪耀的便是"胆剑精神",是胸怀天下的革命情怀,是追逐理想的赤子之心。

以俞秀松为例。"一师风潮"后,俞秀松等参加北京工读互助团受挫,回到上海。惨痛的教训让他更坚定了投身革命的决心。在被诬陷为"托派头子"被捕后,他仍坚信"革命必定会成功",还劝慰妻子,"坐牢是革命者的家常便饭,要革命就不怕杀头"。

追根溯源,"胆剑精神"在很大程度上是与绍兴发展史相生相伴的精神力量。

比如,新世纪初,绍兴人眼前就曾摆着一道难关。身处宏观调控的十字路口,水、电、土地等生产要素匮乏,困难重重怎么破?彼时,绍兴开始审视自身特殊优势和不足,不断把"胆剑精神"转化为推动绍兴率先发展、富民强市的强大动力。

在全市召开企业大会共同商讨加快转型升级,推动科学发展;淘汰落后产能、重点扶持新兴产业;因地制宜办企业,科技创新谋发展……将历史与现实相结合,变被动为主动后,精气神提上来了,城市发展便再次进入快车道。

"绍兴这块土地,曾在历史上创造了辉煌,相信将来能够创造更大的辉煌。""胆剑精神"的力量,在绍兴早已深深绵延。

习近平总书记在党的二十大报告中指出,"我们必须坚定历史自信、文化自信,坚持古为今用、推陈出新"。

千年古城在未来之路上,如何再次谱写新时期的"胆剑篇"?不妨期待这股子精气神将进一步被激发。

徐添城 郑梦莹 执笔
2022 年 11 月 5 日

一只烧饼的传奇故事

> 烧饼传递着家乡的味道,唤醒的是味蕾,抹不去的是乡愁。

"去过缙云你就知道,缙云有烧饼。香喷喷的吊你胃口,菜干肉包包……"

这首由缙云本土歌手创作的歌曲《缙云烧饼》,曾经在当地广为传唱,大人小孩总能哼上那么几句。

煎饼、烙饼、酥饼……无论大江南北,我们都能吃到各具特色的饼。

但对缙云人而言,在大街小巷随处可见、平价亲民的缙云烧饼,就是弱水三千中的那一瓢,放不下、忘不了。

它不仅仅只是一个饼,还承载着至繁至简的烟火气息,镌刻着独特的文化印记,蕴藏着颇具传奇色彩的故事。

一

在缙云,烧饼有着独一无二的地位。

相传古时候，轩辕黄帝在缙云山鼎湖峰架炉炼丹，废寝忘食，饿了就抓一块面团贴在丹炉壁上烤着吃。轩辕黄帝驭龙升天后，当地百姓就用陶土模仿他的丹炉，制造陶炉烤桶，烧烤面团食用。

因此，缙云烧饼又称桶饼、轩辕饼。

缙云地处山区，古时车马不便，缙云人靠着双脚，挑着烤桶，父携子、夫携妻，将烧饼带出层峦叠嶂的大山。村口、巷尾、集市、码头，都有缙云人叫卖烧饼的身影。

岁月中，缙云烧饼跟过戏班、进过庙堂、听过读书声、见过寒夜月，还掩护过浙西南革命时的情报传递，不失为一位"有功之臣"。

据当地老人口述，粟裕将军领导浙西南独立师直属队在缙云活动期间，部分队员便曾假扮成烧饼师傅，将情报、药品等藏在烧饼担底部隐秘的暗格，利用走街串巷叫卖烧饼或上门祝寿的"伪装"来传递信息和物资。

"看缙云婺剧，吃缙云烧饼"，在缙云本地，素有这一传统。村社做戏时热闹非凡，烧饼师傅是固定"嘉宾"，提前烤好饼子，罗列在饼桶上等待来客，手上还忙活不停，卖力地揉着面团。

台上是传奇人生，台下是烟火人间。咿呀婉转的戏腔，就着老少咸宜的吃食，可谓是味觉、嗅觉、视觉、听觉的多重满足。

二

世上饼类千千万，缙云烧饼是最朴素的那一档，但尝过后留下的却是亲切和思念的味道。

烧饼，凝聚着缙云人民的智慧和创造，浸润着一方风物和文化。

与其他饼相比,缙云烧饼最独特的就是饼桶。缙云烧饼,是用缙云人自创、特有、专用于烤制的"烧饼桶"以炭火烧烤而成,更饱含"烧饼"本身的烟火香味。

烧饼桶大有乾坤,内胆以壶镇一带"猪脂泥"烧制成陶鼎,以木桶为外胆,中间用本地珍珠岩粉作保温隔热材料,温度高、散热慢、形状奇。

这种巧思只此一家,别无分号。

缙云烧饼的"面子"和"里子"也很讲究:选用当地的面粉做成饼胚,土猪肉作馅,烧饼里的菜干,则用本地细叶九头芥作原料,精心腌制,三蒸三晒而成。

揉面、包馅、涂糖油、烤贴……一个个烧饼在炭火的热力下逐渐丰满起来。等到表面金黄,便可出炉了。

刚出炉的缙云烧饼,色泽金黄,宛若晨霞。半焦的糖油闪着光亮,饼面上芝麻星星点点,经高温烧烤的饼体,融麦香、肉香、葱香、菜干香、芝麻香、糖油香于一体,香味随着热气飘散四溢,令人食指大动。

而当烧饼遇上馄饨,那无疑又是一对"黄金搭档"。一天的忙碌后,这样的"烧饼套餐"是缙云人的首选,咬一口酥脆的烧饼,再来一口绵软的热汤馄饨,肠胃得到满足,人也从疲惫中舒缓过来。

春生夏长、秋收冬藏,四季变换,留下了最纯粹的自然味道。每一个烧饼来到食客面前,都带着缙云的泥土和清风、阳光和雨露,以及缙云百姓淳朴的心意。

对于在外漂泊的缙云游子来说,缙云烧饼仿佛已成回家的路标。

一个个烧饼桶,是设立在天南海北的故乡驿站。烧饼师傅那熟悉的乡音,让人恍惚间仿佛回到了故土。

烧饼传递着家乡的味道,唤醒的是味蕾,抹不去的是乡愁。

三

不是每一个烧饼,都叫"缙云烧饼"。在小吃界,缙云烧饼绝对算得上是"励志典范"。

2021年,缙云烧饼制作技艺入选第五批国家级非物质文化遗产代表性项目名录,"舌尖上的非遗",为缙云烧饼又一次擦亮了金名片。

在缙云还有一个很独特的节日——缙云烧饼节,已经连续举办十余年,是当地人气最旺的节日。缙云烧饼还先后登陆香港国际美食节、浙江省农博会、上海农博会等节会,广受赞誉。

这几年,烧饼师傅们创新开发榴莲烧饼、红茶烧饼、香菇烧饼等不同口味的烧饼,缙云烧饼以更年轻、更时尚的面貌刷屏,频频"出圈"。

不仅"出圈",小小烧饼还拉动了大产业,烤出了"共富路"。

有报道显示,2021年,缙云烧饼门店已经覆盖美国、意大利、西班牙、阿联酋等16个国家和地区,年产值达到27亿元。

近日,浙江卫视录制《我们的新时代》时代主题片时,嘉宾们偶遇一位卖缙云烧饼的大姐。主持人好奇她的年收入,结果大家放了胆子猜也没猜对。一位嘉宾随口道:"300万。"本以为绝不可能,谁知大姐轻描淡写来了一句:"差不多。"

惊人的数字不禁让人感慨：终归是"低调"限制了想象。而这样的"烧饼致富"故事，在缙云还有很多。

逆袭故事背后，是烧饼师傅起早贪黑、日复一日的辛勤劳作，是脚踏实地、积少成多走出的一条"蚂蚁雄兵"式致富路。

正如一位烧饼行业的创业者所说："烧饼不仅是对味蕾的满足，也是初心、匠心的传承。"今天，我们吃的是烧饼，感受的是人间烟火气，在唇齿留香间，回味无穷的或许还有缙云人民那股历久弥新的创新创业拼搏精神。

炉传三百世，饼香五千年。

一只烧饼的传奇故事从古写到今，从山区流传到海外，还将落笔何处？或许我们最终还是要在舌尖上找答案。

潜楚　陈姝　执笔
2022年11月6日

"广而告之"之穿透力

> 当商业广告无孔不入,遍及生活每个角落时,一条走心的公益广告却能给人启迪与温暖,唤醒正能量与道德良知。

也许,每个人印象中都有一个公益广告,"妈妈洗脚""没有买卖,就没有杀害""垃圾分类,从我做起"……这些,都成为一代又一代人的集体回忆。

据国家广电总局今年8月份的统计数据,这10年间,全国公益广告播出次数以亿万计。仅上半年,平均每个电视收视用户观看公益广告的条次就同比增长了14.3%。

近几十年来,公益广告潜移默化地影响并改变着公众的认知行为,见证了国家发展、社会进步和人民幸福。

当商业广告无孔不入,遍及生活每个角落时,一条走心的公益广告却能给人启迪与温暖,唤醒正能量与道德良知。

公益广告的魔力究竟源自何方?

关键在于,公益广告是否能够打动人心、凝聚共识,进而转化为行动的力量,让生活变得更加美好。

一

那么，有没有一条公益广告曾深深打动过你？

2013年，除夕之夜，一条讲述春节回家故事的公益广告《迟来的新衣》登陆央视春节联欢晚会，开创了央视春晚公益广告的先河。

2014年，春晚公益广告《筷子篇》以一双筷子巧妙串联起春节习俗和中华优秀传统文化，质朴的画面和温暖的情感引发了亿万海内外观众的深度共鸣。

从此以后，每年守候春晚，守候春晚中的公益广告，成为大多数中国人大年夜的保留节目。

《父亲的旅程》《感谢不平凡的自己》《中国字中国年》《梦想照进故乡》《妈妈的幸福年》……春晚公益广告温暖的情节、唯美的画面，朴实地表达着、热情地歌颂着亲情、团圆和平安，家国情怀、中国精神和中华文化……

央视春晚公益广告，看似佐餐小菜，却饱含浓情年味，且赏且感且动情，它已经聚成一道光、一团暖，让人心生勇气和力量。

春晚公益广告深深打动了我们，是因为"回家"触动了内心深处最柔软的那一块。

同样，勤劳勇敢的品质，自强不息的精神，忧国忧民的爱国情怀，富贵不淫、贫贱不移、威武不屈的独立人格等，无不彰显着伟大的中华民族精神，感动着每一个中国人。

这些，既融入到公益广告"字如其人"的书法里，也蕴藏在"勤俭升值"的剪纸中，还展现在"兼容并包"的曲艺上，成为触动人们心灵的动人细节。

这些，源于对中华民族共同理想信念、文化价值和伦理道德的认同，这是中华民族的生命记忆和文化基因，也是引发每一个炎黄子孙共情共鸣、凝心聚力的地方。

二

公益广告不追求商业利益。观照现实、引领认识、促进发展、推动进步是其初心所在。

就这个角度而言，公益广告和新闻宣传一样，也要选主题、抓事实、有态度、讲导向，承担起意识形态的功能。

从今年上半年全国各卫视频道公益广告播出情况来看，广泛覆盖了节能低碳、疫情防控、乡村振兴、世界读书日、冬奥会、防火防汛、时代榜样、防范诈骗等主题。

社会的"痛点"在哪里，公益广告的关注点就在哪里。

公益广告的社会性体现在其鲜明的时代性上。

它应该是时代的一面镜子，去展现美好且值得鼓励的人与事，也去反映尚未解决的矛盾与问题，去照亮每一个角落的需求，更要去回应当下的时代精神和主流价值。

在抗疫公益广告中，随处可见坚守在一线的医护人员、服务在社区的志愿人员和守望相助的普通老百姓，他们"临危受命，逆向而行""白衣为甲，逆行出征""勠力同心，英勇无畏"。

每一次面对灾难，公益广告都挺身而出，坚定人们战胜灾难的信念，增强砥砺前行的动力，共铸具有时代精神的个人记忆、群体记忆、民族记忆和国家记忆。

同样，中国公益广告领域的权威奖项"黄河奖"于2021年新设了"共同富裕"主题特别奖，聚焦重大议题，挖掘优秀作品，彰显了公益广告对时代的观照价值。

或倡导，或鼓励，或提醒，或批评，或规劝，公益广告只有紧跟时代，观照现实，直面社会热点难点，才能成就抵达人心的力量。

三

公益广告不等同于公益宣传，不仅要有态度、讲导向，更要有温度、接地气，才能让人听得进、被触动。

一些喊口号、说教味浓的公益广告，一些政论片、专题片、城市宣传片式的公益广告，虽制作精良，却直白简单，大而空泛，反而容易引起观者的抵触情绪。

一块写着"爱护森林，禁止乱砍滥伐"的路牌，人们往往视而不见，但一条"电锯吼叫着疯狂扑向树木，从锯口处流出浓稠血浆"的电视广告，却让人触目惊心。

作为艺术特征鲜明的文化产品，公益广告应将思想态度融进视听形象，让理性内涵通过感性方式表达出来。

广告界对不同时长的公益广告有约定俗成的要求：30秒玩概念，60秒见人物，90秒讲故事。如何在最短的时间内精准表达，直抵人心，需要下一番"绣花"功夫。

无创意，不公益。创意是公益广告的生命。创意为先，有了创意才有魅力，有了魅力才能深入人心。

创意可以是以情动人。如泰国公益广告近年来屡获国际广告大奖，并在全球视频和社交平台受到持续关注与广泛传播，主要特点就是以真情融化心灵，让普通人演绎平凡人生，以感人故事传递生活真谛，引发观者强烈的情感共鸣。

创意也可以是细节瞬间。如摘下护目镜和口罩之后遍布压痕和皱纹的脸，被拍成公益视频，观者瞬间被医护人员的高尚无私和人间大爱所震撼。

创意更应是遵循心理认知规律，通过叙事主体、结构和空间的转换，借助浓缩、比喻、夸张、悬念、反转等手段，让人眼睛为之一亮、心灵为之一震，立刻涌起行动的冲动。

四

融媒体时代，公益广告的创作依据、创意方法、创新思路、传播渠道都发生了新的变化。如新媒体短视频公益广告在社交媒体上广泛传播，给人们带来更多沉浸感和体验感。

但是，无论媒介方式如何更新、技术交互带来的体验如何迭代，公益的本质却不会有任何改变。

身处融媒体的大环境下，公益广告的创作也亟待与时俱进，以"新"走"心"。

坚持守正创新，有融出新，让创意活起来，以短、小、奇制胜，才能创作出有思想、有品质、有温度、有态度的公益广告，让公益广告更加深入人心。

在社交媒体时代，我们记录下身边真善美的瞬间，就有可能打动别人，照亮四周，成为改变世界的公益力量。

因为，公益广告就像一盏灯，灯光亮一些，黑暗就会少一些。

每个人的心灵就像一扇窗，窗户打开，光亮就会进来。

郑宇　执笔

2022年11月6日

江坪：70年新闻人

> 我们需要扔掉"旧长衫""旧包袱"，拿出"新思路""新打法"，在大变革时代打开事业发展的新天地，在新赛道上找回媒体人的自信与尊严。

在浙江新闻界，江坪是一位德高望重的前辈。他曾任《浙江日报》总编辑、浙江省新闻工作者协会主席、杭州大学新闻学院院长，是浙江新闻战线的一面旗帜。

今年是江坪从事新闻工作70年。他70年如一日，奋战在新闻一线，佳作频出，著作等身。从江坪身上，我们不仅看到了渊博的学识、精湛的专业，更懂得了什么是新闻人的立身之本、立业之基、立言之道。

70年沧桑巨变，70年初心依旧。作为新时代宣传人、媒体人，从江坪70年新闻工作的"富矿"里，我们能学到什么？又该传承好什么？

一

　　有人说新闻人的收入，不光只是工资收入，它有三份：一份是基本口粮；第二份是情感，是志同道合的人一起做事情；第三份就是我们的初心和热爱。

　　热爱，是江坪经常提到的。他说，我们应该热爱我们的事业，热爱是前提。在70年的新闻经历中，江坪就坚持着这份热爱，"视新闻为生命"。

　　在江坪心中始终有一团不灭之火。这团火，就是他对新闻工作的挚爱之火，是忠诚趋赴、脚踏实地做新闻的那种执念。

　　当年，著名的流体传动与控制专家路甬祥回到母校浙江大学继续开展科研。时任浙江省委书记铁瑛要求好好报道路甬祥。

　　路甬祥回国后，很多媒体都想采访他。江坪认为，仅靠统一召开的记者招待会，不可能写出详细感人的报道。他决定先打"外围战"，从他的家人、朋友、同事采访起。很多细节，都是从这些外围采访中获得的。这份执着最终感动了路甬祥，决定接受江坪2个小时的专访，这才有了后来的名作《中国讲师和西德博士帽》。

　　因为热爱，所以坚守。所谓热爱，就意味着不是一阵子，而是一辈子；不是为了混口饭吃，而是全身心投入，一生认准一件事。江坪说，他的座右铭就是两句话：不要碌碌无为，不要虚度年华。他每天都要在日记里问问自己，今天做了什么？哪怕做了一点点小事，取得一点点进步也好。

　　今年89岁的江坪，还坚持记日记、写评论、发文章。如果没有把职业当事业、把新闻上升到生命的这种"大我"境界，是不可能倾注一腔热血、为之奉献一辈子的,也是不可能取得这番成就的。

江坪还向来敢于创新、善于创新。在任总编辑时,他曾开风气之先,积极推动筹备浙报成立报业集团。他回忆说,"当时《浙江日报》的发展很快,已经有五报两刊了,在全国已受瞩目,但我们没有自我满足,为什么不成立集团呢?这样可以最大程度地发挥人财物的作用,把拳头越做越大。"

在他看来,作为媒体人,面对的不管是顺境、逆境,都不能安于现状,要勇于创新,勇于开拓,勇往直前,紧跟新形势,用新形式、新内容、新方法,来进行创新。

热爱、坚守、创新,读懂这三个关键词,让我们得以理解江坪为什么会将70年时光都奉献给新闻事业,也得以理解江坪为什么在起点很低的情况下,能够练就一身本领,最终成为新闻行业的带头人。

二

古人说,文章合为时而著。江坪的不少文章,放到现在来看,依然有着现实意义。一个原因是,这些文字把准了时代的脉搏,回应了社会的关切。

2008年,江坪写了一篇评论《推荐鲁冠球的一封信》。这篇报道的由头,就是三鹿奶粉三聚氰胺事件发生后,鲁冠球给万向各部门负责人写的一封信。信很短,只有一百多字,但江坪很敏锐地看到了这封信的时代背景和现实意义。这篇评论后来得到中央领导批示,引发央媒对企业家社会责任的讨论。

江坪深厚笔力的背后是眼力、脑力、思想力，是日复一日的深入观察和深度思考。江坪认为，记者要实现人生价值就在于记者本身，"你的这些作品，是不是对社会有益，对受众有益，有没有得到社会的公认。对受众有益，他就会千方百计来呼应你、支持你。所以，这份工作的价值和意义，关键在于我们自身的努力"。

无论是纸媒时代，还是互联网时代，吸引受众的关键始终是内容。只有永葆对时代的敏锐敏感，不断增强内功、提升本领，才能写出具有时代标识的新闻作品，用新闻的力量推动社会进步。

三

习近平总书记说，文艺创作方法有一百条、一千条，但最根本的方法是扎根人民。新闻工作也是如此。

70年来，江坪坚持用脚步丈量民情，把新闻写在广阔的大地上。他常说，基层大地是如此的丰富多彩，可以让记者生涯充满成就感。

当年，江坪采访企业家步鑫生。面对社会上对步鑫生改革的种种争议，他深入当地，从县委书记谈起，找局长谈，找工厂干部谈，还要找工人谈。说步鑫生好的要谈，说步鑫生不好的也谈。调研了三四天，又和步鑫生本人谈了两天两夜，才有《企业家的歌》这篇影响巨大的深度报道。

这样的文章绝不是一次见面、一个电话、一次网聊，就可以写出来的，必须沉下去、扎下去。正如江坪说，记者要顶天立地。顶天，就是要读懂党的方针政策。立地，就是要了解、反映人民群众的创新创造。到群众当中去，到基层调查研究，能够发现好多新的东西。

随着新技术新应用广泛普及，新闻工作的方法和手段越来越丰富。有些年轻记者习惯"网来网去"，拿着讲话稿抄抄，稿子就少了感情。只有深入基层、扎根群众，报道才会接地气、有温度、动人心。

四

江坪一直都非常注重对年轻新闻人的关心培养。他经常带着年轻记者一起去采访名家大师。年轻同志到记者站、到地方工作了，也时常抽出时间去看望他们，给他们鼓励支持。

江坪常和年轻人讲4句话："一是要有赤子之心，听党的话，讲党性是第一位的；二是要有竹子的品格，要正直、讲真话，实事求是；三是要有钉子的精神，深入实际深入生活深入群众；四是要有轮子的作风，要24小时关注新闻事件的发生，随时准备出发。"

新闻事业永葆生机、永远常青，离不开一代代年轻人接过前辈手中的"接力棒"。经验丰富的骨干，不能忽视"传帮带"，要积极搭建舞台平台，让有想法有实力的年轻人能够站出来挑大梁、干大事。

党的二十大报告提出，加强全媒体传播体系建设，塑造主流舆论新格局。舆论传播格局虽然变了，新闻工作者"为党为民、激浊扬清、贵耳重目"的职责要求始终没有变，江坪同志对新闻理想的执着、对新闻事业的激情始终不会变。

一代人有一代人的使命，一代人有一代人的担当。

在第23个中国记者节到来之际，我们需要扔掉"旧长衫""旧包袱"，拿出"新思路""新打法"，在大变革时代打开事业发展的新天地，在新赛道上找回媒体人的自信与尊严。

张诗妤 何诗航 杨丽 执笔

2022年11月6日

"层层加码"与"动态清零"完全相悖

> "层层加码"表面上看起来似乎是极端负责,实际上却是缺乏担当的体现,是懒政怠政的表现,既没有把中央的政策吃透做好,也没有把群众的切身利益放在心上。

最近,网上关于放弃"动态清零"的一些言论又开始泛起,甚至有人将疫情防控中个别地区"层层加码"带来的问题,归罪于"动态清零",反对继续坚持这一方针。

在全国疫情防控形势依然严峻复杂的态势下,国务院联防联控机制于11月5日召开新闻发布会,强调要坚持"人民至上、生命至上",坚持"外防输入、内防反弹"总策略和"动态清零"总方针不动摇,同时鲜明提出要防止简单化、"一刀切"等问题,坚决整治"层层加码"。

一场发布会,传递出清晰的信号:"动态清零"不变,"层层加码"要纠。

到底如何准确理解"动态清零"?为什么有的地方会出现"层层加码"?如何实现更科学的"动态清零"?把这些问题弄清楚,才能更好地理解、推进疫情防控工作。

一

大家少时或许玩过一个叫"打地鼠"的小游戏，规则很简单，地鼠从地洞中冒出头时，迅速用锤子把它摁下去。地洞数量不少，地鼠源源不断冒出来，必须出来一个、摁下一个，否则，地鼠遍地开花，玩家手忙脚乱。

"动态清零"就类似一个"打地鼠"的过程。简单说，"动态"就是不追求绝对零感染；"清零"就是发现一起、扑灭一起。"动态清零"要做的是与病毒赛跑，集中力量快速、精准解决问题，力求在病毒传播扩散开来之前把它消灭在萌芽之时、成灾之前。

"动态清零"之所以被称作迄今为止最符合中国国情的科学防控手段，是经过实践检验得出的，有着清晰、严谨的科学依据。

一方面，它缓和了我国人口众多与医疗资源不足的矛盾。就好比"打地鼠"，我们现有的医疗资源仅仅能够支撑手里拥有一把"锤子"，要取得胜利，就必须一击命中，否则顾得了这头就顾不了那头。"动态清零"，就是要以雷霆之势直捣毒巢。

另一方面，它最大程度上消除了潜在风险，保护了易感人群。我国人口结构特殊，60岁及以上人口达2.67亿，少儿人口超过2.5亿，"一老一小"等免疫能力较弱的群体规模很大，任何一个细微风险，加上数以亿计的乘数，都或将酿成难以承受之痛。"动态清零"就是不放过任何苗头，绝不给病毒成长为大隐患的机会。

此外，病毒的变异仍未休止，欲求胜利就必须把眼光放长远，算总账、算大账。"动态清零"让我国在14亿多人口、地区发展不平衡、医疗资源总量不足等多种情况下依然能稳住大局，保持极低的发病率、死亡率和住院率。须认识到，抗击疫情是一场严酷的消耗战和持久战，从大局上来看，这无疑是综合社会成本最低的策略。

防疫效果好不好，不看广告看"疗效"。

2020年，中国成为全球唯一实现正增长的主要经济体，2021年更是取得了8.1%的经济增速。尽管今年前三季度经济增速有所放缓，但放在全球经济陷入衰退境地的大背景下看，这已实属不易。现在，除了些许风险地带，大部分地区在做好自身防疫的前提下，内部流动基本不受阻，民众安全感是实实在在的。

二

可能仍有人会感到疑惑：一些地方"层层加码"的现象是怎么产生的？难不成"层层加码"就是"动态清零"造成的吗？

恰恰相反，"动态清零"和"层层加码"势不两立，要想"动态清零"可持续，就必须严肃、彻底、重拳清理"层层加码"。

一些地方对"动态清零"理解有偏差，在防疫过程中私自搞了不少"土围子"，比如隔离场所收费，随意以静默、封城代替管控，用赋码、弹窗的形式限制人员出行等。这些做法，既缺乏严谨的科学依据，提高了全社会的防疫成本，又严重干扰了人民群众的正常生活、工作秩序，一定程度上破坏了"动态清零"大局。

实事求是地说，疫情这几年大家都很难。但不能因为难，就不严格执行国家有关防疫规定。"层层加码"的现象之所以频频上演、屡禁不止，一个重要原因就是一些干部自身存在的形式主义、官僚主义。在防疫工作中，一些干部只要"短平快"，出于不正确的政绩观，简单加压群众、对付上级。

"层层加码"表面上看起来似乎是极端负责，实际上却是缺乏担当的体现，是懒政怠政的表现，既没有把中央的政策吃透做好，也没有把群众的切身利益放在心上。

过犹不及不可法，因噎废食不可取。

个别地方"层层加码"带来的恐慌和社会心理问题，对社会秩序的影响甚至并不比病毒小。尤其越到基层，"土政策"越是直接影响群众生活与利益。所以，"动态清零"需要紧紧围绕科学防疫、精准防疫展开，并非动静越大、手段越严，防疫效果就越好。防疫的目的绝不是影响人民群众的正常生活，而是要精准防住病毒，切不可将"人民至上、生命至上"曲解为"防疫至上"。

正如毛泽东同志在《反对本本主义》中指出："盲目地表面上完全无异议地执行上级的指示，这不是真正在执行上级的指示，这是反对上级指示或者对上级指示怠工的最妙方法。"

"平时不上心，疫时乱糟糟"，无论是形式主义、官僚主义还是懒政怠政，都既是对人民群众的极端不负责任，也是对宝贵防疫资源的浪费。

三

"躺平"不可取，"躺赢"不可能，必须最大程度避免因疫情失控造成巨大损失。

疫情防控是一场大仗、硬仗、系统仗，需要解决好压力传导问题，使得工作链条上的各个环节各负其责、各尽其职。在责任的层层落实中，完善高效有序的应急处置机制，强化统筹协调和科学调度，才能快速反应、及时处置，环环相扣、形成合力，才能确保目标部署的落实、达成。

比如，在疫情防控的实践中，浙江就逐步形成了"三责联动"快响激活、"五快"循环落实等机制，以责任的精准传导实现疫情的精准处置，织牢织密疫情防线，一定程度上保证部署要求既不减损、也不变形。

此外，不少强制劝返、隔离等执行过程中出现的现象，也可能是工作信号不够清晰等因素造成的影响。防疫一线的工作者、执行者往往承受着超负荷的工作、精神压力，在执行紧迫任务的重大压力之下，就有可能演变为"有过之而无不及"的无奈选择。需要给予基层更清晰而明确的信号和指引，让疫情防控的一线工作者明白自己能做什么、不能做什么，极端特殊情况下怎样快速应对，拥有科学依法执行任务的底气。

对于那些不合全局要求、方式简单粗暴、群众反映强烈的"层层加码"和"一刀切"，需要有畅通的发现问题与反馈问题的渠道，有高效便捷的督查、整改乃至问责手段。面对人民群众的"急难愁盼"，杜绝"层层加码"，同样应当成为一条清晰、管用、有约束力的"红线"。

对"层层加码"进行纠治，不仅事关群众切身利益，也关系到地方政府的形象和公信力。以对人民负责的态度，平衡好疫情防控与经济社会发展的关系，是解决问题的关键之一。

总而言之，"动态清零"防的是病毒，而不是针对人。只有科学防疫、精准施策，避免让压力的"层层传导"异化为防疫的"层层加码",才能对症下药、靶向治疗,以最小代价获取疫情防控的胜利。

王云长 张俊 陈培浩 桑隽漾 执笔

2022年11月7日

"沉下去"才能找回"价值感"

> 以新闻推动社会进步,就需要新闻记者更多走下去、扎下去,真正"沉"到社会当中去。

一

记者,当一直在路上,当永远葆有一份激情和热爱。

在昨天举行的江坪同志从事新闻工作70年座谈会上,《浙江日报》原总编辑江坪用"热爱、坚守、创新"6个字,回顾了个人新闻生涯。他提到,热爱新闻工作,才能全身心地投入,才能实现人生价值,才能写出推动社会进步的作品。

在记者节来临之际,这位年近九十的新闻老兵的一席话,尤其值得品味和深思:新闻事业,到底是一份怎样的事业?

"铁肩担道义,妙手著文章"。李大钊当年在革命途中写下这副对联,告诫志同道合的战友,要以救国救民为己任,写出更多更好的文章来宣传革命。

如今,这依然适用于褒奖那些坚持新闻理想、站在时代前沿,用手中的笔服务社会大众、推动社会进步的新闻记者，称颂他们秉持的专业精神。

一直以来，一提起媒体记者，人们往往投去崇敬的眼神。人民日报社原记者部主任曾坤曾回忆，1975年开始做记者时，在地方驻站期间，采访晚了回不去，掏出记者证，"哪辆车都会停下来载你一程"。

在福建工作期间，习近平同志就曾指出，新闻工作是一种崇高的职业。2016年，在第十七个中国记者节到来之际，他强调，做好党的新闻舆论工作，营造良好舆论环境，是治国理政、定国安邦的大事。

这份事业的崇高，一是见证时代风云、守望公平正义的职责使然，二是靠着一代又一代新闻人的不忘初心、不改矢志。

从80多年前，范长江、夏衍等有志之士，在硝烟烽火中毅然成立"中国青年新闻记者协会"，到今天，全国不同地方、不同战线上的新闻记者，用饱含深情的笔触和镜头记录着时代的气象万千，每个时代的新闻人，都用坚守乃至生命，演绎着作为一名党的政策主张的传播者、时代风云的记录者、社会进步的推动者、公平正义的守望者的角色。

二

以新闻推动社会进步，需要新闻记者更多走下去、扎下去，真正"沉"到社会当中去。

但客观而言，在今天，不少新闻记者的心态却越来越浮躁。沉不下心去基层跑新闻、挖故事、耐心写报道的记者越来越多，"沾泥土、带露珠、冒热气"的报道越来越少。

随着传统媒体渠道优势的日渐式微，广告营收今非昔比，大河里没水小河干，很多媒体记者的收入水平与之前相比不但没有提高，反而还在下降。一些记者一边抱怨行业走下坡路，一边认为自己拿多少干多少，拿得少就干得少。

于是，我们看到，尽管交通条件越来越方便，有的记者却习惯于"坐"在办公室打电话要通稿，或为了拼凑稿件将已有的素材"一大抄"；有人看似参加了各色各样的采风、采访，但身体来到新闻现场，可记者的心、脑子、笔头却依然不在；有人不求稿子有多么深刻、画面有多么考究，但求完成领导任务，顺利发稿即可。

人民日报社原总编辑范敬宜曾说过，"我的一条经验是：离基层越近，离真理越近"。浮在面上，缺乏深度思考，生产出的文章往往是空洞无物、人云亦云。久而久之，新闻版面、电视荧屏、广播电波充斥着没有思想和灵魂的通稿和配音，读者流失就在意料之中。

三

为什么现如今"沉"得下去的记者越来越少了？

看似我们所讨论的主体是记者，但促成当前境况的原因，却并不能简单归咎于记者本身。

信息传播领域的竞争激烈、考核评价体系的不合理等客观环境的变化，都是不得不考虑的因素。我们必须以系统思维来进行客观分析。

先说信息传播之变。近年来，随着移动互联网技术飞速发展，抖音、小红书、B站等商业媒体迅速崛起，一方面使记者有了更便捷的采访条件，"人在家中坐，尽知天下事"，似乎不用出门采访，打打电话就能找到部分线索，另一方面，传统媒体所占的市场份额被分掉。

一份《传媒蓝皮书》显示，从传媒产业内部结构来看，在5年前，移动互联网的市场份额就已经接近一半，传统媒体市场整体衰落，总体规模仅占五分之一。这使不少记者对行业的信心有所动摇，钻研新闻的热情有所下降。

再说媒体单位之变。面对一些主客观因素，有的媒体为了完成创收任务，甚至沦为广告公司，靠执行活动，或是卖翡翠、红木等业务来维持生计。一些曾怀揣着新闻理想的优秀记者，却被迫成了广告业务员、活动策划师，创作好作品的时间、机会、平台被剥夺。

最后说考核评价体系之变。好稿子、好作品原本应当成为媒体单位考核评价的不二导向，但是为了填满版面、不开"天窗"、完成绩效，一些媒体单位注重"量"的提升，而降低了"质"的要求。还有一些单位，忽视对专业性记者的培养，记者连自己报道的内容都一知半解，更谈不上去现场抓活鱼、挖深井。

可以说，我们更多应该理解，对于难以"沉下去"的记者来说，他们不仅缺乏"沉下去"的工作导向，也缺乏"沉下去"的机制保障。

主客观因素、内外部环境相叠加，长此以往，记者自然不能也不愿"沉下去"做好文章、拍好选题，创制好作品的激情逐渐被浇灭，即使千方百计、千辛万苦生产出来的好作品，也因为没有关注、没有流量被人们遗忘在"隐秘的角落"，职业获得感下降是必然的。

四

既然碰到问题，就要直面它，并且提出有效方案和路径去解决它。那么，该如何让记者重新沉下心去写好文章、出好作品呢？

笔者认为，从新闻记者本身而言，仍然应该着眼于从内驱力出发提升自己的能力，找回初心，找回"做新闻"的感觉。好新闻永远有价值，好记者永远在路上。从生产好每一件作品开始，从做好每一次采访着手，记者才能够找回价值感。

"沉下去"、静下来，多出好稿、多做好片，把本职工作做好，那么传统势必不会传统，新兴也将由我们自己来定义。

当然，对新闻单位来说，也要树立鼓励记者去现场、出精品的鲜明导向。如果发通稿、写快餐式作品、习惯于铺陈大话套话的人，反而能获得更多回馈，那么这个单位的工作作风必然会受到影响，队伍的战斗力一定会大打折扣。

媒体还要做的，是不断提升传播力、扩大影响力、赢得江湖地位。

为什么总有人觉得20年前的记者很风光？归根结底是那时写出来的稿子、播出来的新闻看的人多，有很大的传播力和影响力，记者的存在感和获得感双高，再加上相对具有竞争力的薪酬体系，记者自然而然就愿意跑出去、"沉下去"写好稿、拍好片。

立足当下，在鼓励记者创制好作品的基础上，媒体要想方设法进一步推进媒体深度融合，敢于走出舒适区，到移动互联网主战场大干一场，以优质内容吸引眼球、获得流量，让记者生产的好作品被更多人看到，那么记者的职业自豪感、成就感也能得到进一步增强。

王超 郑梦莹 执笔
2022年11月7日

飘萍之路

> 一支笔，只为无产阶级而书，只为中国前进呐喊。

在金华市区，有一条沿着古子城铺设的道路，叫飘萍路。这是为了纪念著名记者、烈士邵飘萍而命名的道路。

沿着飘萍路向西，很快就会来到名为"胜利"的街道。1949年，金华群众就是在这条街上欢庆金华解放。

"铁肩担道义，辣手著文章"。这句对中国记者的评语，就源于邵飘萍的办报理念。

邵飘萍经历了多次重要转折，从被军阀通缉入狱到北上北京独立办报，再到加入共产党，一生坎坷颇多。

一

邵飘萍，本名振清，他身处的时代，国家危急。

他是个标准的优等生，13岁考中秀才，16岁考入了浙江高等学堂。青年时代的邵飘萍就有一颗不安分的大心脏。他深受"文以载道"精神的感染，萌发了"新闻救国"的理想，"愿终生以之"。

在中学时，他与同学办过一份用蜡纸印的省运会《一日报》，这也是飘萍办报生涯的开始。大学期间，他就和鉴湖女侠秋瑾有书信往来，一心向往革命，立下用新闻救国救民的志向。

1916年邵飘萍接手《汉民日报》，初露锋芒。袁世凯称帝，当时舆论声讨者很多。唯独邵飘萍笔锋犀利，而且毅力惊人，经常一天几篇文章连载，批得袁政府官员如坐针毡。

但邵飘萍很快也为自己的意气风发付出代价。地方官员以"二次革命"嫌疑之名抓捕邵飘萍，并查封报馆。邵飘萍随后流亡日本，再归来时笔锋愈加犀利。

有些人经历挫折会日益消沉，有些人却会雄起奋发。志不强者智不达。邵飘萍从年轻时代立下的救国大志，就是他触底反弹逆袭的底气。

20世纪头20年的中国，各种思潮此起彼伏，当时的北京更是各种思潮汇聚的中心。1916年开始，邵飘萍担任《申报》驻北京特派记者，他也是中国历史上第一个担任特派记者的新闻人。

这个时期的邵飘萍变成了全国流量担当，重磅新闻不断。

第一次世界大战爆发，1917年北洋政府决定加入协约国，首先发布这一消息的是邵飘萍。1917年3月，引起国内震动的中德断绝外交关系的决定在正式公布以前，新闻界首先探知这一消息的还是邵飘萍。

邵飘萍其实是他的笔名，因为一时间邵飘萍的报道风靡全国，笔名反而比真名更加被人熟知。

职业已上巅峰，但邵飘萍却没有沿着这条路继续走下去。因愤慨于当时中国的舆论不断被外国势力和买办资本裹挟，邵飘萍走上了独立办报之路。

独立办报之初,邵飘萍的职业追求深受自由主义的影响,希望以此来实现自己的新闻理想。

这个时期的邵飘萍锋芒毕露。他不断揭露政府腐败、社会黑暗。可久而久之,他也发现,这种揭露除了让官员出丑,并没有触及国家变革的根本,当时北京城依旧是"城头变幻大王旗"。

新闻只是武器,救国的道路到底在哪里?面对困惑,邵飘萍没有选择随波逐流,也没有走向偏激,而是继续从新闻实践中去寻找能让新闻救国理想落地的真理。

二

很快,邵飘萍追寻真理的机遇来了。

邵飘萍从1918年开始,在蔡元培的邀请下创立了北京大学新闻学研究会,揭开了我国新闻学教育和研究的序幕。

作为研究会导师,邵飘萍在五四运动前的半年时间里,每周日都会抽出时间给学员讲授新闻学课程,青年毛泽东即是研究会首届毕业学员之一。

他推出《实际应用新闻学》,突出实践和中国化,将西方传入的新闻学和当时中国的实际情况整合起来进行研究,自成一套方法论和范式。这种超前的意识,是极其可贵的。

1919年,五四运动前夜,邵飘萍赶往北大红楼法科大礼堂,慷慨陈词:"现在民族危机系于一发,如果我们再缄默等待,民族就无从挽救而只有沦亡了。"

五四运动爆发后,邵飘萍投入了前所未有的热情报道这场伟大的思想运动。但很快,他也遭遇到了事业挫折。

因发动和宣传五四运动,《京报》被查封,邵飘萍再次流亡日本。一直到段祺瑞政府倒台,邵飘萍才得以重返北京,复刊《京报》。

没有具体的历史文本记录这个时期邵飘萍的心情和在日本的境遇。只是我们能看到,归来的邵飘萍,爆发出了惊人战斗力。他对北洋政府丧权辱国、大小官员贪残横暴的揭露更加不遗余力,甚至多次直接指名道姓揭露当时势力最大的军阀张作霖的卖国行为。他与李大钊等共产党人保持密切联系,大力宣传马克思列宁主义、介绍苏维埃俄国建设成就。

此时,邵飘萍结识了倾向进步思想的冯玉祥。在拜读了邵飘萍的多篇作品后,冯玉祥曾称赞:"飘萍一支笔,抵过十万军。"

苦苦追寻救国道路十余年,邵飘萍终于遇到了一盏明灯。在北大,他接触到了刚刚传入中国的马克思主义思想。邵飘萍对马克思主义的研究采取的是非常严谨认真的态度。

毛主席曾经批判过小资产阶级的狂热倾向。虽然一时间因为激情对马克思主义表现出了认同,但最终很快就会因为一些小挫折而放弃对真理的探寻。

邵飘萍坚持新闻救国十余年,他心中的激情澎湃一刻也没有停歇,但他同样是一个具备强大洞察力的新闻人,对于信仰的选择,他是极其认真的。

在反复研究俄国十月革命和马克思主义后,1925年,邵飘萍在李大钊等人的介绍下,秘密加入了中国共产党。这位特殊党员,被赋予"特别的工作任务":一是宣传,二是情报。

从此,一支笔,只为无产阶级而书,只为中国前进呐喊。

三

1926年4月18日，张作霖悬赏捕杀邵飘萍的密令到了北京。邵飘萍被迫躲入东交民巷六国饭店，后被出卖，遭遇逮捕。

邵飘萍因其秘密党员的身份，从来没公开承认过自己是共产党员。有记载，邵飘萍遭遇拷打，胫骨折断，却仍不肯屈服。就义前，他从容说了一句："诸君免送。"

"碧血斑斓千古恨，丹心照耀百年期。津桥杜宇声声苦，似说平生有所思。"1932年，浙江东阳紫溪邵氏续修宗谱，时任驻法公使顾维钧在致送的挽诗中这样写道。

由于邵飘萍生前的秘密身份，他牺牲整整60年后，才正式被认定为中共党员。

邵飘萍的职业生涯，是一部新闻史诗。他选择了一条极其难走的路。让他留下英名的，不仅是记者的名气，更是他对信仰和真理坚定执着的追求。

他将积蓄多用于办报。大是大非面前，邵飘萍视钱财如粪土。1925年，张作霖曾拿出30万元赠送给邵飘萍，要求他不要再揭露北洋政府和张作霖的军阀政府的问题。据邵飘萍的夫人汤修慧女士回忆，收到钱后，他对家人说："张作霖出三十万元买我，这种钱我不要，枪毙我也不要！"随后将钱退回，依旧刊登特刊揭露张大帅丧权辱国的劣迹。

今天来看，邵飘萍并不是超凡入圣的圣人。他的一生都在为世人奔波呐喊，他也遇到过严重挫折。从零开始的逆袭，在他身上多次上演。

邵飘萍的人生高度，不是因为他的天赋有多好，而是因为他始终追寻自己的职业理想和终生信仰。他的言论促进了民智觉醒，他的声音穿透了时代黑幕。他的新闻从业之路，就是探索挽救国家危亡和民族振兴的思想之路。

有人这样说，邵飘萍将自己的能力专长与民族需要联系在一起，成为中华民族历史中值得铭记的一个符号，我们应当继承他的遗志和精神。

纵横正有凌云笔。时至今日，邵飘萍这份对职业理想的执着，对终生信仰的坚守，依旧值得我们回味，值得今天的新闻工作者去孜孜以求，将热血挥洒在祖国需要的地方。

徐健辉　执笔

2022年11月8日

走过8年，乌镇峰会留下了什么

> 世界互联网大会始于中国，属于世界。全球治理必须是全球的。推动全球互联网治理体系变革，是历史的必然选择，也是中国在崛起过程中要完成的重要使命。

再过一天，2022年世界互联网大会将正式开幕。

2014年，习近平总书记亲自批准开启了世界互联网大会，浙江乌镇成为永久举办地。今年7月，中国在成功举办8年乌镇峰会的基础上成立了世界互联网大会国际组织，这在国际互联网领域都具有里程碑意义。

8年，见证了乌镇峰会的茁壮成长。8年前，人们还惊叹于移动互联网进入高速发展期，而如今，数字文明已成为人类文明的崭新阶段。

世界互联网大会诞生以来，引发关注也引发思考。有人不禁发出疑问，中国为什么要举办世界互联网大会？连续举办了8年，到底留下了什么？

笔者以为，走过8年不凡之路，乌镇峰会为我们留下巨大的思想价值、经济价值、治理价值。

一

盛宴背后，能永久沉淀的，是它的思想和理念。

回归事物本质来看，乌镇峰会应运而生，为我们树立了坚定捍卫网络主权的里程碑。习近平总书记在第二届世界互联网大会上提出全球互联网发展治理"四项原则""五点主张"，其中"四项原则"第一条就是"尊重网络主权"。这可以说是大会的"精神内核"。

还记得2013年，斯诺登"棱镜门"事件在全世界引发轩然大波，虽然这只是美国在网络空间"谋求霸权"的冰山一角，却迫使世界各国重新审视网络主权问题。

2014年，习近平总书记作出坚定有力的论述，"没有网络安全就没有国家安全，没有信息化就没有现代化"。在致首届世界互联网大会贺信中，总书记明确指出，"互联网发展对国家主权、安全、发展利益提出了新的挑战，迫切需要国际社会认真应对、谋求共治、实现共赢"。

互联网不仅是一种技术形态，更是一种政治、经济和社会形态，对各国政治经济制度和社会运行产生深层影响。

虽说中国网民规模过10亿，居世界第一，但是全球互联网的主导权仍掌握在美国手中，全球13台根服务器有10台在美国；全球访问量前100名的网络终端，有94个在美国；全球80%的网络信息由美国发布。可见，网络空间业已成为全球博弈的新"角斗场"。

在这个充满风险与挑战的环境下，世界互联网大会由中国倡导举办，意味着我国在捍卫网络空间主权、反对网络霸权、构建网络空间命运共同体等方面，积极贡献中国方案、中国智慧、中国力量。"有一定之略，然后有一定之功"。

捍卫网络主权，归根结底还是要扎紧脑子里的"围栏"。

借助世界互联网大会这个平台，旗帜鲜明地宣传我们的网络主权观，对于那些故意将"网络主权"与"网络自由"对立起来，进而黑化我国治网理念，试图继续在网络空间"弱肉强食""恃强凌弱"的做法，予以自卫和反击。2019年至2021年，世界互联网大会就先后发布《网络主权：理论与实践》成果文件1.0版、2.0版和3.0版，呼吁各国尊重网络主权，共建网络空间新秩序。

随着国际格局深刻演变，网络攻击手段不断升级，世界各国纷纷将维护网络主权上升为国家战略。世界互联网大会连续举办的8年，中国变被动为主动，在重塑网络空间国际秩序方面有了更多话语权。2015年7月1日生效的《中华人民共和国国家安全法》，首次将"网络空间主权"以法律形式予以明确。2016年，国家互联网信息办公室发布了《国家网络空间安全战略》，首次以国家战略文件形式，向世界昭告中国捍卫网络空间主权的坚强决心。

去除全球互联网单极化格局注定是一条曲折艰难的道路，需要各国共同努力，这也是中国举办世界互联网大会的初衷所在。

当大家真正认识到，网络主权和陆地、海洋、天空、太空主权同等重要时，乌镇峰会的意义和价值才会得到真正彰显。

二

中国的崛起是一场持久战，互联网的崛起同样如此。

1994年，从一根仅64K的网际专线起步，中国的互联网时代正式开启，并快速迈向网络大国、网络强国。2008年，我国网民数量首次跃居世界第一、宽带网民数量居世界之首。2014年，移动互联网迎来全面爆发。

邓小平1992年在南方谈话中说："不争论，大胆地试，大胆地闯。"世界互联网大会伴随着互联网的高歌猛进一路走来，同样也是秉持了这种精神。大会会址花落浙江，考虑的重要因素便是浙江数字经济的蓬勃发展。

如今，连续举办了8年的乌镇峰会为浙江插上了数字经济腾飞之翼，也让人们有了更多应对风险挑战的手段。

在世界百年变局和世纪疫情叠加、全球经济复苏乏力的大背景下，各国都试图从数字经济中谋求应对方法。2021年，全球47个主要国家数字经济增加值规模达到38.1万亿美元。我国数字经济规模连续多年稳居世界第二，从2012年的11万亿元增长到2021年的45.5万亿元，占GDP的比重由21.6%提升到39.8%，电商交易额、移动支付交易规模全球第一。

浙江作为世界互联网大会的永久举办地，数字经济增加值和核心产业增加值2016年以来实现双倍增，数字经济增加值占GDP的比重达到48.6%，居全国省区第一。

这些亮眼成绩的背后，是数字经济所带来的人的变化。

与传统经济相比，数字经济最显著的特征就在于，更加注重人的价值，这也正是互联网的"魔力"所在。像全球网购、移动支付、网约车出行、共享单车的迅猛发展，展现出的都是千千万万个普通人被互联网改变的人生。

现代化的本质终归还是要实现人的现代化，数字经济发展的最终目的是要让绝大多数人从中获益。当前,浙江正在探索的未来社区、未来乡村、未来工厂,在一定意义上也将重塑城与乡、人与人、人与社会之间的关系。

今天,数字已经完成了对人们工作和生活全方位的渗透。当我们拿着手机去学习、办事、社交时,我们每一个人都是互联网时代下的缩影。

三

开会是为了解决问题的,世界互联网大会是为了解决什么问题?

互联网在带来正向效应时也在衍生问题,比如各国之间存在的利益和价值观分歧影响网络治理进程、网络空间的分裂和对抗不断加剧、超级平台过度集中造成"超级垄断"、网络安全事件频发、国家和地区间的"数字鸿沟"不断拉大,等等。

既然是全球性问题,就要用全球化方法来解决。正如习近平总书记所强调的,"人类面临的所有全球性问题,任何一国想单打独斗都无法解决"。

一年一度的乌镇峰会,恰恰是对这些问题的应对和回应,这也将是峰会留下的全球网络空间治理的财富。

比如,平台规范。美国能在全球互联网领域占据话语霸权,大型平台"功不可没"。基辛格在《舌战中国:21世纪属于中国吗?》一书中写道,"中国拥有更好的高速铁路,但并不一定能够转化为国际影响力""构成软实力的各个新发明,比如脸谱、谷歌、推特等,都来自美国"。超级平台过度集中造成的"超级垄断",破坏竞争秩序，进而影响社会公平。

近年来，世界各国也都在尝试突破传统的治理方法，规范大型互联网平台企业健康发展。比较典型的是，欧盟《通用数据保护条例》首次提出算法解释权。美国在依靠大型平台获利的同时，也在不断加强对平台的监管。中国自然也不例外，在《网络安全法》《数据安全法》《个人信息保护法》基础上又出台一系列相关细则和规定。

比如，网络伦理。我们身处大数据时代，很多决策常常被算法、数据所推动甚至操控。一些短视频平台频繁向用户推送一些低质量、恶俗化内容，"打擦边球"，污染网络生态。可以说，我们所面临的"伦理之困"与《楚门的世界》主人公楚门所处的境遇极为相似。

当我们去找律师或者医生时，难免会泄露很多个人隐私，但几乎不会有人为此担忧，原因在于律师和医生的职业伦理规则已基本确立。近年来，世界互联网大会每年也都会设置相关论坛，共同探讨信息化带来的伦理挑战。

再比如，安全问题几乎是每届世界互联网大会的焦点。各类网络安全风险不仅影响国家安全，而且也挑战着网络空间国际秩序。对此，世界各国都有各自治理模式，在过去几年内互联网监管和执法力度都在不同程度地加强。

据介绍，本届世界互联网大会将聚焦"共建网络世界 共创数字未来——携手构建网络空间命运共同体"的主题。迈向数字未来过程中，本届峰会在共商治理之道、共迎风险挑战、共建合作机制，推动全球多边主义等方面无疑被寄予更多期待。

世界互联网大会始于中国，属于世界。全球治理必须是全球的。推动全球互联网治理体系变革,是历史的必然选择,也是中国在崛起过程中要完成的重要使命。

当我们对即将到来的2022年乌镇峰会充满期许时,峰会背后所凝聚的价值和理念,以及如何在未来的全球互联网治理格局中发出中国声音,值得我们深思和共同努力。

徐岚　执笔

2022年11月8日

中国新闻奖需要怎样的作品

> 说评奖，不仅仅是为了评奖，而是期望今后浙江获中国新闻奖的作品越来越多、好新闻生长的土壤越来越好、"铁肩担道义"的记者越来越多，浙江新闻事业蓬勃发展。

昨天，第32届中国新闻奖获奖名单公布。

一年一届的中国新闻奖，是一次全国新闻界最高水平的"大阅兵"，也是一场对全国各新闻单位整体水平和实力的大考。

作为全国新闻行业的最高奖项，中国新闻奖对一名新闻从业人员来说，无疑是一项至高无上的荣誉；对参评单位而言，也意味着自己的新闻舆论宣传工作获得了全国最高级别的认可。

在这次大考中，浙江成绩如何？浙江共15件作品获得中国新闻奖，其中，一等奖1件，二等奖5件，三等奖9件。

拿下这样的成绩，实属不易。要知道，光是浙江省，就有近200家新闻单位。每年，各单位都会选出多件优秀作品，参加各级新闻奖评选，最后代表浙江参加中国新闻奖评选的，已是优中选优。到了全国舞台，还有从几十家央媒和5000多家地方媒体中选出来的优秀作品，等着一较高下。

更何况，今年还是中国新闻奖的改革元年，除了将报纸、广播、电视、新媒体四种传播方式放在同一个奖项里评选，还新增了有利于央媒的重大主题报道、典型报道等新奖项。对地方媒体来说，获奖难度又加上去了。

那么，在激烈竞争和评奖改革下，究竟是什么样的作品，能够摘得中国新闻奖呢？

一

回归新闻本质，回归人间真实，是获得中国新闻奖的关键所在。

这次中国新闻奖，新增了重大主题报道奖项。

笔者翻看获奖名单，有一件作品来自地方媒体——"中国共产党为什么能"第十四季《人民就是江山》。虽是理论节目，但它力求讲人话、关注人、暖人心。报道挖掘了革命战争时期3个不为人知的红色故事，通过"润物无声"的讲述，把观众带回那个战火纷飞的年代，也让大家对"人民就是江山，江山就是人民"这句话有了更深层次的理解。

再比如，获得新闻访谈一等奖的央视的《吾家吾国 | 科学家就是老老实实地干活　独家专访百岁院士陆元九》，让我们认识了一位与众不同的"两弹一星"功勋人物。陆老不再聊那些家国情怀，而是述说夫妻之情、父女之情、兄妹之情，真实呈现了一个有情、有趣、有料的科学家的形象。

《人民日报》前总编辑范敬宜同志曾用一段鲜活辛辣的排比句，表达对当时一些宣传报道的态度："只知道旗帜鲜明，不知道委婉曲折；只知道理直气壮，不懂得刚柔相济；只知道大开大合，不知道以小胜大；只知道浓墨重彩写英雄，不知道轻描淡写也可以写英雄；只知道浓眉大眼是美，不懂得眉清目秀也是一种美。"

这段话，说在很多年前，却也直击今天新闻宣传的痛处。

平凡见真情，微小现伟大。这样的作品，更容易赢得受众共鸣，也是中国新闻奖推崇和青睐的。

二

有些媒体，特别是市县级的新闻单位，有时有这样的牢骚：中国新闻奖获奖主要看选题，我们这些小地方，很少有国家大事、重大题材。

说实话，抱着这种"躺平"态度的新闻单位，不在少数。

其实不然，中国新闻奖虽是国家级奖项，但获奖题材大多来自基层，特别是作为习近平新时代中国特色社会主义思想重要萌发地的浙江，改革故事、创新举措，天天都发生在你我身边，这些题材皆是争夺中国新闻奖的热门题材。

这次获得一等奖的《（数字化改革之道）省市场监管局："闪电速度"的背后》，讲述的正是浙江数字化改革背后不为人知的故事。报道以"小"见"大"，通过数字化改革带来的理念之变、思路之变、机制之变和作风之变，呈现了浙江干在实处、走在前列、勇立潮头的破题精神和探路担当。

获得二等奖的《在红船边，看见美好中国》，词句从红船启航地嘉兴的变化写起，用身边的故事和数据，解释了什么是共同富裕、如何探索共同富裕、为什么共同富裕看浙江等。

所以，基层也有大新闻。有浙江人的地方，就有奋斗和创新的故事。浙江，与生俱来就是新闻的富矿。

三

习近平总书记指出，讲好中国故事，传播好中国声音，展示真实、立体、全面的中国，是加强我国国际传播能力建设的重要任务。

如何讲好中国故事，传播好中国声音，既是对媒体人极大的考验，也是获得中国新闻奖的一把"钥匙"。

这样的报道，既要展现中国发展的真实情况，又要让"歪果仁"感兴趣、愿意看，愿意为中国故事点赞。

去年上半年，国际上对新疆棉的讨论沸沸扬扬，一些心怀叵测的人借机发挥，恶意诋毁中国。当时，浙江媒体不仅直面这个话题，还进行了采访和直播。

"国外说我们是用劳工采棉花，那我们就用直播画面来粉碎谣言。"在《亚克西！新疆棉花朵朵开》的直播镜头里，一望无际的大棉田仿佛近在眼前，数字化机械采棉机下出丰收的金色"蛋卷"，专家学者、国际采购商、棉花学会会长纷纷发声，以他们的亲身经历、亲眼所见，驳斥所谓的"新疆劳工问题"。

再比如余杭融媒体中心的《一条"机器鱼"遨游万米深海》，不仅把浙江最新的科研成果——深海机器人，推上了国际舞台，赢得国际权威专家的点赞，还因此获得了中国新闻奖消息三等奖。

敢碰敏感话题，敢说真实情况，汇聚人民声音，弘扬中国精神，这样的作品，才能够脱颖而出。

四

有人认为，新闻作品获奖一靠记者实力，二靠评奖运气。这个观点有一定道理。

但是，如果想要让"增强人民精神力量"的新闻作品大量、持续产出，背后离不开团队的支持、机制的保障，以及整个新闻行业的良好氛围。

笔者发现，有一支只有15人的团队，平均年龄29岁，竟然有4件作品获奖，占据了浙江省获奖数量的四分之一，这就是来自浙江卫视的《今日评说》栏目组。他们靠什么拿这么多奖？

据笔者了解，这个团队，在思想上，始终把做好新闻作为工作的最高标准；在选题上，强调国际视野、浙江视角；在方法上，强调创优日常化、日常创优化；在人员上，充分发挥每个员工尤其是年轻编导的积极性和创造性。

在这几点中，绷紧思想上这根弦尤为重要。临近年底，一些媒体的记者挑灯夜战，只为赶在12月31日24点前完成任务，冲一波奖，蹭一波热度，搏一次运气。但临时抱佛脚，为评奖而做，能出好作品吗？还是得把功夫下在平时，把精品意识贯穿始终。

在《今日评说》栏目团队，"评奖片"的概念被淡化，大家共同的追求是做好新闻。在办公室，常常会看到这样的场景：

一期节目播出后，三五个记者聚在一块，对着电脑"指手画脚"。他们在讨论这个片子拍得好不好、文稿写得好不好，换作自己的话，怎么拍、怎么剪。于是，一期普通的日常节目，能被挖掘出更大价值；一个普通的小人物，能找到他身上更多的闪光点。

不管团队人多还是人少，只有沉心、用心、专心，才能做出好新闻。

说评奖，不仅仅是为了评奖，而是期望今后浙江获中国新闻奖的作品越来越多、好新闻生长的土壤越来越好、"铁肩担道义"的记者越来越多，浙江新闻事业蓬勃发展。

赵奕 徐蘅芳 执笔

2022年11月9日

"第五疆域"如何打造命运共同体

> 正如国际格局的云谲波诡带来对"人类命运共同体"的呼唤，虚拟世界的日新月异，同样驱使着人类推进全球互联网治理体系变革，迈向"网络空间命运共同体"。

今天上午，2022年世界互联网大会乌镇峰会将正式开幕。本次峰会以"共建网络世界　共创数字未来——携手构建网络空间命运共同体"为主题，将世界目光再次聚焦至此。

细数历次峰会，虽然主题不尽相同，但不难发现，大会向世界传递出的共谋、共建、共享的理念和导向贯穿始终。尤其自2015年起，每届大会主题都包含了一个关键点，"网络空间命运共同体"。

因而，读懂世界互联网大会，得先从解码"网络空间命运共同体"开始。可以说，这就是世界互联网大会乌镇峰会的"题眼"，而且这篇命题作文，一写就写到了今年。

一

构建网络空间命运共同体，是人类命运共同体理念在网络空间的具体体现和重要实践，为推动全球互联网发展治理贡献了中国智慧。

站在机遇和挑战并存的十字路口，全球互联网治理的中国方案应运而生。这一理念，最早就诞生在乌镇。

时间追溯至2015年12月，习近平总书记在第二届世界互联网大会上，首次向世界发出"构建网络空间命运共同体"的倡议："网络空间是人类共同的活动空间，网络空间前途命运应由世界各国共同掌握。各国应该加强沟通、扩大共识、深化合作，共同构建网络空间命运共同体。"

此后，在多个场合，习近平总书记多次就构建网络空间命运共同体进行深刻阐释。

比如，2016年11月，在第三届世界互联网大会开幕式上的视频讲话中，习近平总书记强调，"推动网络空间实现平等尊重、创新发展、开放共享、安全有序的目标"。

就在去年，习近平总书记向乌镇峰会发来贺信，说道："中国愿同世界各国一道，共同担起为人类谋进步的历史责任，激发数字经济活力，增强数字政府效能，优化数字社会环境，构建数字合作格局，筑牢数字安全屏障，让数字文明造福各国人民。"

今年6月，国家主席习近平在北京以视频方式主持全球发展高层对话会并发表重要讲话。他指出："我们要推进科技和制度创新，加快技术转移和知识分享，推动现代产业发展，弥合数字鸿沟……"

立己达人，兼善天下。构建网络空间命运共同体，根植于"天下一家""世界大同"的中国智慧。它不是谋求"本国利益优先"，而是一项为人类谋进步的事业，归根结底是为了造福人类、造福人民。

又是一年乌镇时间。"乌镇峰会"连续8年不断，为国际各方搭建起一座"高速互通立交桥"。今年，峰会更是汇聚了120多个国家和地区的近2000位代表，共同交流、献智献策。

这也证明，这些年，中国在推动构建网络空间命运共同体上的努力，世界有目共睹，而这东方智慧，也赢得了世界大多数国家的认同与赞赏。

二

"网络空间命运共同体"理念的诞生，有其独有的历史方位和时代逻辑。

20世纪90年代以来，互联网在全球迅速普及。一夜春风来，万树梨花开。浩瀚无垠的虚拟世界不断延展。然而，扒开璀璨的星光，人类社会面临的新老难题，仍旧不可忽视、必须直面。

对此，习近平总书记作出过深刻阐述。早在2014年，他就指出："互联网真正让世界变成了地球村，让国际社会越来越成为你中有我、我中有你的命运共同体。同时，互联网发展对国家主权、安全、发展利益提出了新的挑战，迫切需要国际社会认真应对、谋求共治、实现共赢。"

这番话背后，蕴藏着对世界发展格局和潮流的深刻洞察，蕴藏着对人类前途命运的时时放心不下。

现实层面而言,当今世界正在经历百年未有之大变局,新冠肺炎疫情持续肆虐,全球地缘政治博弈愈发激烈,国际格局加速演变。网络空间层面,随着互联网的快速发展,全球互联网治理面临的难题日益凸显。

比如,发达国家和发展中国家之间的数字鸿沟问题越发突出,同时发展中国家在国际网络空间话语权严重缺失;虚假信息借助社交平台加剧传播;作为新技术工具的算法推荐近年来风生水起,但随之而来的技术伦理问题不容忽视;等等。

比如有一个很直观的问题,数字鸿沟。数据显示,全球仅有55%的家庭可以使用互联网,其中发达国家占比达87%,而发展中国家为47%,最不发达国家仅为19%。这样的差异,拉大了人类接受教育、掌握技能的差距,进而影响了公平,加剧了分化。

万物互联时代,没有人是一座孤岛,也没有一个国家或地区能够"特立独行"。在种种困境与挑战面前,人类比任何时候更需要合作。正如国际格局的云谲波诡带来对"人类命运共同体"的呼唤,虚拟世界的日新月异,同样驱使着人类推进全球互联网治理体系变革,迈向"网络空间命运共同体"。

如此背景下,强调人类的共同特点、共享未来的网络空间命运共同体主张正是符合世界发展趋势的。这是在全球范围内共同构建人类命运共同体的内在动因,也是在已有体制、机制框架内共同探讨解决方案的客观需要。

三

"天下一家""世界大同",互联网让世界变成了"地球村",人类如何携手构建网络空间命运共同体?

习近平总书记提出了推进全球互联网治理体系变革的"四项原则"和构建网络空间命运共同体的"五点主张",强调"大家的事由大家商量着办,做到发展共同推进、安全共同维护、治理共同参与、成果共同分享"。

具体而言,笔者认为,这几个词很关键。

第一个关键词,尊重。网络世界不是没有国家与主权的"未来世界",不存在所谓的"网络空间独立宣言",更反对任何形式的"自由霸权"。因此,平等与尊重应是一切合作的基础与前提。

这就要求国际社会充分尊重各国自主选择网络发展道路、网络管理模式、互联网公共政策和平等参与网络空间国际治理的权利,加强人类文明包容互通、平等和谐。

第二个关键词,发展。构建"共同体","发展"是第一要务。被誉为"互联网之父"的斯蒂芬·沃尔夫曾说:"互联网是为了每个人。"

以中国为例,网络零售、移动支付等新技术新业态不断涌现,数字经济已成为稳增长的关键力量。2021年,中国的数字经济规模达到45.5万亿元,在GDP中的占比近40%。

独乐乐不如众乐乐。作为数字经济大国,中国搭台举办世界互联网大会,一步步将构建网络空间命运共同体的理念转化为行动,为全球注入强大经济动能。

第三个关键词,安全。机遇总是伴随着风险。面对互联网的飞速发展,独善其身并非良策,共同应对网络安全威胁就是维护各国共同利益的要义。在"安全"问题上,加强基础设施建设固然重要,但更重要的是让各国形成共识。

10年来,美国利用网络武器对中国、英国、德国、法国、波兰、日本等全球47个国家及地区403个目标开展过网络攻击。互联网时代,如果还以"零和博弈"思维看世界,那么网络攻击的"回力镖"终会砸到自己身上。

在这一方面,与美西方所追求的"你死我活""你输我赢"不同,中国一直以来坚持对话而不对抗,推崇的都是"双赢"甚至"多赢"。

第四个关键词,多边。面对数字鸿沟、虚假信息、数据被算法"囚禁"等全球互联网治理的共同难题,关键是要推动全球互联网治理体系变革。坚持真正的多边主义,携手共建国际网络空间秩序。

解决之道应是"坚持多边参与、多方参与,发挥政府、国际组织、互联网企业、技术社群、民间机构、公民个人等各种主体作用"。

此外,还有共享。构建网络空间命运共同体,最终的愿景是人类共享发展的红利。

作为数字经济大国,我国网民规模连续九年位居全球第一,电子商务和电子政务规模持续扩大。数年过去,中国在宽带信息基础设施、大数据、跨境电商、智慧城市等新兴产业领域不断发力,为世界发展注入了不竭的中国数字动力。

心合意同,谋无不成。总而言之,构建网络空间命运共同体,呼唤世界各国以更加开放的姿态，增进交流合作，共同搭乘互联网的"快车"。

四

网络空间，是继陆、海、空、外太空之后的"第五疆域"，各国如何抓住数字机遇，共谋合作发展？如何推动中国治网理念国际传播、让世界都来认可中国方案，是中国的一道"必答题"。

事实上，中国，作为构建网络空间命运共同体的倡导者和先行者，正利用各种场合和渠道，不断呼吁构建更加公平合理、开放包容、安全稳定、富有生机活力的网络空间，传递出了中国在百年变局中的世界观和价值观。

中国不仅会做好自己的事情，更愿意发挥引领作用，为人类命运共同体更美好的未来作出贡献。尤其今年，世界互联网大会国际组织的成立，意味着中国在国际舞台上传播中国治网理念又迈出了新的一步。

而浙江，作为世界互联网大会的永久承办地，已成功举办8届世界互联网大会乌镇峰会，为推进全球互联网治理体系变革创造了交流的机会、提供了成熟的经验。

比如，随着大会红利不断照进现实，浙江的"超常规"发展贡献不小。2021年，浙江数字贸易进出口额达4810亿元，其中跨境电商进出口总额超过3300亿元，跨境电商贸易覆盖全球200多个国家和地区。

比如，近年来，浙江依法治网建设成效格外引人注目。去年，浙江在全国率先制定出台相关意见，强化平台经济领域反垄断和资本无序扩张的监管；针对一些手机 App 侵害个人权益等问题，浙江出台针对性方案，持续规范网络传播秩序、市场秩序。

浙江在过去几十年所取得的发展成就，说白了，还是得益于"立足浙江发展浙江、跳出浙江发展浙江"这一重要的发展理念。未来，浙江还要以更加主动开放的姿态融入新发展格局。我们有理由、有必要借助乌镇峰会这一平台，让世界看到更好的浙江、更好的中国。

1916 年，孙中山先生到浙江观看了钱江大潮，并挥笔写下了"世界潮流，浩浩荡荡，顺之则昌，逆之则亡"的名句。106 年过去，处于大变局之下的世界，更加呼唤人类命运与共。

我们期待着，随着本届乌镇峰会的开启，世界各国也将在网络空间命运共同体的"星辰大海"中变得更紧密，其中的"中国印记""浙江印记"，也能更刻骨铭心。

徐岚　苏畅　徐毅　谢滨同　胡逢阳　执笔

2022 年 11 月 9 日

从贺信中读到什么

> 越来越多的人看到中国方案的稳与进,在看透裹着数字外衣的西方"普世价值""冷战思维"后,恍然大悟通力合作、谋求共治、实现共赢才是最优解。

今天,世界互联网大会乌镇峰会如约开幕,同样如约而至的,还有习近平主席的贺信。相关报道迅速占据各大媒体,并登上热搜。

有网友表示,期待下一个十年,中国互联网定会有质的飞跃;期待迈向数字文明新时代,写给世界一个振奋人心的故事。

从2014年到2022年,习近平主席亲临讲话1次,视频讲话1次,致贺信7次。一定会有人追问,如此高频的数字背后意味着什么?又能从讲话或是贺信中读懂什么?

一

习近平主席的谆谆话语,站在历史和时代的高度,把握世界格局和发展大势，铿锵有力地给出互联网发展和互联网空间治理世界之问、时代之问的中国之答。

让我们回顾过去，看看之前的讲话和贺信中，传递着哪些信号。

先说第一点，始终把握大局大势之变化。察势者智，驭势者赢。习近平主席以卓越的政治智慧、强烈的使命担当，深刻洞察互联网高速发展给中国和世界带来的巨大变化，敏锐捕捉其中的机遇与挑战。

如在2016年的视频讲话中，他指出，互联网快速发展，给人类生产生活带来深刻变化，也给人类社会带来一系列新机遇新挑战。

2017年的贺信中，他指出，"当前，以信息技术为代表的新一轮科技和产业革命正在萌发，为经济社会发展注入了强劲动力，同时，互联网发展也给世界各国主权、安全、发展利益带来许多新的挑战"。

再说第二点，始终把握为人类谋福祉之根本。人类是一个整体，地球是一个家园，在互联网的大潮中，人类依然命运与共。

2015年，习近平主席亲临会场，提出了全球互联网发展治理"四项原则""五点主张"，首次提出"共同构建网络空间命运共同体"的倡议，重申"网络空间是人类共同的活动空间，网络空间前途命运应由世界各国共同掌握"，这为破解世界互联网治理困局提供了中国方案，让互联网更好造福人类。

2021年，面对世界百年变局和世纪疫情交织叠加的新形势新局面，习近平主席再次表明，"中国愿同世界各国一道，共同担起为人类谋进步的历史责任"。

始终把握开放共享原则，这个关键点也不容忽视。互联网是推动文明交流互鉴、经济开放共享的重要载体，中国始终致力于让更多国家和人民搭乘信息时代的快车、共享互联网发展成果。

在第二届世界互联网大会上，习近平主席指出，各国应该推进互联网领域开放合作，丰富开放内涵，提高开放水平，搭建更多沟通合作平台，创造更多利益契合点、合作增长点、共赢新亮点；在第四届世界互联网大会贺信中，他鲜明提出，中国对外开放的大门不会关闭，只会越开越大。

透过一次次讲话、一封封贺信，我们不难看到，在这个剧烈而又深刻的数字变革时代，中国一以贯之的全球视野、世界胸怀和大国担当。

同时，一席席话语也饱含着习近平总书记对浙江的深厚感情和殷切期盼。"我曾在浙江工作多年，多次来过乌镇。今天再次来到这里，既感到亲切熟悉，又感到耳目一新。"2015年，在乌镇，他曾这样说。

二

那么，今年的贺信又释放了哪些信号？

笔者梳理了"三个一"：

一个精准判断。贺信中说，"当今时代，数字技术作为世界科技革命和产业变革的先导力量，日益融入经济社会发展各领域全过程，深刻改变着生产方式、生活方式和社会治理方式"。

在过去的几个世纪里，每一次重大技术创新都决定和主导了世界发展的格局。21世纪的第三个十年，数字技术就是最前沿的重大创新变革，但数字化既有机遇，也有挑战。

一方面，它形塑了人类社会生活各个领域。人工智能、大数据、物联网等数字化技术，不仅为工业、农业、服务业等传统行业带来放大、叠加、倍增效应，还不断催生出新的产业。只要治理得好，就能为经济社会发展营造良好氛围、增添强大引擎。

另一方面，数字技术给生产方式、生活方式、社会治理方式带来的深刻变革也是一种挑战。治理不好，网络技术就会影响经济社会发展的大局。

一项远大目标。贺信中说，"面对数字化带来的机遇和挑战，国际社会应加强对话交流、深化务实合作，携手构建更加公平合理、开放包容、安全稳定、富有生机活力的网络空间"。

网络空间作为全球治理的重要领域，深刻影响着各国政治、经济和社会。

但发达国家与发展中国家之间，网络普及率、网络基础设施水平、网络话语权等鸿沟在进一步拉大，信息泄露、数据安全、网络犯罪、网络恐怖主义等问题不断出现，互联网大国的恶性数字对抗与竞争难以避免。数字领域发展不平衡、规则不健全、秩序不合理等问题凸显。

在万物互联的时代，每个人都置身事内。这些新问题、新挑战，让网络空间治理的需求更加强烈。网络空间不应该是封闭、猜疑的"黑暗森林"，一个"更加公平合理、开放包容、安全稳定、富有生机活力的网络空间"才是各国的共同期盼。

一条光明道路。贺信中说，"中国愿同世界各国一道，携手走出一条数字资源共建共享、数字经济活力迸发、数字治理精准高效、数字文化繁荣发展、数字安全保障有力、数字合作互利共赢的全球数字发展道路，加快构建网络空间命运共同体，为世界和平发展和人类文明进步贡献智慧和力量"。

不解决桥或船的问题，过河就是一句空话。这也为如何"共建更加公平合理、开放包容、安全稳定、富有生机活力的网络空间"，指出了一条光明的发展道路。

这是一条开放、公正、合作的道路。全球数字资源和数字经济是开放和紧密相连的整体，"筑墙设垒""脱钩断链"只会两败俱伤，合作共赢才是唯一正道。

这是一条稳定、安全、和平的道路。网络空间互联互通，各国利益深度交融，网络空间不应成为各国角力的战场，更不能成为违法犯罪的温床，要共同维护网络空间和平与稳定。

这是一条繁荣、活力、共享的道路。互联网发展需要共同参与，成果也应共同分享，要让更多国家和人们都搭上这个时代的数字技术快车。

三

九年"乌镇之约"，推动这个千年古镇发生了翻天覆地的变化，也深度影响了世界互联网治理体系的发展与变革。

这九年，朝着习近平主席倡导的"构建网络空间命运共同体"理念，乌镇峰会形成了一系列重大成果：2015年《乌镇倡议》成为国际互联网发展和治理领域的重要成果，2017年《乌镇展望》为推动全球互联网发展治理迈出坚实一步，多年来发布的《世界互联网发展报告》给解决全球互联网发展问题提供了中国视角……

总之，世界互联网大会不断探索在网络空间创造更多利益契合点、合作增长点、共赢新亮点。

同样是这九年,世界进入了新的动荡变革期,百年变局和世纪疫情交织叠加,全球地缘政治云波诡谲,网络霸权、数字霸权主义抬头,对世界和平与发展构成了新的威胁。

应对之道,唯有开放交流、合作共赢。

中国自古有"儒道兼修"的说法。构建网络空间命运共同体,我们不只为中国谋,亦为世界谋,一直为驱散网络空间的阴霾作出积极贡献。

比如对内加快发展数字经济,打好关键核心技术攻坚战,朝着高水平自立自强而奔跑,截至2021年,中国数字经济规模达到45.5万亿元,连续多年位居全球第二。

对外不断深化国际合作,北斗成为全球重要时空基础设施,中国云计算积极为非洲、中东、东南亚国家以及共建"一带一路"国家提供云服务支持,数字经济开放的"大门"只会越开越大。

越来越多的人看到中国方案的稳与进,在看透裹着数字外衣的西方"普世价值""冷战思维"后,恍然大悟通力合作、谋求共治、实现共赢才是最优解。

党的二十大报告再次强调,加快建设网络强国、数字中国。在这样的时代背景下,因数字而生的世界互联网大会,理应不忘初心、穿透乌云,主动融入中国式现代化的发展脉络,拥抱数字文明新时代,为互联网国际合作架设一座共治、共赢、共享的"高速互通立交桥",让中国声音和中国智慧从乌镇和浙江开始,传得更远更广。

当无形的网络穿透国别的界限,当海量的信息奔跑在数字的田野,世界空前需要一个和平安全、开放有序的共同家园。

这是构建网络空间命运共同体的终极目标,也是乌镇峰会的宏大使命。

朱越岭 余丹 云新宇 执笔
2022年11月9日

乌镇的三张面孔

> 如果把改革看作"切土豆",以前或许更多是切成条、切成块,而互联网带来的改革则是将之绞成土豆泥,而后塑造成各种形状,目标是实现重塑性变化。

一年一度,数字浪潮相约小桥流水。世界互联网大会乌镇峰会进入第9年。

有人说,如果把改革看作"切土豆",以前或许更多是切成条、切成块,而互联网带来的改革则是将之绞成土豆泥,而后塑造成各种形状,目标是实现重塑性变化。

那么,互联网是如何改变这座"从前慢"的小镇的?我们不妨从乌镇的三张新面孔,领略它"触网"的9年之变。

一

第一张面孔,是聪明。

9年来,世界互联网大会已经成为窥探未来趋势、体验未来生活的窗口。每一年，人们最期待的就是会上组团亮相的黑科技。可事实上，这些黑科技早已成为乌镇的日常，有人编了句顺口溜形容乌镇"三大怪"——"有车不用开，有地无须种，有病没医生"。

先说"有车不用开"。很多地方都在布局无人驾驶，但要说将无人驾驶真正引入生活场景的，乌镇当属先行者。

在乌镇街头，即使是年过花甲的老人，也会掏出手机，打开App、填写目的地、呼叫车辆，一气呵成，坐上"萝卜快跑"无人驾驶车驶向乌镇人民公园。

"安心，舒服，时髦，拍抖音绝对上热门！"无人驾驶车不挑单、不拒载、行车老实守规矩，成了很多乌镇人的出行潮流。

再说"有地无须种"。江南农村有句谚语："要想吃香的，离不了脏的。"可乌镇的农民不仅不脏，还"懒"出了新境界。

乌镇的"云"上农业试验场，就推出了一个"数字孪生农场"项目，堪称"现实版的开心农场"。利用物联网、区块链、边缘计算、人工智能以及无人农机等技术，可以在手机App上远程务农，足不出户在认养田块上种出新鲜菜。

"有病没医生"，说的则是乌镇探索近8年的互联网医院。它没有排队长龙，也没有消毒水味道，更没有手术台，却拥有超高人气。作为全国首家互联网医院，它已连接全国27万余名医生，服务超过2.7亿名注册用户，让越来越多的人享受掌上就医的便利。

乌镇的聪明，不仅是引领行业前沿的大项目，也是那藏在古老檐廊、乌瓦深巷里的一个个智慧"小组件"。

除了"三大怪"，这里的公园会唱歌、镜子连着动物园、排舞领队是AI……乌镇，脑力一直在增长。

生活，因互联网而更多彩、更丰富。互联网也真正拓展了乌镇人生活的新空间。让普通老百姓能够共享发展的成果，这正是互联网存在和发展的意义。

二

第二张面孔，是从容。

疫情以来，各方面下行压力逐渐加大，但乌镇社会经济发展势头依然不错。数据显示，仅今年上半年，全镇数字经济核心产业已完成投资额15.88亿元。当然，这个数据还在一路奔跑。

走在乌镇，处处都有新活力，小镇连着大世界。例如，在鑫柔科技乌镇工厂，全球首条金属网格2微米的生产线运转不休，从生产线上下线的一片片金属"布"将被发往华为、京东方、微软等企业，被运用在当前最顶尖的柔性屏领域。

很难想象，这里之前还是一家传统纺织企业的闲置生产车间。在互联网的字符间，乌镇跳出了进退有度的华尔兹，全球技术领先的"金凤凰"欣然飞来。

大厂倒闭，工人下岗；人口流失，十不存一；文旅兴镇，产业空心……对于"触网"前的乌镇，这样的产业升级，非但"不可即"，连"可望"都是难得的。

产业机构的底气，让乌镇找回定力，小镇在数字经济的搏击中，依然显得格外从容。首届峰会召开以来，全镇数字经济企业数从12家一路增至1000多家。

乌镇的变化，也彰显出互联网的核心价值。互联网的本质就是信息的高速交换，它拉近空间、定格时间，打破了原有的地域区位、要素制约，打开了发展的无限可能。这也就让地处浙北的乌镇，有了弯道超车的新路径。

如今，这里有全球TOP10的脑力，"乌镇之光"的超级计算机，每天进行着每秒181.9千万亿次浮点运算；这里有最快的技术转化速度，"直通乌镇"全球互联网大赛，为全球创客提供舞台。仅去年，50个决赛项目累计"揽金"超371亿元，估值达3735亿元以上。

与此同时，"院士之家"栽好梧桐树，累计引来53位海内外院士入驻；孵化空间打通创业通道，年轻人的回归让"从前慢"有了新活力。

乱云飞渡仍从容，这才是真从容。

三

第三张面孔，是幸福。

什么是幸福？每个人都有着自己的定义。

对老人来说，幸福是病有所医、老有所乐，在奔腾不息的数字时代也不被抛弃。

千年的乌镇，白墙黑瓦的小楼都有了年纪，青藤掩映，砖墙斑驳，古桥上来来往往的本地居民，也大多两鬓斑白。全镇8万多人口中，60岁以上的老人占比接近30%。当夕阳红遍大街小巷，乌镇用一根网线把养老化为最实在的幸福。

智能健康小站里的老人，熟练地点击自助设备测量血压、血氧；舞蹈房里，银发一族翩翩起舞的模样，通过手机直播吸引全国网友点赞；躺在床上无法起身，一个智能手环实现24小时一键直通智慧养老大数据平台……

当每一位"数字难民"都被关注，当每一道"数字鸿沟"不断缩小，当每一个细小的痛点都得到解决，互联网"互联共享"的意义就有了最直观的诠释。

英国一项问卷调查发现，对于年轻人来说，比起阳光，他们认为互联网在保障其生活品质中显得更为重要。跨越地理空间的互联网更具施展空间，这是机遇丛生的最好时代。

从美国回来的"学霸夫妻"孙陆和张靖说：这里的创新氛围、人才政策、配套设施，给了创业梦想最坚实的保障；

墨卓生物CEO、哈佛大学博士裴颢，因小镇与日俱增的吸引力而感到幸福，从最开始的不到10人发展到108人，短短3年，公司硕博人才占比已经过半；

青石板老街上，700多名乌镇峰会志愿者"小梧桐"挥洒青春，他们说：在乌镇，可以与世界相连，与未来对话。

互联网，让这个粉墙黛瓦的千年古镇焕发出了新魅力。

习近平总书记曾亲临乌镇峰会发表主旨演讲。他说："乌镇的网络化、智慧化，是传统和现代、人文和科技融合发展的生动写照，是中国互联网创新发展的一个缩影，也生动体现了全球互联网共享发展的理念。"

如今，站在诗画江南的水乡桥头，我们望见照向未来的互联网之光，听见数字文明新时代的中国新声。今日乌镇的变化，正是明日中国的写照，期待更加精彩的数字未来！

朱鑫 孔越 执笔

2022年11月10日

Hi,"小互"!

> 正是经历了文化频繁而深切的互动,
> 文明才凝聚了自己的魂,形成了自己的根,
> 壮大了自己的脉。

"小互"来了!

小小的身体撑起大大的脑袋,那圆圆的小脸被涂上了熟悉、静谧又深沉的"宇宙蓝",它的发髻还可以在指针和光标之间切换。

最近几天,在桐乡的大街小巷,担任第九届世界互联网大会吉祥物的软萌机器人"小互",占尽了风头。

一

"小互"出道的时间不长,却是乌镇老百姓既熟悉又新鲜的小朋友。

说熟悉,因为"小互"胸前的"互"字,正是世界互联网大会的LOGO,它产生于2014年,已经八岁了。

"互"字融合了古代书法美学与现代网络视觉元素,中心由八

个圆形交织而成,有如缠绕着的光纤,寓意着互联网世界的丰富多彩、纵横交错、互联互融。此外,缤纷的五彩格又好像水乡乌镇中楼阁的窗纹,在阳光下熠熠生辉。

既有时代特色,又有水乡韵味,这个标志,乌镇人民早已入脑入心。

说新鲜,因为世界互联网大会在乌镇走过了8年,今年第一次出现了吉祥物。

每有世界级赛会总少不了吉祥物的身影,它们是赛会的标志,也是赛会与大众的情感纽带。

一般来说,世界级大会的吉祥物大多由萌娃或者小动物们来承担。比如在我国,大熊猫是很忙的,1990年北京亚运会"盼盼"、2022年北京冬奥会"冰墩墩",以及2018年首届中国国际进口博览会"进宝"等等,都是由国宝大熊猫来担任的。2008年北京奥运会吉祥物"福娃",由五个小萌娃担任,表达"北京欢迎你"的中国热情。即将举办的第19届杭州亚运会的吉祥物由拟人化的琮琮、莲莲和宸宸来担任,展现的是"江南忆"的地域文化特质。

而以网感十足的机器人作为吉祥物的世界级盛会,至今尚不多见。今天,"小互"以崭新的机器人形象横空出世,科技加持、灵动美妙,视觉冲击力超强,成为拉近受众与乌镇峰会的一道纽带,成为形象化展示乌镇峰会的一个载体。

二

如果有人说,网感十足的"小互"与枕水人家的乌镇气质不符,那真是此言差矣。

2014年，当世界互联网大会永久会址落户乌镇时，不少人暗自思忖：放眼长三角，水乡古镇星罗棋布，乌镇何以独领风骚？

转瞬八年，以乌镇为舞台，历史与未来展开了哲思对话，现实与虚构得到了精准拟合，科学与艺术实现了水乳交融，乌镇文脉中，已然跃动着互动、互融、互学、互进的互联网精神基因。

这个小镇的历史就是一部互动互融的旅程。乌镇古名乌戍、乌墩，古时这里曾为吴越边境，吴国在此驻兵以防备越国。今天作为地理方位呈现的别具一格的地名——东栅、西栅、南栅、北栅，正是生活在大运河边的乌镇人，为了一方百姓安宁，在纵横交错的水路上设栅布防的证明。

有文事者，必有武备。拉长历史的焦距，进攻与防御只是互动的众多形式之一。在先秦，吴、越两种特色迥异的地域文化在这里碰撞、激荡、融合。在梁代，年轻的昭明太子萧统在此筑馆读书。他汇集当时及前代130多位一流文人的作品，编纂成我国第一部大型诗文总集《文选》，成为"观乎人文，以化成天下"的楷模。

乌镇灵气聚集，才子辈出。茅盾曾满怀深情地写下："唐代银杏宛在，昭明书室依稀。"正是经历了文化频繁而深切的互动，文明才凝聚了自己的魂，形成了自己的根，壮大了自己的脉。

有互动才能孕育融合、激发灵感、携手共进、碰撞思想。现在的乌镇峰会，又何尝不是数字文明时代最巅峰最痛快的科技、思想、理念的激烈互动和碰撞？

今天的乌镇，一面是文脉绵延，"车、马、邮件都很慢"，早上的豆浆冒着热气，是不变的人间烟火；一面是早起晨练的大爷大妈实现了与AI"智能宝宝"聊天气、聊菜价、聊新闻，犹如走进科幻世界。

乌镇既是互动交融之精神的见证者，也是名副其实的受益者。

搭乘乌镇峰会的东风，乌镇与世界相拥，最新最前沿的数字文明成果与最悠久的中华优秀文化交流融合——为了这样的相遇，乌镇已等待千年。

三

这几天在乌镇，"小互"顶着圆脑袋，笑脸相迎八方来客。它呈现给世界友人的，是一个开放包容、共融共通的可爱形象。

乌镇峰会翩翩而至。在这里，不是零和博弈的竞技场，而是一个数字文明成果共享平台，是一个满怀诚意请大家坐下来，主张全球事务大家一起商量着办的友好对话场景。

回望历届乌镇峰会，它形成的科技成果和思想共识，已不断给我们的生活带来美好改变。互联网问诊、互联网打官司、网上看展、网上购物……互联网虚拟而又亲切，成为我们日常生活的重要部分和重要方式。

这缩小为一个圆点的小小乌镇，好比一个高速运转的CPU，汇聚全球智慧，努力贡献数字文明的中国方案和中国智慧。

而身段娇憨可爱、线条简洁软萌的"小互"，集齐了时代网感和江南水乡元素，体现了世界互联网大会的时代感和包容性，又与浙江地域人文特征深度契合，它的内涵指向，不止于当下。

集软萌与时尚于一身的"小互"来了，邀你一起共度"乌镇时刻"，一起眺望数字未来。

宋雪玲　执笔
2022年11月10日

乌镇入风口

> 一域之发展，指向的是未来的宽窄。

来乌镇，看未来。

始于2014年的世界互联网大会，已经走到第九个年头。互联网风起云涌，就如桥下千年流淌的京杭大运河，让千年古镇联通万物。深度覆盖的5G网络、"招手即停"的无人驾驶出租、构建有数字孪生技术的城市治理体系……一个个新生事物，像武侠小说中描述的"真气"，源源不断地输入乌镇。

新事物每年层出不穷，制定一个精确的发展列表并不容易，然而乌镇似乎一直处于前沿。

如何把准发展的脉搏？乌镇告诉我们：先行的思维何其重要。

一

要走出一条超常规发展之路，就必然要把理念先行摆在突出重要的位置。

2003年，浙江省首次提出建设"数字浙江"，给人带来的新奇感至今为人津津乐道。

要知道,那时的杭州,每百户居民家用电脑拥有量45.37台,而那时的世界,互联网泡沫危机从美国席卷全球,整个互联网产业跌入历史低谷。

但是,浙江敏锐地意识到,数字化浪潮不可阻挡。

同年,处于杭嘉湖平原中心的小镇,启动省级重点项目乌镇古镇保护二期工程西栅景区。其中一个开发要求是实现无线网络全覆盖。要知道,那时候即便是去上海住酒店,也只能拿网线上网,还得要按小时收费。而在西栅,无线上网是免费的。

建设者的理念是:乌镇作为一个古镇,可以旧,但不可以落后。

事实上,时针再向前拨10年,乌镇还是一片屋旧人稀、破败凋零。文艺名家木心曾痛心地描述故乡:"这是死,死街……"发出"永别了,我不会再来"之叹。

穷则思变,乌镇发轫于政府的开拓精神:1999年,启动古镇保护与旅游开发工程。当然,也有人质疑,一座古镇,投入大量资金挖开青石板路、采用"管线地埋""雨污分流"等先进技术,真的会有回报吗?

答案是肯定的。2014年,乌镇被确定为世界互联网大会永久会址。

这是一个前所未有的会议。当年,国家网信办组织专家组在全国寻找会址。专家们提出几个条件:第一,互联网经济比较发达的省份;第二,最好是一个像达沃斯那样的小镇,然后赋予它互联网的魅力;第三,有着鲜明特色的中国优秀传统文化。

此时的浙江,已经成为中国信息经济发展的先行区。此时的乌镇，不仅是千年古镇，也不仅是AAAAA级景区，更因其传统生活下完备的现代化配套设施，已经成为国内外重要商务会议举办地，具备了承办大型国际会议的基础配套和服务能力。

机会，留给了有准备的人。

二

历史性的机遇不是总会有，也从来不会垂青那些等待观望、亦步亦趋的人。世界互联网大会的永久落户，水乡深度绑定了互联网，让这座小镇的产业发展朝着创新和未来奔赴。先行思维在一次次选择中，成为习惯，成为常态。

2019年被网友称为5G元年。但在乌镇，这个时间点还可以提前。因为早在2018年3月，乌镇就建成了全球第一条4.9GHz频段5G连续覆盖精品环行线路。之后，当浙江选择移动5G网络首批覆盖区域时，乌镇自然而然成了首选。

布局，宜早不宜迟。关于这一点，我们还可以从乌镇拿下的诸多"最"和"首个"中窥见一斑：凭借2016年接入26万兆级的光缆，一举成为中国乃至世界互联网基础设施最好的区域节点之一；凭借布局无人驾驶等数十项5G应用，成为全球首个5G智慧小镇……

2019年10月，第六届世界互联网大会上，小米集团创始人、董事长兼CEO雷军忙里偷闲拿出手机测试，并在微博上发出了测试的"成绩单"——"在会场，又测了一下5G，787Mbps下载速度，还不错！"

乌镇在网络基建中的"先走一步"在此时收获了特别的肯定。

乌镇的快速发展不得不归功于这份勇于"尝鲜"的精神。

譬如近期备受媒体关注的百度Apollo自动驾驶出行服务平台"萝卜快跑",正面向乌镇老百姓提供自动驾驶出行展示服务。结缘始于2015年,百度Apollo自动驾驶车在互联网大会上首秀,那时许多人都觉得这只是一个概念,离真正上路一定还有十万八千里。没想到,政府乐于"尝鲜"。次年,企业就在嘉兴、桐乡、乌镇各级政府的"保驾护航"下,在乌镇开放道路进行自动驾驶车辆测试。此举,也促成了百度拿下国内最早展开自动驾驶路测企业的名头。

乌镇的招商人员也与别处不同:一个项目能否落户,判断的标准不是其本身是否成熟,而必须是创新的,面向未来的。

譬如招商人员"跑断了腿"才拿下的项目——有着浙江"最强大脑"之称的"乌镇之光"超算中心,每秒有18亿亿次超级算力。这意味着什么?是电影特效制作的效率提升、是天气的精准模拟观测,更是与智慧城市、人工智能、新材料研发以及生命科学包括基因密码解读等的多种应用场景深度融合。

这种创新故事,层出不穷,已经成为这座小镇的精神地标。

三

时至今日,我们不得不承认,网络在改变工作方式的同时,也改变了我们的生活。这一点放在乌镇,也有一种先行先试的意义。

品读这些年乌镇的民生"菜单","互联网＋养老""互联网＋医疗""互联网＋交通""互联网＋旅游"……一个个"＋",交织成民生领域的"×"式发展,让一方人享受到互联网带来的"红利"。

在乌镇，很容易出"网红"，甚至连老人都不例外。当一些年轻人正在激烈讨论人生是否要"躺平"时，一群"网红奶奶"正直播通过 App 新学来的舞蹈。2015 年，第二届世界互联网大会期间，在乌镇居家养老服务照料中心，40 多位老人围站屏幕前，通过视频通话，与"互联网之光"博览会的智慧乌镇展台进行了一次远程互动，用他们灿烂的笑容讲述了被互联网扮靓的老年生活。

也是那一刻，让发端于乌镇的"互联网＋养老"进入人们的视野：这里的老人，穿戴着能一键报警的智能设备，满足就餐学习活动交互的智慧"老人综合体"出门就有，专业化的医养结合也近在眼前……如今，这份幸福已经"复制"到全国 10 余个省份，其标准化管理模式至今累计服务超 100 万人次。

不同于动辄上亿的互联网产业"大块头"，类似于"互联网＋养老"这样的民生项目显得小而美，却照样"出圈"。

我们看到——

一座建于 20 世纪 50 年代的公园，为老百姓嵌入了 23 个互动性交互场景，全国鲜有；通过全国首个互联网司法所的一根网线，老百姓在家门口就能享受优质的公共法律服务；全国首个全感知配电房内外，映射现实的孪生虚拟配电房、自主自动的巡检操作机器人等，用数字技术为大会和乌镇生产生活擎灯护航……

归根结底，小镇的发展，是在先行理念的引领下，不断利用各种机会去创造美好生活，使得人民群众真正得到实惠。

一域之发展，指向的是未来的宽窄。

前些天，中国首个具有元宇宙属性的体验馆在乌镇落地，未来，进入其中的每一个人都能遇见一个平行世界中虚拟的自己。乌镇人说，未来还有无限可能，我们要做的，就是把标准定得尽可能高一些，目光尽可能远一些，留出让新元素不断与乌镇叠加的空间。

黄薇　执笔

2022 年 11 月 11 日

我们能否"驾驭"人工智能

> 在人工智能全面融入社会生活的当下,加强人工智能科技伦理治理,找到"人机共处"之道,是一个十分现实的问题。

在科幻电影《银翼杀手》中,一群与人类具有完全相同智能和感觉的"仿生人"冒险劫持太空飞船回到地球,人类主人公在追杀一位"仿生人"途中却爱上了她,最后带着她走上逃亡之路。

随着时间的推移,人类似乎正在走向科幻影视里那个"技术奇点"。曾经设想的种种人机关系、道德困境、伦理思辨、哲学难题,在不久的将来都可能——上演。

2016年,谷歌人工智能程序"阿尔法狗"战胜世界围棋冠军李世石,这场"人机大战"被视为人工智能发展史上的里程碑。悲观者认为,AI取代人脑将是必然趋势。

在人工智能全面融入社会生活的当下,加强人工智能科技伦理治理,找到"人机共处"之道,是一个十分现实的问题。10日下午,世界互联网大会乌镇峰会举办人工智能与数字伦理分论坛,正是在这一背景下对数字伦理问题进行前瞻性探讨。

一

汽车为人带来出行的便利，但它排出尾气。万物智能时代，人们每时每刻都会留下大量的"数字尾气"，面部信息、指纹信息、定位信息、语音信息乃至用户偏好等数据，会被永久或半永久保留下来，并加以索引、恢复、搜索和分析。

人工智能的发展极大地提升了数据处理能力，为我们的生活提供了许多便利，数据价值在日益凸显。但与此同时，被互联网记录和存储的个人信息，相对更容易被泄露和传播。保护用户隐私，保障用户知情权、选择权，成为社会各界的重要关切。

比如，大数据成为商业平台"读心"的工具。只是因为你在茫茫信息流中多看了一眼，就可能被疯狂推送"猜你喜欢"，连广告推销都能精准到人，许多人对此深有体会。当我们感叹大数据如此"贴心"的同时，是否也有一种被"偷窥"的不适感？

比如，大数据被用于操控舆论走向。2018年，特朗普聘用的一家政治AI公司，被曝非法将大约5000万Facebook用户的信息用于大数据分析，从而精准刻画这些Facebook用户的心理特征，并向他们推送定制广告，甚至假新闻。扎克伯格因为这场可能影响大选结果的大规模数据泄露事件，遭到国会询问。这再一次让人们意识到，科技公司很可能将数据作为牟利的原材料，而非需要保护的个人资产。

事实上，数据流通与隐私保护，从来不是"鱼和熊掌"的关系。如何找到二者的平衡点，让大数据既能更好服务公众，又能防止侵犯个人隐私，全世界都在寻找破题之道。

隐私计算就是为了解决这一问题而诞生的新技术。通过把大数据放进"盲盒"进行分析，将信息的所有权、管理权和使用权分离，从而充分保护数据和隐私安全，达到对数据"可用而不可见"的目的。

我们看到，近年来，加强数据安全管理成为各国立法的重点。欧盟颁布了"史上最严"数据保护法案《通用数据保护条例》，我国出台了《网络安全法》《数据安全法》《个人信息保护法》等法律，数据安全的篱笆正在被逐步扎紧。

二

对于人工智能来说，数据是石油，算法则是引擎。没有算法，就没法使用大数据。

人工智能遇到的伦理问题，将越来越多地体现在算法无法解决的"两难困境"中。

比如，"电车难题"出现了新的表现形式：

行人横穿马路，刹车来不及。如果不转向，会撞死行人；如果转向，乘客会死于翻车。自动驾驶汽车应该作何选择？即使人工智能作出一万个正确的决策，它是否应当为一次致命失误而负责？

必须看到，算法绝非不带有任何价值判断。当我们越来越依赖于算法决策、算法推荐、算法预测，就应更加警惕其背后的伦理问题。

比如，"AI老板"的变相压榨。今年8月，Facebook母公司Meta宣布使用算法解雇了60名合同工。裁员邮件未表明具体原因，只说这是算法评估的结果。这并非个例，亚马逊很早就将人工智能运用于仓库员工的管理中，通过人工智能自动化地跟踪员工工作状态，一旦发现仓库员工长时间没有接触包裹或者处理速度变慢，就会记录员工效率过低，甚至对多次不达标的员工"一键裁员"。

比如，算法歧视和区别对待问题。在社交网站拥有较多粉丝的"大V"，在客服人员处理其投诉时往往被快速识别，并因此得到更好的响应。算法越来越多地进行"大数据杀熟"，消费频率高的老顾客，在网上所看产品和服务的定价，反而要高于消费频率低或从未消费过的新顾客。

此外，安全可信问题也需要引起重视。在人工智能与数字伦理论坛上，一位业内人士指出，新一代人工智能是数据驱动的，是机器的自我学习，这就可能带来系统的不够鲁棒、不可解释、不够可靠等问题。特别在诸如医疗、制造、金融等与社会生活息息相关的领域，机器学习模型作出错误预测的后果往往是难以接受的。

清华大学人工智能研究院名誉院长、中国科学院院士张钹表示，人工智能的发展必然带来对伦理和传统规范的冲击。人们可以恶意地利用算法的脆弱性对算法进行攻击，导致基于该算法的人工智能系统失效，甚至做出相反的破坏行为。深度学习还可以用来造假，通过人工智能的深度造假，可以制造出大量逼真的假新闻、假视频、假演说等，扰乱社会秩序，诬陷无辜的人。

鉴于以上问题的存在，我们迫切需要新的数字治理方案。

去年，我国通过了《关于加强互联网信息服务算法综合治理的指导意见》，要求在三年内逐步建立治理机制健全、监管体系完善、算法生态规范的算法安全综合治理格局。这为维护社会公平公正和网民合法权益带来了有力保障，算法的合理应用、人工智能的健康发展也是如此。

三

就像两只脚走路，总有一前一后。科技创新与伦理规则的制定，不可能齐头并进，但两者都不能放慢脚步。

虽然我们无法预想未来的赛博世界有多么辽阔，但我们当下能做的，是在人工智能这片"新疆土"自由驰骋时，不忘套上法律法规和伦理道德的缰绳。

习近平总书记指出："面对各国对数据安全、数字鸿沟、个人隐私、道德伦理等方面的关切，我们要秉持以人为中心、基于事实的政策导向，鼓励创新，建立互信，支持联合国就此发挥领导作用，携手打造开放、公平、公正、非歧视的数字发展环境。"

增进人类福祉，是人工智能技术发展的根本依归。正因如此，公平公正、向上向善等人类社会的基本价值取向，仍然是人工智能必须坚守的原则。比如，最基本要求是安全可控；最终目标是服务于人而非超越人、取代人；终极理想是为人类带来更多自由和可能。

在政府层面，怎样在法律法规、管理服务上加快破题，动态平衡科技创新发展和社会公平正义？在企业层面，怎样避免技术滥用、不当采集用户数据，以正向社会价值创造为目标？对我们每个人来说，怎样成为数字化时代的主人，而不是被数字和算法驱使？

笔者注意到，在论坛上，张钹院士认为，人工智能的研究和治理都需要全世界不同领域的人员参与和合作，除从事人工智能的研发和使用人员之外，还需要法律、道德、伦理等不同领域人员的参与，我们需要明晰伦理道德的标准，什么是符合道德和伦理的？不同国家、民族团体和个人都有不尽相同的认识,因此需要全球范围的合作,共同制定出一套符合全人类利益的标准。

在一次次思维的碰撞和实践的探索中,人类一定能找到"驾驭"人工智能的方法,让AI成为人脑的有益补充,让科技更好赋能人的美好生活。

谢滨同　刘元　执笔

2022年11月11日

乌镇峰会，轻舟已过万重山

> 世界互联网大会乌镇峰会这一叶轻舟，已经在数字画卷里驶过了万水千山，还将在白墙黛瓦、桨声欸乃间，载着人类共创美好数字未来的愿景，向着下一个"万重山"进发。

今天上午，2022年世界互联网大会乌镇峰会圆满闭幕。

11月9日到11日，短短三天里，海内外嘉宾通过线下线上齐聚一堂，共同围绕"共建网络世界 共创数字未来——携手构建网络空间命运共同体"这一主题展开交流讨论，为世界献上了一场互联网盛宴。

在互联网的大江大河里，乌镇这座江南水乡，犹如奔涌潮头跳跃的浪花，亦如深邃夜空中闪亮的明星，引领人们感知趋势、洞见未来。

不禁要问：一座水乡小城，一叶数字小舟，何以汇聚全球目光？今年的乌镇峰会新在哪里，取得了哪些硬核成果？带着问题，我们对本次峰会再作个回顾。

一

每一次峰会，都是一次跨越山海的思想奔赴。

世界互联网大会，一直牵动着习近平主席的心。2014年以来，他先后向大会七致贺信贺词；2015年，出席大会开幕式并发表主旨演讲；2016年，通过视频发表重要讲话。

本次峰会，习近平主席专门发来贺信，信中鲜明表达了中国愿与世界各国携手构建网络空间命运共同体的真诚意愿，向全世界发出了共同构建更加公平合理、开放包容、安全稳定、富有生机活力的网络空间的时代倡议，字里行间折射出对数字化发展趋势的深刻洞察，对人类社会发展进步的深邃思考。

乌镇峰会的主题是聚焦的，但思想又总是与时俱进。2015年第二届世界互联网大会，习近平主席首次提出"共同构建网络空间命运共同体"的倡议。自此以后，每届峰会主题都带有一个破折号，围绕着"共同构建网络空间命运共同体"不断延伸和拓展，不断为破解互联网治理难题提供中国智慧、中国方案。

此次峰会继续为新观点新模式的交锋碰撞提供了"华山论剑"的场所。峰会围绕合作与发展、技术与产业、人文与社会、治理与安全四大板块，就全球网络空间焦点热点议题设置了20个分论坛。此外，12场"乌镇咖荟"也是场场精彩，各方围绕数字经济、数字安全、元宇宙等主题深入研讨、分享洞见。

几天内，嘉宾大咖们齐聚枕水古镇，共话互联网变革的前沿趋势，共绘数字文明的发展蓝图。在这场席卷全球的数字化浪潮中，国际社会要构建怎样的合作机制，确保人工智能始终朝着向上向善的方向发展？虚拟空间如何与实体经济产生化学反应？广大互联网企业在弄潮时又以何为舟？等等。

以"弥合数字鸿沟"这一议题为例，与会嘉宾普遍认为，数字鸿沟问题或将伴随着互联网事业发展而长期存在，我们要做的，应是秉持更加开放平等、普惠共享的理念，在基础建设、教育培训、人才培养等方面持续发力，让数字红利最大范围地惠及全球和全民。

灵感，在一次次思想碰撞中迸发。共识，在一场场观点交锋中凝聚。

有学者曾把互联网比作工具，指出这种工具还能塑造使用工具的人；也有人担忧，互联网终究是一台机器，会使我们的偏见加深。而世界互联网大会通过把全球超强大脑聚在一起，为更好地使用网络探寻思路，为应对数字变革的挑战提供方案。

二

乌镇峰会，既是数字时代的仰望星空，也是变革前沿的躬身实践。如果说，思想、理念、观点决定了峰会的气质，那么风景、成果、体验就塑造了峰会的颜值。

"风啊，水啊，一顶桥""数啊，网啊，一世界"。

本次峰会，很"乌镇"。

徜徉乌镇，诗画江南和活力浙江交互交织，上一秒人们还在5G数字世界深度遨游，下一秒又被眼前的温柔水乡深深吸引。随着网络与现实的边界愈发模糊，如何让人类更从容地游走于两个世界，成为数字技术发展的一个风口。在大会的展馆里，元宇宙真人

3D数字分身技术及应用、裸眼3D沉浸式数字孪生工厂等最新数字成果吸引嘉宾纷纷"打卡"。未来,"我"会以怎样的形象呈现在元宇宙里?在乌镇,答案已越来越清晰。

本次峰会,也很"浙江"。

创新设立的三项"永久举办地"特色活动,诠释了数字时代的浙江精彩。比如,数字经济产业合作大会,搭建项目、资本、园区三方互动交流合作平台,36个技术含量高、市场前景好、补链强链延链的重点项目完成现场签约,投资金额共计746亿元。比如,数字赋能共同富裕示范区建设展示活动,揭牌成立乌镇文明研究院,分享30个数字赋能产业高质量发展促进共同富裕的案例,打造"数字共富""数智生活""数字场景"三条展示线路,让大家沉浸式体验数字赋能共同富裕示范区建设的实践成果。再如,长三角一体化数字文明共建研讨会,沪苏浙皖长三角联席办、上海青浦、杭州、南京、合肥等,共同发起成立"数字长三角共建联盟",推动构建"数字长三角"发展新格局。

此外,令人印象深刻的是,之江实验室智能计算数字反应堆、卡巴斯基反无人机入侵系统等"黑科技"悉数亮相,让我们感受到互联网科技的巨大魅力。

今年的峰会,还很"世界"。

据介绍,意大利前总理达莱马等前政要,阿联酋、埃及、阿根廷等国的8位部长级官员,以及巴基斯坦、泰国、阿尔及利亚等8国大使、38位图灵奖获得者、互联网名人堂入选者和其他全球知名学界人士,39位世界互联网大会会员企业主要负责人等120多个国家和地区的2100多位嘉宾通过线上线下方式参会,创历届峰会之最。本届互联网之光博览会,40个国家和地区的415家中外企业参展;

"直通乌镇"全球互联网大赛上，来自24个国家的1100多个项目同台竞技。峰会还吸引了境内外119家媒体的近600名记者参会。

这也从一个侧面印证了，"构建网络空间命运共同体"理念已越来越受到国际社会的普遍认可和积极响应。

硬核成果还有不少。身在乌镇，一流的美景、一流的科技和一流的服务都触手可及，小小水乡已经成为"诗画江南，活力浙江"的精彩缩影。

三

短暂的告别，是为了更好的出发。

乌镇峰会已经走过了9个年头，其间不断汇聚着来自世界各方的智慧火花，高高擎起了照亮网络空间发展的火炬，在全球层面发出中国声音。

一届峰会的闭幕，就是来年峰会筹办的开始。面对日新月异、演进迭代的互联网，怎么看、怎么办，世界在倾听乌镇。作为永久举办地，如何让峰会一年更比一年好，是我们一直在思考的问题。

如何持续擦亮世界互联网大会乌镇峰会的"标识度"？

当前，全球层面已有不少高端研讨平台，像联合国互联网治理论坛（IGF），还有国内的世界人工智能大会、数字中国建设峰会、世界物联网博览会等。要让乌镇峰会永葆青春，就需要我们着眼全球互联网发展大格局，从"道"的层面作出更深远、更前瞻、更权威的思考，用思想的深度换来大会的高度；也需要我们在守正中创新，不断实现自我突破，做到每年都有新变化、新亮点，持续给人以惊喜和惊艳。

如何让浙江与世界互联网大会相得益彰？

如果把世界互联网大会看作"上半场"，那么释放大会红利就是紧接着的"下半场"。这些年，浙江积极拓展大会理念与数字实践的转化通道，持续放大峰会溢出效应，助推数字经济高质量发展，大踏步走出了一条数字变革之路。乌镇的水乡石桥、桨声灯影，以历史赋能未来，以文化联姻科技，"桥"与"网"交织，迸发出了耀眼光芒。透过峰会，能够看见活力浙江的精彩实践，看到一个生机勃勃的数字中国，这也是乌镇峰会生命力的密码所在。

如何让乌镇声音不间断地响彻网络空间？

每年乌镇峰会，数字文明的理念思想、智慧思考碰撞交融，各种新技术、新模式竞相亮相，但由于峰会正式召开的时间只有几天，总让人意犹未尽。怎样打造一个永不落幕的世界互联网大会？今年，乌镇数字文明研究院揭牌成立，"乌镇时刻"宣传品牌正式亮相，将推出贯穿全年的系列新闻访谈节目、"现象级"产品。未来，我们还将推出更多的创新举措，把乌镇的故事、浙江的故事、中国的故事持续讲给世界听。

分别但不告别，闭幕却不落幕。

轻舟已过万重山。如今，世界互联网大会乌镇峰会这一叶轻舟，已经在数字画卷里驶过了万水千山，还将在白墙黛瓦、桨声欸乃间，载着人类共创美好数字未来的愿景，向着下一个"万重山"进发。

我们期待，乌镇峰会，不断绽放盛开；"乌镇之约"，来过，便不曾离开。

徐伟伟 何诗航 杨昕 执笔

2022年11月11日

共赴一场甜蜜之约

> 田淹没了再开,橘树毁了再栽,一代又一代人用潜心贯注和深耕细作成全了黄岩蜜橘的甜蜜滋味。

秋末初冬,万物生息进入平缓,但百姓的鼻尖和味蕾往往不会寂寞。

此时,有风吹稻香,有黄酒冬酿,还有大闸蟹的黄满膏嫩、糖炒栗子的绵糯清甜……味道总是满满当当。而在水乡江南,金黄色的柑橘正悄然结满枝头,轻轻剥开一颗,细密的香雾便滋滋喷散开来,淡淡的清甜随之弥漫。放入口腔,丰沛汁水肆意流淌,裹挟着秋冬的微凉,带来一身清爽通透。

"一年好景君须记,最是橙黄橘绿时。"当前,柑橘陆续进入白居易笔下"琼浆气味得霜成"的丰盛期,一年中最美味的柑橘盛宴拉开帷幕,这是江南少不了的甜蜜滋味。

一

橘树，喜温暖湿润环境，好肥沃酸性土壤。暮春初夏开花，深秋结果，果味酸甜，广泛种植于长江以南。

每年四月，橘树体态初成，星星点点、白如轻纱的橘花开满枝头，在微风的轻拂下，清新的花香弥漫满城。有诗云："路入绿荫春未老，细花如雪惹衣裳。"

待到六月，绿珍珠般的小青橘逐渐爬满整株橘树。循着自然界优胜劣汰的规律，部分青橘自然脱落，是为"橘实"。因有药用价值，橘农的孩子则纷纷加入一场"捡橘实换零花钱"的游戏，在橘林里奔跑撒欢。

从春天爆出花芽，到夏天一粒粒结实，再到一点点长大沉甸甸地压弯枝头，每一颗蜜橘都是大自然的馈赠和橘农汗水的累积。

橘子除了直接食用，还有许多新鲜的吃法。橘子含丰富的维生素C，可以榨汁喝；橘皮洗干净能加工橘子酱；橘肉搭配其他水果制成沙拉，健康又减脂；橘子还可以熬制果茶、烹饪拔丝甜品、做成罐头，甚至可以烤着吃。据说在计划经济年代，全国人民消耗的橘子数量中，有七分之一是台州的；世界人民吃的橘子罐头中，有二分之一是台州生产的。

结果后的蜜橘，不止扮演着水果的角色，更可作为天然药物，守护着一方百姓。正所谓"一个橘子七味药"，陈皮、枳实、枳壳、橘络、橘核、橘肉，甚至橘叶都可入药。橘皮制成陈皮后，常用于治疗胸腹胀满、不思饮食、咳嗽痰多等症状，《本草纲目拾遗》中记载，橘络具有"通经络滞气、脉胀，驱皮里膜外积痰，活血"之效，橘核则有理气、止痛之功，橘肉更是止咳润肺、疏肝行气的良药。

柑橘品种类型繁多，是橘、柑、橙、柚、枳等的总称。其中，柑是橘与橙的杂交后代，橙是柚和宽皮橘的天然杂交种，柚和橙又杂交出了葡萄柚，我们熟知的柠檬是青柠和橙子杂交的产物，甚至佛手也是这个家族的成员。在浙江本地，"吃橘带皮"的涌泉宫川蜜橘、甜酸适口的"果冻橙"、"橘中爱马仕"的象山红美人、汁多化渣的黄岩"本地早"等就是其中的出色品种。

开放的生命属性，让柑橘家族的成员互为发生奇妙反应，人工的参与则大大缩短了柑橘家族新成员出现的周期。珍贵的馈赠既得缘于自然天成，也少不了人与自然之间心心相连的默契合作。

二

橘的俗字为桔，古称"吉果"，似乎诞生伊始就被烙上了美好吉祥的印记。

一方水土，孕育一方风物。台州流传一个传说，很久以前，东海边有位老药农，经常到海岛采药为百姓治病。有年秋天，他无意间来到一个岛屿，被一棵叶如巨伞、果实金黄的绿树吸引。他将果实带回去给邻居品尝，几天后，邻居家两个面黄肌瘦的孩子，奇迹般变得面色红润、生气十足。这个果子就是后来的橘子。

虽然是传说，但这份美好的寓意，被先民保留了下来。经过几千年的精心培育和种植，橘子也被赋予了更多文化内涵，不但有祭橘神、放橘灯、供橘福等民俗，凡造屋上梁、新娘喜果、婴儿满月等，也会用橘子作吉祥物。

如今，橘树因为四季常青，树姿整齐，春季香花洁白，秋冬金果满树，再加上自带的吉祥属性，也成为园林造景中一抹亮丽的色彩。

说起全国有名的橘乡，大大小小少说也有几十处。但是要论栽橘历史最悠久的莫过于浙江，其中台州的黄岩、临海最负盛名。

地属亚热带季风区的台州，十分适合柑橘生长。尤其是永宁江、灵江两岸，独特的土壤、气候和地理条件，成就了这里橘子的独特风味。公元3世纪，史书就有关于台州蜜橘的记载。1700多年前，沈莹所撰《临海水土异物志》中记录，"鸡橘子，大如指，味甘，永宁界中有之"。"鸡橘子"即黄岩蜜橘的前身。

到了唐代，黄岩蜜橘被列为朝廷贡品，至元代，年贡橘量已达2万余颗。南宋时期，气候开始转冷，太湖东、西洞庭山等柑橘产区渐渐不适应柑橘栽培，而黄岩西部有高山阻挡，又有永宁江横贯全境，两岸冲积平原沙质土壤深厚，江水潮涨潮落，尤其适宜宽皮柑橘生长。

为抵御涝害和潮灾，勤劳聪明的黄岩先民发明了蜜橘筑墩栽培技术，不仅降低了橘树的地下水位，而且通过潮水、淡水的交替灌溉，提高了果实糖度和品质。这个技术一直沿用至今，并远传海外。明初永乐年间，日本有一僧人到天台山进香，返程时购食柑橘后，甚至带着种子回到九州鹿儿岛播种，芽变后广为种植。

江水的清洌，泥土的丰厚，阳光的热烈，成就了黄岩蜜橘的独特风味，一代代果农的匠心独运，则让这个古老的作物不断焕发出新的生命力。

三

浙江四季水果繁盛，但在黄岩，当下的时节是属于蜜橘的。

澄江两岸，黄澄澄的蜜橘密匝匝地挂在枝头，渲染出半个大地的金黄。金橘剪的咔嚓声、扁担承重的吱呀声、三轮车的哐啷声、封箱打包的吱吱声交织成曲，让黄城的每个角落都变得生动起来。

历尽岁月凝练，黄岩蜜橘在满足无数味蕾的同时，也逐渐成为一种乡愁的味道。以前的黄岩几乎家家户户种橘树，或在庭前屋后栽上几棵，或在山上田地里种上一片，孩子就是在橘树的陪伴下长大的。很多外出打拼的黄岩人，闻到橘子的香味，都会不由生出思家情绪。

山川风物，四时美景，各有千秋。但在黄岩人的记忆中，大抵都不及那一抹金黄的颜色。生于斯，长于斯，橘乡的孩子对蜜橘的记忆铭刻在心头。田淹没了再开，橘树毁了再栽，一代又一代人用潜心贯注和深耕细作成全了黄岩蜜橘的甜蜜滋味。深厚的历史、文化和情感积淀，也让这颗蜜橘成为流淌在黄岩人血液里的精神基因和情感共识，且随岁月流动，越发厚重、绵长。

四季轮转，又是一年橙黄橘绿。试问一句：能否与君一起，共赴这场甜蜜之约？

施佳丽　执笔

2022 年 11 月 12 日

驴象之争下，美国何去何从

> 世界已进入后霸权时代，拆墙不筑墙、开放不隔绝、融合不脱钩成为国际社会的共同追求，以损害他国利益维持霸权地位，以搞乱世界来掩盖自我先天缺陷的国家，早晚会失去朋友，当然也会失去未来。

一

近日，美国中期选举投票结束。此前阵仗十足、闹得沸沸扬扬的共和党、民主党两院之争，用惨淡收场来评价一点不为过。截至目前，中期选举结果陆续揭晓，根据选情，共和党以微弱优势赢得众议院；而参议院之争选情胶着，结果难产，有可能要拖到12月初才能分出胜负。

综合看，民主党在这场"期中考"中失去众议院已成定局，但也没有惨败；而共和党也没有实现预期的大胜。对两党来说，是一家欢喜一家愁。

当然，共和党的欢喜只能算是个小欢喜。对于民主党来说，结果是残酷的，这意味着拜登政府要成为一个"跛脚鸭"政府。翻查美国近百年历史，总统所在政党大都在中期选举流失国会议席，故而有"中期选举魔咒"之说。

中期选举本来是美国政党制度的例行安排，打打口水仗也就过去了，不至于弄得血雨腥风。但随着近几年美国政党极化现象日益严重，中期选举成了政治暴力的导火索。

斗得不亦乐乎的是美国两党，而遭殃的是美国百姓。从前几年特朗普的狂热粉丝暴力冲击国会山，到拜登以"通俄门"为由对特朗普的私人府邸进行搜查，再到本次中期选举前，众议长佩洛西及其家人被暴力攻击，纽约曼哈顿投票点因收到"炸弹威胁"而关闭，甚至参与选举的工作人员都遭受了恐吓威胁。美国《国会山报》11月7日报道的最新民调显示，80%的美国人对国内的政治暴力深感忧虑。

美国到底怎么了？曾经让美国人引以为豪的两党制为何频频失能失效，将美国和世界带入了乱象丛生的境地？

二

"两党制"是对美国两党轮流执政制度的统称，起源于1789年华盛顿政府时期。

两党制在美国资本主义发展的早期，曾发挥了积极作用。然而，随着美国垄断资本主义发展到新阶段，近些年来，共和党、民主党这对"老冤家"，不再默契协作，而代之以相恨相杀。美国的两党制如一辆老爷车，动力渐失，后劲乏力，以至于社会问题频频，乱象不断。

电视剧《北京人在纽约》中有一句经典台词："如果你爱他，就把他送到纽约，因为那里是天堂；如果你恨他，就把他送到纽约，因为那里是地狱。"

美国是富人的天堂，穷人的地狱。

二战之后，布雷顿森林体系确立了以美元为中心的国际货币体系，依赖金融资本赚快钱成为美国社会的潮流。上世纪末期美国实行"新经济"以来，经济金融化的势头变得更加强劲，金融资本取代实体制造，实体制造业向海外转移，结果是美国企业家、资本家赚死了，而工人却要饿死了，美国社会贫富差距与阶级分裂愈演愈烈。数据显示，2021年美国基尼系数达0.494，再创新高。

美国"贫穷者运动"组织一项研究表明，在全美新冠肺炎致死者中，穷人死亡率是富人的5倍。难怪现在超七成的美国人不断唱衰自己的国家，对于领导人的能力、国家的发展持悲观态度。

为应对疫情导致的供应链断裂，美国靠大把印钞发钱刺激需求，不产生高通胀都说不过去。美国6月CPI指数同比上涨9.1%，创造了1982年以来的最高值，现在美国民众拿着10美元（约70元人民币）进超市，只能换来1.4公斤小番茄。

更不用说枪支泛滥、暴力猖獗、毒品弥漫、流民暴乱等一直笼罩在美国民众头顶的恐怖阴云，美国政府除了采取鸵鸟政策，一直未能拿出行之有效的解决之道。

美国社会一团乱麻，政客们依然热衷于"花式甩锅"和"互相拆台"。在今年闹得沸沸扬扬的"罗诉韦德案"中，美国最高法院裁决取消宪法规定的堕胎权，民主党拜登怒斥这让美国倒退了至少150年，而共和党特朗普则疾呼这是宪法的胜利、法治的胜利、生命的胜利。

两党的极端对立使得社会更加撕裂，濒临失控边缘，连美国知名学者弗朗西斯·福山都看不下去了，多次公开表示对美国政治的失望。长期追踪政治风险指标的盖奥库安特公司创始人罗森贝格表示，在所有发达国家中，美国的政治风险居最高位。

三

可以说，造成美国今天的乱局，政党制度的内在缺陷难辞其咎。曾经相辅相成、共存共荣的共和党与民主党，如今为一己私利相互攻击、甩锅扯皮，为制造差异强化分歧、加深对立的做法，不但无法真正解决本国痼疾，甚至成为美国社会新问题的制造者。

"金钱政治"使得"美式民主"越来越成为无源之水。在美国，会烧钱才有可能赢得选举已是公开秘密。在本次中期选举前，美国选举资金追踪组织"OpenSecrets"预估，两党在本次中期选举中的成本将超过167亿美元，有望再创选举花费新高。全体人民的民主早已演变为"精英民主"。财团支持的候选人获得权力之后，更以最快速度依据利益关系实现权力最大化。"午夜法规"即现任总统确定无法连任后，将之前没有来得及兑现的利益，在权力过渡阶段全部兑现，成了美国"政党分赃制度"公开化、制度化的明规则。

"否决政治"使得政党内耗严重，极化加深。以彼此竞争为原则的制度设计确实具有"权力制衡"的积极作用，但若政治分歧的拉力超过了制衡可调节的限度，则会走向为否决而否决、为反对而反对的反智主义骂战。共和党特朗普一上台便否定了民主党奥巴马任内苦心经营的全民医疗法案，又为了否决民主党政府的移民惠利而在边境高筑移民隔离墙，还纷纷退出奥巴马加入的"国际群聊"，将逆全球化包装为唬人的"美国优先"。

"身份政治"使得政党放大个体权力，导致社会撕裂。在美国，白人至上主义者和少数族裔两类群体之间的天然身份冲突，成为政党收割选民的极佳工具，两党利用身份群体的分歧做出政治性承诺，以便在选举时期拉拢特定群体中的更多民众成为民主党人或共和党人。不同身份认同之间的政治对抗，让原本以寻求集体共识为核心的民主政治堕落成为"只要权力，不要付出"的身份政治正确。

"短视政治"使得政党只顾眼下，无法从根本上解决矛盾。政党的首要目标是赢得选举，针对民众当下热烈关注的移民、枪支、通胀等问题，为了收割更多的选票，政党往往通过口号式的政策寻求民意的快速聚拢和选票的迅速提升，这就导致了狭隘的短视政治，仅从赢得选举方面出发的政党无法真正为国家发展提出长效性和前瞻性机制。

四

如果你以为，美国政党政治的衰败所引发的蝴蝶效应仅仅在美国本土掀起连锁反应，那就太低估它的破坏性了。作为在全球具有强势霸主地位的超级大国，美国的国内乱局会形成超强外溢效应，进一步祸乱全世界。

依靠外部吸血冲抵本国衰败，却让世界陷入经济危机和社会动荡之中。美国政党作为资产阶级利益的集中代表，其资本的嗜血本性让它在自身创造财富能力下降时，更加依赖于对外吸血来维系自己。近年来,全球经济持续低迷。美联储先是大规模放水、采取扩张性货币政策,让世界各国为其美元超发买单。后又激进加息,使得美元急剧升值,令不少国家本币贬值、资本外流、偿债成本上升、输入性通胀加剧,一些国家甚至陷入货币或债务危机。

高举"民主灯塔"打压异己,乱中取利。美国建国至今参与的战争和对外的军事行动多达200多次,实施包括以"颜色革命""新门罗主义""阿拉伯之春"等为代表的颠覆别国政权行动70多次,其营造的"美式民主"神话给当地带来了动乱和灾难,而美国借乱作妖,在攫取利益的同时,强化了西方意识形态的霸权地位。美国对乌克兰策划的"颜色革命",使其成为北约对抗俄罗斯的棋子,最终导致了俄乌冲突,而在俄罗斯、乌克兰和欧盟的对立和消耗中,美国则加强了对北约的控制,并通过销售能源和军火,赚得盆满钵满,可谓一举多得。

没有所谓真正的朋友,一起都得给"美国优先"让道。为维护本国利益动辄"退群",为讨好本国选民不惜肆意制裁他国,频频发动贸易战、技术战,甚至对自己的盟友都不放过。特朗普上任后,先后威逼德国、日本等国增加军事支出,强制收取"保护费"。美国最近制定的《通胀削减法案》,旨在应对美国经济面临的挑战,但是却以牺牲盟友为代价。美国还对日本东芝、法国阿尔斯通等盟国企业屡屡打压,对韩国产品的进口限制不断加码。

得道多助失道寡助。美国的倒行逆施引起了各国的反感,美国中东的"铁杆盟友"沙特阿拉伯就以石油减产与美元的霸权体系硬刚。法国和德国更是开始带头反抗美国,近日,德国总理朔尔茨、法国总统马克龙在内的多位欧洲政客公开批评美国向欧洲高价售卖天然气的行为。

世界已进入后霸权时代，拆墙不筑墙、开放不隔绝、融合不脱钩成为国际社会的共同追求，以损害他国利益维持霸权地位，以搞乱世界来掩盖自我先天缺陷的国家，早晚会失去朋友，当然也会失去未来。

世界之乱的源头在美国，而美国之乱的原因在于其自身。

美国愈演愈烈的乱象，表面上看是美国实力的衰弱，其实反映的是美国政党制度的没落，而更深层次的原因是美国资本主义制度先天性缺陷导致的必然结果。经济基础决定上层建筑。一个政党，若不能代表最大多数人民的利益，而只是资本家和利益集团的代言人，必然会导致不可调和的矛盾，必然会走向衰落，也必然会走到尽头。

王新华 郭璇 吴琪琦 执笔

2022 年 11 月 12 日

报人史量才

> "人有人格,报有报格,国有国格",国有危难,救亡图存的担当精神和使命感,在一代代爱国知识分子的心中传承、激荡。

面对西湖,背靠葛岭,北山路上靠近断桥处,有一幢名为"秋水山庄"的洋楼。

上世纪30年代,这里是报业大亨史量才的住宅,秋水之名,源于他的夫人沈秋水。

1934年11月13日,从秋水山庄回上海的路上,史量才被国民党特务暗杀,同行的一名朋友和司机也同时被杀。不过,腥风血雨过去了88年,山庄依旧在,史量才之名依旧在。

从封建社会科举走出的史量才,身具"两重历史和两种文化"的属性。根深蒂固的儒家济世、民本思想,让他立志以天下为己任;接受新式教育,又让他打开了视野,观念颇为新颖。

作为特殊年代的文化连接者,史量才选择了办报救国的道路。他是一名报人,更是一名爱国斗士。

一

史量才所处的年代，正是中国内忧外患、国难日重之时，清廷覆灭、军阀四起、日军入侵……一大批身处其间的爱国知识分子，都在寻找不同的救国道路。

有着强烈爱国精神和斗争精神的史量才自然不例外。

1903年秋，23岁的史量才从杭州蚕学馆（今浙江理工大学）毕业。年轻人总是梦想着闯荡一番，毕业之后的史量才，选择了到大城市寻找事业的落脚点。

当老师、办学校，兼职报社主笔，这段"沪漂"经历，让他有机会结识了黄炎培以及一批"海归"，在交流中眼界和思维被进一步打开。

当时，上海报业进入快速发展期。目睹舆论在社会上的巨大作用，史量才的重心，也从教育转到了报业，希望以舆论之影响力，影响更多的国人。

1912年，史量才接手《申报》。他常对同事说：报馆之责在辨明是非，报馆之责在提倡公道，国家赖舆论以匡救，社会赖舆论以改进。

他摒弃以往市井的琐闻屑谈，大胆聘用黄远生、邵飘萍等著名记者作为特约通讯员，并开辟专栏，揭露种种丑恶行径。

五四运动后，《申报》对此开展连续报道，并配发评论："国人共奋，万众一心，尚何国事不可挽救者"，赞扬学生爱国热情。6月11日，陈独秀被捕后，《申报》在17日发表评论《北京之文字狱》，旗帜鲜明地抨击北洋当局。

1932年，一·二八事变爆发。在此后的团结御侮的浪潮中，史量才被推举为上海市民地方维持会会长，他说："立誓生不做亡国奴，死不做亡国鬼……不如奋勇向前，抗战救国。"

史量才利用《申报》平台，发布募捐物资的启示，支援十九路军抗击日本侵略者，同时在报纸上连续发表抗日救亡的消息、评论，呼吁全上海民众联合起来，坚持抗战，收复河山。

我笔写我心。对知识分子来说，文字是他们最值得信赖的武器。"人有人格，报有报格，国有国格"，国有危难，救亡图存的担当精神和使命感，在一代代爱国知识分子的心中传承、激荡。

二

史量才选择创造一个平台，义利兼顾，以品牌的影响力扩大舆论的影响，以"史家办报"的态度记录历史，以立场鲜明的言论引导舆论，坚守人格、报格、国格，在风雨飘摇的岁月里秉笔直书。

九一八事变爆发后，面对深重的民族危机和全民抗日的高潮，史量才要求报纸改变从前温暾隐晦的语言风格和冷淡观察的态度，力图"为社会、为历史办一较有权威的言论机关"。

言论向来被称为"报纸的心脏"，代表着一社之观点，引领读者思想的变迁。史量才以《申报》为平台，聚集了鲁迅、茅盾等一大批拥有进步思想的知识分子，对腐败社会进行了强烈抨击。

1933年上半年，坚持"攘外必先安内"的蒋介石对江西革命根据地发动了第四次"围剿"。陶行知以"不除庭草斋夫"的笔名在《申报》上连发《剿匪与造匪》《再论剿匪与造匪》《三论剿匪与造匪》三篇时评。

"对杀人放火，奸淫掳掠之日军，既委曲求全，礼让言和，请其撤退；独对于国内铤而走险之人民，则竟动员大军，大张挞伐。此诚吾人所不解者也。"

三篇时评无异于三支冷箭，蒋介石大为恼火，对《申报》"禁言"停邮35天。

威武不能屈，富贵不能淫。在一次次面对矛盾和冲突时，史量才说"你有百万大军，我有百万读者"，始终站在民众这一边，是他坚持敢于斗争的底气。

茅盾曾在《多事而活跃的岁月》中写道："延续了两年的《申报·自由谈》的革新，在中国现代文学史上应当大书一笔，在革命文学的发展中，起着冲锋陷阵的作用。"

三

史量才认为，报纸作为文化产品之一，天然有着教化大众的使命。黄炎培曾这样评价他："先生独着眼社会事业，以为一国之兴，文化实其基础；而策进文化以新闻为先锋。"

1931年，史量才创立了"读者通讯"栏目，与当时的精英办报理念不同，讲究文字上的通俗易懂，口语化的表达方式让稍微识字的人也能看得懂。这种方式，有利于打破知识、信息的传播垄断。

当时，《申报》还开办了各种增刊专刊，内容涉及政治、军事、艺术、人文等各方面，源源不断输出新鲜而接地气的知识讯息。

此外，他请来了一批作家撰写时评、杂文。这些文章所传递的观点，对当时社会启迪民智起到重要作用。

在史量才掌舵的22年间，《申报》的发行量从7000份飙升至15万份。当时江南一带习惯把所有新闻纸称作"申报纸"，而报界中流传着这么一句话："谈中国报纸必谈《申报》，谈《申报》必谈史量才。"

九一八事变后，史量才与中国民权保障同盟等抗日进步力量来往密切，《申报》成为进步势力在上海的舆论阵地。也正因为如此，腐蚀拉拢、威逼利诱均告无效后，1934年，史量才被国民党特务暗杀。

秋水山庄西南方向五六公里处，西湖群山之中，有一处略显寂寥的地方，史量才便安葬于此。章太炎在为史量才写墓志铭时写道："史氏之直，肇自子鱼。子承其流，奋笔不纡。"

以一代知识分子的使命感客观公正记录现实，史量才"史家办报"思想，与中国新闻人"铁肩辣手"的情操一脉相承。

以现在的眼光来看，史量才的办报思想多少有着时代局限性。但在时代的变局中，史量才坚守了知识分子的底线，用言论激励国人抗战，以行动投入救国运动，其爱国精神和勇于斗争的内核，依然值得学习和传承。

"笔杆无多重，无志拿不动。"无论新闻传播技术如何变化，都不能忘记为谁落笔。

钱伟锋　执笔

2022年11月13日

"金鸡"啼鸣带来的启示

> 生命力旺盛的电影创作者,在"解难题"的过程中,往往会推动电影创作的革新。

11月12日晚,第35届中国电影金鸡奖20个奖项揭晓,最佳故事片、最佳导演、最佳男女主角等逐一公布。其中不乏大家十分熟悉的作品,如拿下最佳故事片的《长津湖》。

此次,浙产电影《独行月球》和《妈妈!》共斩获3个奖项。奚美娟凭《妈妈!》获最佳女主角奖,李淼、彭飞凭《独行月球》分别获得最佳美术奖和最佳音乐奖。

在遭遇疫情的第三个年头,"金鸡"再次啼鸣,让更多人体会到了中国电影奋力前行之勇气。

本届金鸡奖的评选,也能给中国电影从业者包括浙江电影人一些启发:面向未来,应当以什么样的眼光对影片作出评判和选择?

一

金鸡奖很权威。

它与华表奖、百花奖并称中国电影三大奖。三个奖的侧重点有所不同，金鸡奖的评委大多是业内的重磅人士，在电影圈内的被关注程度可想而知。

但一个奖项的权威，更多是建立在它的眼光上。在它的获奖名单上，挑选出最契合时代精神的内容，最直抵人心的表达。

如果我们稍稍回顾金鸡奖的历史，就会发现其中的印证。

比如，1981年，第一届金鸡奖的最佳导演颁给了我们浙江人、著名导演谢晋。他导演的《天云山传奇》讲述了一桩冤假错案的构陷和平反，获得了首届最佳影片。当时中国9亿人口中就有1亿多人看过这部电影。大家都觉得它表达出了老百姓的心声。

也是在那一年，原来名不见经传的张瑜凭借《庐山恋》与《巴山夜雨》，成为首位"金鸡奖影后"。《庐山恋》是部爱情片，当时，电影中的爱情表达还有不少禁区。可《庐山恋》不仅拍了，还献上了新中国电影史上第一场吻戏。影片一经上映，就风靡全国，自然也引起了一些争议。

金鸡奖看到了张瑜角色的开创性，并选择了她，再次体现出这一奖项的权威。这种眼光，是对于时代的体悟，是对于趋势的敏感。

再看近几届的获奖影片，《流浪地球》开启了国产科幻电影的大幕、《守岛人》让英雄模范人物题材有了全新表达。

这些新主流电影之所以被金鸡奖选择，究其根本，是因为它们在新时代下，在英雄塑造、情节剧叙事、工业化水平、商业化运作等方面都跨上了新台阶，实现了对中国电影创作的创新和突破。

二

拿过十次金鸡奖的张艺谋说，从影近40年，他却感到电影越拍越难拍，拍出一部大家心目中的好电影更是难上加难。

张艺谋尚且如此，想必其他电影从业者也少不了有类似感受。

这个"难"，一方面是因为在短视频和各种通信工具快速发展的今天，影像记录和影像讲述已逐渐全民化，人人都能成为导演。人们对一个好故事，更加挑剔了。

另外一方面，随着电影产业的发展，重投资的大片越来越多，失败的宽容度也在降低。和许多电影圈内人士交流时，常常听到面对投资的犹豫或者是错失良机的遗憾。

此外，电影市场产业链长、抗风险能力弱，经济影响、疫情影响等，都会震荡上下游，从而影响影片的创作。

有数据显示，从产业链上游来看，2022年市场院线上映影片不足，上映影片的数量以及票房量级都有下滑，票房过亿影片同比2021年降幅达26.1%；从产业链下游来看，今年累计受疫情影响停业影城达1.14万家，占比超过九成。电影投资人变得更加谨慎了。

但伟大的电影艺术，并不会因为"难"而停滞不前。相反，生命力旺盛的电影创作者，在"解难题"的过程中，往往会推动电影创作的革新。

从今年入围的《长津湖》《狙击手》里，我们看到困境下的顽强不屈；从反映日常生活的小成本片《人生大事》《爱情神话》里，可以看到生活的温情；从主旋律献礼片《我和我的父辈》里，我们又看到宏大背后的深情……

扣准百姓的脉动，共鸣百姓的情感，这是金鸡奖对电影人的召唤，更是观众的投票。比如，《长津湖》就以56.95亿元的票房，成为我国影史票房冠军。

啼鸣的"金鸡"，呼唤的是一线电影从业者的眼光，是与时代、与观众的同频共振。

三

应该看到，浙江电影可以追赶的空间还很大。但从此次获奖榜单上，从整体电影票房上，我们还是能感受到浙江电影越来越重的分量。

和首届金鸡奖颁发时相比，浙江电影已经从二、三梯队，实实在在地进入到了第一方阵。

今年暑期档，浙产电影占了超过一半的票房；国庆档，浙江影视公司参与出品的《万里归途》独占鳌头；2018年以来，票房过10亿的国产片一共有38部，浙江有5部，仅次于北京、上海两地。2019年来，共17部浙产影片票房过亿，为起伏不定的电影市场带来些许信心。

浙江电影的进步，让人切切实实地看到了眼光的重要性。

还是要说说横店，在一个和电影素无渊源的地方，平地而起了中国最大的电影创作基地。从《独行月球》《万里归途》，以及入围本届金鸡奖最佳故事片的《人生大事》《我和我的父辈》，横店影业都是出品方之一。

此外，浙江电影的布局在肉眼可见地取得进步。比如，近年来，中国美院就引进了像万玛才旦这样的知名导演；刘智海导演的《云霄之上》，一口气摘得天坛奖的三个奖项。

这个晚上，金鸡奖的获奖榜单启发我们，将东方表达熔铸在与普通人息息相关的故事创作中，将成为未来中国电影的重要取向。这种审美趋向和电影产业化乃至重工业化的走势并行不悖。

而金鸡奖的颁奖，是中国电影的一次年终总结，也是对来年电影业的召唤。着眼浙江影视行业的长远发展，我们也不得不进行一些思考：

都说2022年的电影市场是一个充满不确定性的市场，中国电影遇到的困难，可以说是电影开启产业化20年以来最大的挑战。面对一些大家遇到的共性挑战，浙江该如何应对？

未来的影视制作将逐步实现从剧本创作、剧组筹备、影视拍摄、后期制作等全产业链的数字化、标准化、工业化。高科技摄影棚、数字虚拟拍摄等，越来越频繁地被使用，需求正在不断扩容。谁率先投资，谁就能拔得头筹。作为经济强省的浙江，在这方面具备了天然的优势，有理由被要求展现更为远大的作为。该如何布局？

当然，要布局好整个产业，还需要更综合的考量。这不是凭空产生的，涉及人才、机制、资金、教育等许多方面，浙江想要当课代表、妥妥稳住第一方阵的位置，还需要从多方面来努力。

我们期待，浙江电影人能以更"毒辣"的眼光，打磨内功，去捕捉一个个实实在在的好故事。下次，金鸡奖领奖台上再见。

沈听雨 钱冬梅 孟非凡 执笔

2022年11月13日

朱祖谋的词学人生

「　　故事已迷蒙迢遥，词作的风华依旧。　」

有人说，湖州吴兴，占据了中国古典词学的一头一尾。

大历九年（公元774年），唐代诗人张志和与颜真卿、陆羽等20多位好友在湖州吴兴西塞山前唱和，首唱之作便是《渔歌子》："西塞山前白鹭飞，桃花流水鳜鱼肥。青箬笠，绿蓑衣，斜风细雨不须归。"这首有别于唐诗格律的《渔歌子》成为古典文人词的开山之作，由此孕育了文学高峰——宋词。

清代吴兴埭溪人朱祖谋则是传统意义上的最后一位古典词大师，他是《宋词三百首》的编撰者，也是现代词学的开山鼻祖。

朱祖谋又名朱孝臧，字古微，号沤尹，又号"上彊村民""彊村"。对他名字的了解，当代人更多是从普及类读物《宋词三百首》开始。

这位晚清词坛四大家之一，他的词学人生是怎样的？

一

朱祖谋生命的最后20年,完全奉献给了填词校刻。

他早年是写诗的,到了四十不惑,方才跟随同列晚清词坛四大家的王鹏运学习填词。受这位前辈影响,朱祖谋逐渐将精力投注到校词的事业中。

他工作极为勤奋专注。

应王鹏运之邀,首勘《梦窗词》作为"实习"时,朱祖谋连生病了都不曾停止批阅。本为老师的王鹏运甚至倒过来谦称他为良师,二人互为镜鉴、亦师亦友的关系也成为词籍校勘史上的一段佳话。

此后,朱祖谋更是一发不可收。朋友形容他的书斋"积书成山",他本人啸歌于其间,则完全进入了"沉浸式"的研究状态,频频有佳作传出。

他工作也十分严谨。

一方面,朱祖谋评词广泛综合了前人见解,不以自己的一家之言为专。

譬如在品评北宋词人张先时,他便援引清人朱彝尊的材料,列举张先同时期其他词人的观点,客观指出这位前辈巨擘是以"情余韵高"见长。

另一方面,朱祖谋对自己编纂的词集还要反复修订,"严把质量关"。

协助王鹏运勘校的《梦窗词》历经了4次增删。而《宋词三百首》,这本原只是编选给家中子侄们学词用的"参考书",朱祖谋也认真地整理了3版才定稿。所以此书一经问世，便在当时受到了广泛认同，继而流传至今。

朱祖谋善从历代词集中吸收养分，成果丰实厚重。为编纂词学大型总集巨著《彊村丛书》，他搜集了唐宋金元词家专集163家作品，为后世开创了词籍校勘之学。近代金石学家、藏书家吴士鉴对其成就予以高度评价："绝胜毛朱精椠本，词宗今在上彊村。"

但朱祖谋也从未专功。

学人之间的往来互动对朱祖谋的校词事业裨益良多。他吸收了王鹏运的一些成果，在词集中数处可见直接用"从"字标示的王氏观点。朋友夏敬观也与朱祖谋多有往来商讨，他亦将夏氏对词人词旨的评语注明引入。

在《人间词话》中，王国维称朱祖谋为"学人之词的极则"。而能成为"律博士"，朱祖谋深受老师王鹏运和其组织的"咫村词社"影响。词学一脉相承，可见一斑。

在南浔友商刘承干的支持下，朱祖谋还刊刻出《湖州词征》30卷、《国朝湖州词录》6卷，以免在宋代名家辈出、明清词人荟萃的湖州，却因无人总结而被寥落戏称："秀州也好，杭州也好，忘了湖州。"

二

晚年的朱祖谋频繁奔走于湖、淞两地。除了致力于收集校印前人之作，他亦着意寻觅现代词学研究的同侪与传人。在1930年秋冬他的生命进入最后一年的那段光阴里，还在上海参与创立了沤社。

这个民国时期的重要词社，共有社员29人，囊括了当时的著名词学家、书画名家、大学教授,为词话写作、词集文献整理、词选编纂、词学研究作出了沟通南北、承继延续的重要贡献。其专业期刊《词学季刊》《同声月刊》的出现,则见证了传统文人结社向现代报刊词人群的演变。

朱祖谋能够至今享有崇高声望,不仅源自其渊博独到的词学造诣,也因为他治学虚怀若谷、积极提携后学的品德胸怀。

彼时在暨南大学教书的青年学人龙榆生,在休息日常去朱府请益,有时还参与到校勘文献的工作中。朱祖谋十分喜欢这位清癯的沤社弟子,自己填的词也会请他提意见。每逢此时,龙榆生就会脸红着讲几句客套话。朱祖谋便爽朗笑言:"这个何妨。你说得对,我就依着你改;说得不对,也是无损于我的。"

追随朱祖谋的弟子中,龙榆生后来成长为当代古典文学研究大家。其他弟子如吴梅、夏承焘、陈匪石等人,也都成为卓越的现代词学研究学者。目前国内高校教研词学的老师和海外知名词学研究学者,大多为他的三传、四传甚至第五、六代弟子。

承前启后、继往开来,朱祖谋对于现代词学研究的贡献可见一斑。

三

1931年12月27日,本是沤社集会的日子。病重的朱祖谋未能与会,他预感时日无多而又心系词学,遂口占《鹧鸪天》致众沤社友人:

忠孝何曾尽一分,年来姜被减奇温。眼中犀角非耶是,身后牛衣怨亦恩。泡露事，水云身。枉抛心力作词人。可哀惟有人间世，不结他生未了因。

社员们诵读他的词作，无不怆然泪下——"共讶此殆先生绝笔矣"。龙榆生读后亦感凄怆忧惶，达旦不能成寐。

及至病榻临终，为勉励龙榆生将校词之业继续下去，朱祖谋还将他唤至床前，把平时自己写作与批注所用的一黑一赤两方砚台作为"精神纽带"庄重相赠。这一段"授砚"的佳话，后来成为夏敬观、徐悲鸿等画家纷纷致敬的题材。

而朱祖谋生前，还留有"同葬湖州之约"。

朱祖谋的挚友况周颐著有《蕙风词话》《蕙风簃随笔》等多部词学作品。二人相逢于沪，况初读朱作时，便曾发"此道作者固难，知之者并世有几人"之慨。其后二人砥砺研学、倾心相交，往来唱和达15余年。

1926年，况周颐逝世。5年后，朱祖谋也驾鹤西去。二人在湖州南郊道场山的墓地，相邻仅仅十几米。现在况朱二墓已成为重要的词史名胜，历年皆有海内外学者前来拜谒。

故事已迷蒙迢遥，词作的风华依旧。

从湮远的时光罅隙中走来，可喜朱祖谋的故里吴兴现在依然延续着他对词学的热忱。从举办中国词学高峰论坛，到组织第一届"彊村"填词大赛，开创和传承始终是湖州在词学史上清晰可见的印记。

先贤已逝但文化不朽。这本也是朱祖谋坚持一生的情怀。

朱小芳　张寅　执笔
2022年11月14日

"万物皆媒"时代的传播

> 从"万物关联"到"万物互联""万物皆媒",主要因素是人,但最大变量还是互联网这一媒介。

最近,身处历久弥新的乌镇,最容易想到两样事物:桥和网。

西栅水巷百步一桥,水乡人家得以世代枕水而居;互联网搭起信息之桥,让"地球村"真正成为可能。二者为媒,穿越时空,连接远近,为历史与当下留下一段段美好佳话。

每年的乌镇峰会,"万物皆媒"总是热门话题之一。

回看近些年,从图景变为现实,"万物皆媒"已不断走进寻常百姓的生活。但相应地,它也为这个充满无限可能的数字时代,带来不少极具挑战性的难题。

其中之一,就关乎传播。

一

回望历史,信息技术的每一次更迭,都会催发传播革命,从而给人类社会带来巨大变革。

语言的发明，让信息可以分享，人类从此借助神话与故事的幻想形成共同体。

文字与印刷术的发明让信息可以记录，信息传播超越了空间的界限，诞生了帝国与城邦。

有线电报让人类首次以一种看不见、摸不到的方式远距离快速传递信息，拉开了全球化的序幕。

1896年马可尼实现了人类历史上首次无线电通信。1969年，阿帕网诞生，互联网从此起步，作为20世纪最伟大的发明之一，以前所未有的能量和态势改变着人类社会。

互联网代代升级。如今，扑面而来、横冲直撞的5G，正以"高速度、低延时、泛在网、低功耗、万物互联"等优势，携物联网、大数据、云计算、人工智能之威能，让"万物皆媒"成为可能。

今天，漫步西栅大街，很多人会有时空交错之感。林立铺陈的很多场所、物件，都曾经或仍然深度影响着人们的生活。

一边是回忆杀：走过昭明书院，会想起昭明太子编著的传世之作《文选》，以及影响古代读书人的各色书院；路过邮局，会想起"山水阻隔、鸿雁传书"的年代；再到露天电影场，又勾起很多人的童年记忆；而小店里的连环画，那又是多少人年少时的入门读物。

一边是未来感：往来穿行的人们，人手一部手机，实现实时在网、移动互联；走进互联网之光博览会，如同穿越到未来，人工智能、AR/VR、元宇宙、数字孪生等前沿技术应用，带来沉浸式全新体验。

在互联网的连接赋能与价值创造下，万物包括人在内，都成为释放信息并分享信息的中介，"人化的媒介"正重构人们的日常生活。

甚至有人说："5G是一场革命，而非进化，其影响力甚至超过电力给人类社会带来的改变。"

二

时代瞬息万变。从"万物关联"到"万物互联""万物皆媒"，主要因素是人，但最大变量还是互联网这一媒介。

而互联网是如何从雏形走到今日成熟模样？或许我们可以沿着时间脉络，回顾梳理这段历史。

1973年，手机问世。1987年，中国推出第一批商用移动网络，1G时代的手机仅用于接听和拨打电话。1995年，中国进入2G时代，在语音传播的基础上，短信、彩信服务开始流行。以文传意这种含蓄的沟通方式符合中国人的性格，以2004年春节期间为例，国人发送贺岁短信近一百亿条。

随之而来的3G带来新的沟通方式——视频通话，iPhone的出现让手机开始"智能"起来，进而改变了我们的生活方式。

顺应3G、4G到5G的飞速发展，新平台、新的传播模式相继诞生，"信息流"向"物流"延伸，迅速跨越虚拟世界与现实社会的边界，不断深入"数字化生存"之境。

如今，全球网民总数已达49.5亿，互联网日益成为信息传播的主渠道、主平台。

传感器、可穿戴式设备等微小的计算设备进一步普及，并装备到各种物体之上，包括机器、电器、人体、动物、植物等，正在形成"万物皆联网、无处不计算"的状态。

如，车联网下的汽车，将实现车与人、车与车、车与环境、车与公共信息系统等各个层面的信息交互，成为流动化、场景化新媒介的代表。再如，通过人体终端化、脑机接口技术等，可以扩展人类与世界、自己和他人的全新互动方式。

四个世纪前，显微镜把人类对物理环境的观察和测量水平推进到了"细胞"的级别，给人类社会带来了历史性的进步和革命。而今天，大数据也已成为下一个人类观察自身行为以及社会行为的"显微镜"。

三

未来，将是怎样的一番新图景？或许每个人的期待里，都有自己的答案。

面对科技的狂飙，悲观者可能会担心人类终将毁于自己所造之物。但乐观者会坚信人类的智慧与理性能够御风而行。

而如何做好传播，是身处"万物皆媒"的环境中，传播者亟须破解的难题。

5G时代，传统的以人为主体的关系，将转向人机互在、人机共生的新型关系。比如，机器人写作，目前主要适用于程序化新闻。但可以预期，未来机器将自动获取数据，甚至帮助人发现新闻线索、探析事物的深层规律，以及拓展写作的深度和广度。

如何提高驾驭的能力，让技术赋能传播？或许，我们要"在晴天修屋顶"，既拥抱技术，掌握数据资源、数据价值挖掘能力和人工智能应用模式，推动人机互补共融，探索智能传播之道；也防患于未然，及早规范数字伦理，保障数据和隐私安全。

人是悬挂在自我编织的意义之网上的动物。未来的传播，将有越来越多的场景性因素、关联性因素，以及非逻辑、非理性成分参与其中。

如何反观自身，挖掘独特优势？一方面，我们需要以技术补己所短，另一方面还要扬己所长。

美国诗人庞德曾经写过一首长诗，最后修改完毕后，只剩下两句："人群中这些面孔幽灵一般显现，湿漉漉的黑色枝条上的许多花瓣。"这种想象能力、独创思维、感性表达，相信非机器所轻易能为。

如今，人人都可以是信息源，也是移动传播端。由于互联网的赋能，相比大众传播，以前处于弱势地位的人际传播、群体传播强势崛起，一篇自媒体文章、一张图片、一个视频片段都可能搅动舆论风暴。

以跨界的方式开展传播，还有多少种可能？我们必须尊重每一种声音，激活每一份力量，让用户生成内容（UGC）、机器生产内容（MGC）得到充分的涌现、合理的利用以及深度的挖掘。

"万物皆媒"时代，媒体将不会再以介质或载体为区隔，报纸、电视、广播的划分界限将逐渐模糊。主流媒体须拿出"媒融万物"的主动，不断构筑全程、全息、全员、全效媒体优势，锻造话语引导能力、故事讲述能力、流量聚合能力、价值吸引能力，同时在场景传播、共享传播、关系传播等领域深耕突围。

最近，浙江广电集团将品牌logo由ZRTG迭代为ZMG（Zhejiang Media Group），这里的"media"，既是媒体，也应是媒介。这不是简单的字词变化，反映的是理念跃迁，将不断催生实践迭代。

哲人有言，人是万物的尺度。

在138亿年的宇宙中，46亿年的地球上，人类这位驯龙少年，以渺小之躯创造了一个又一个奇迹。扬帆互联网星辰大海，我们更要超越纷争，一起让万物皆为我媒，携手构建网络空间命运共同体。

徐伟伟　执笔
2022年11月14日

德寿宫的三重天

> 德寿宫之所以广受关注，是因为它穿过历史迷雾，向我们展示了南宋那个时代的生活方式，展示的是南宋的政治、文化、艺术、生活美学。

除了那面墙，即将开放的德寿宫，该从何看起？

德寿宫是我国南宋规制最高的建筑之一，曾是宋高宗、宋孝宗两代皇帝禅位后的住所。孝宗去世十数年后，德寿宫被一场大火毁去，后逐渐荒弃。

眼前新建成的建筑，是依托德寿宫遗址原址并通过原貌原尺度标识性复原，以展示南宋历史文化和文物遗产的遗址类专题博物馆。

11月14日，德寿宫迎来媒体探营，红墙内的南宋芳华与别样精彩首次面向公众开放。步入宫门，漫步于一幢幢建筑和一件件器物之间，人们感受着宋韵文化的踪迹。

怎么看德寿宫，才更有味道？初入德寿宫，不妨以"三重天"角度欣赏：先入地下看遗址，再回地上看建筑，最后登上制高点感受今时今日的宋韵遗风。

一

第一重天,在地下。

德寿宫的建筑,其实可以理解成是特别的"保护罩",如同重修的雷峰塔罩住了塔底的遗址一样。

它拥有超过4000平方米的遗址区,是国内唯一一处系统保护、全面展示,集皇家宫苑和江南园林于一体的宋代皇家宫苑遗址。毫无疑问,这是杭州作为南宋都城的重要地标之一。

德寿宫地下遗址区周边建造的展厅中,配套陈列了大量德寿宫出土的文物。仔细观察,会发现这些文物都很"朴素",酒坛封泥、围棋、茶盏、龙泉窑青瓷等,都是当年的日用器。

一方面,这与南宋流行的清雅内敛的审美观不无联系,就连瓦片都一改汴京的琉璃瓦,用了低调但审美高级的灰瓦。另一面,这种"朴素"可以让我们零距离接触到南宋人的日常生活。

比如,一块酒坛封泥,上面800多年前匠人们刻上去的字迹清晰可见——"上品、梅花、惠山米、三白泉"。

"上品",说明酒的质量不错;"惠山米""三白泉",应当是原料;"梅花",可能说的是酒类,因为梅花酒在当时的茶坊酒肆很常见。

彼时的临安,"通宵买卖,交晓不绝",夜经济夜生活发达,酒是夜晚调动情绪的重要消费品,当时有正式名字的酒就有数十种之多。

高宗甚爱喝酒，《武林旧事》里多次记录了高宗、孝宗父子一起饮酒尽享天伦的文字。为表孝顺，孝宗甚至默许了德寿宫私酿酒出售的行为。

德寿宫出土的数十万片瓷片中，多数是日用器。修复后的文物仍展现了宋瓷典型的气质——器形优雅，釉色纯净，图案清秀，虽不雄浑，却极幽远。

比如，正在展示中的一件龙泉窑青釉六方七管占景盆，原创于五代至北宋时期。考古队员初见它时，器物上的七根筒管已全部缺失，通过寻找文献资料，结合器物本身缺失痕迹的大小，才确定高度：低于口沿三毫米，误差一毫米，中心筒管略粗于周围六根筒管。

毫米级精度的背后，正是宋人的巧思。

正是一幢幢建筑和一件件器物背后的巧思，载着昔日的繁华和宋韵遗风缓缓而来。而今，似曾相识燕归来。

二

第二重天，在地上。

正殿重华，是按照宋孝宗入住德寿宫时期居住行礼的核心建筑——重华殿的形象来复原的，全榫卯的木结构建筑。

根据考古发掘遗迹，这一座宫殿建筑，与宋人周必大《思陵录》中记载的"正殿"尺寸完全一致。

复原设计时，地面、台基、门窗、蹲兽、瓦当等细节，参考了存世建筑、北宋李诫《营造法式》。如斗拱、柱梁参考的是宁波的保国寺；灵隐寺前的双塔、闸口的白塔则提供了宋代楼阁的细节。

宋画里呈现的宫殿模样，则为重华殿的陈设提供了重要参考。

像大殿正中的御座外形，就参考了辽宁省博物馆藏《女孝经图》；椅头、脚踏等细节，又参考了台北故宫博物院藏《南薰殿帝后像》中"高宗御座像"中的样子。

重华殿内，特意布置了一些多方寻觅来的宋画仿制品，由画及景，画中的御座、摆件"转换"成了眼前的实物，形成了画内画外的互文。

为重现宋画中的宫廷生活，殿内特意设置了博古与茶饮区域的陈列区。

饮茶，是宋朝人的一大爱好。茶饮区内，陈列着茶叶处理器、茶叶与茶具收纳器、煮水器具、点茶器具等，配合着屏风上刘松年的《四景山水图》，游客自可想象宋高宗在此开宴茶饮、饮茶会友的场景。

走出主殿，游客可登上重建的"聚远楼"望远。当年叠山理水、曲水流觞、冷泉飞瀑的皇家园林已消失。城市市井生活的烟火气，与南宋时期皇家园林的幽雅，重重叠叠，引人遐思。

从遗址入手到展品陈列再到想象叠加，属于宋朝特有的简约、雅致、有情趣的生活美学，缓缓展开。

三

第三重天，我们得推开一扇并不存在的宫门。

走出德寿宫，历史远去，但宋韵文化的基因传承并未断绝。宋人对生活美学的追求，已融入平常百姓生活，成为文化基因的连接点。

南宋时期"农商并重"的国策，带来了百姓富庶的生活，"插花、挂画、点茶、焚香"四般闲事，种种诸如此类的"风雅宋"，在当时的宫廷与市井同样流行，在今天，也十分容易寻踪。

今日，宋代点茶文化的代表之一——"径山茶宴"茶艺展示已经走出杭州；

楼外楼的宋嫂鱼羹做法和当年宋高宗吃到的相差无几，东坡肉、酥油饼、定胜糕更是成为城市的味觉符号；

杭州人爱吃面，同样源自当年宋室南渡所带来的北方习俗。德寿宫边就有慧娟、平乐、方老大等一众新老网红面馆，天天排队到深夜；

越窑青瓷烧制技艺，给我们再现了"九秋风露越窑开，夺得千峰翠色来"的典雅秀美；

还有中国红曲酒及南宋酒技艺、杭州织锦技艺……

英国作家阿兰·德波顿说，当我们称赞一把椅子或是一幢房子"美"时，其实是在说我们喜欢它们所暗示的那种生活方式。

德寿宫之所以广受关注，是因为它穿过历史迷雾，向我们展示了南宋那个时代的生活方式，展示的是南宋的政治、文化、艺术、生活美学。

每天早上，德寿宫门口的望江路，车流不息，退休的老人们从城隍山上早锻炼下来，逛完大马弄，拎着早点和菜蔬坦悠悠地路过宫门，开启一整日的闲适生活。

没有大门的宫前广场，将来也会成为周边居民闲暇时休憩、遛娃、喝茶、谈闲天的场所。

八百多年前的宋式生活在这些人间烟火气里延续，如宫旁红墙边的中河水一般，绵绵不绝，行在山水间，往未来去，与时代同程。

张磊　执笔

2022年11月15日

为什么说浙江"衣被天下"

> 发展空间越发广阔的浙江大纺织业,当前正面临转型升级新课题:攀登价值链上游的同时,也肩负着讲好中国故事、传播好中国声音,推动中华文化更好走向世界的使命。

从5000多年前在桑林中发现蚕,到驯养家蚕,再到栽桑养蚕、传承编织技术,丝织业凝结成为中华文化的重要组成部分。

这其中,浙江这一笔,笔墨浓厚。

比如,位于湖州的钱山漾遗址中,发现了多种以桑蚕丝为原料的织物。这是迄今为止在长江流域发现最早的丝绸产品,距今已有4400年至4200年。

丝绸,见证了东方文明走向世界的梦想,对中华文化的传播产生了重要影响。

绵延数千年,跨越上万里。为什么说浙江"衣被天下"?浙江又为何是"海上丝绸之路"的重要出发地?在这片土地上,还有多少与丝有关的新老故事呢?

一

中国是世界丝绸的发源地。数千年来，中国丝绸因其独有的魅力、绚丽的色彩、浓郁的文化内涵，与中华文明相伴相生。

丝绸，是丝绸之路的主角。丝绸产品及其生产技术和艺术成为丝绸之路上最重要的内容被传播到世界各地，为东西方文明互鉴作出卓越贡献。

一问世，丝绸便被视为珍品。春秋战国、秦汉时期，蚕桑丝绸技术猛进，出现了用脚控制织机开口的踏板织机、用专门程序控制经线提升的提花机。

春秋时期的浙江，大部分地区属于越国。越王勾践采纳范蠡建议，以"奖励农桑"富国，"省赋敛，劝农桑"。之后的会稽郡出现帛、丝、纱、縠等丝织品，"丝绵布帛之饶，覆衣天下"。

西汉武帝时张骞"凿空"西域，基本贯穿了中原与中亚、西亚及欧洲的交通，横亘欧亚大陆的丝绸贸易通道开始形成。因为地缘相近，丝绸之路起初的重点在北方，但与南方联系甚密。

到唐、宋时期，连年战乱、气候变化导致北方丝绸产销萎缩，长江中下游地区则成为重心。宋元统治者实施"农商并重"和开放的海洋政策，海上丝绸之路开始取代陆路。其间，浙江是重要的出发地，杭州成为丝绸生产、贸易和信息中心，"丝绸之府"美名传天下。

集中在苏南、浙北的江南丝绸业，在明、清达到极盛，民间商贸作为主力，漂洋过海远销。在浙江，以手工业为主的家庭小绸坊充盈大街小巷，货至千金的商贾也屡见不鲜。

这其中，产自湖州南浔的"辑里湖丝"堪称丝中极品，闻名海内外。当地兴起以"四象八牛七十二金狗"为代表的丝商群体，留下了懿德堂、尊德堂、小莲庄等气势恢宏、中西合璧的豪门建筑。

其时，大量精美的中国丝绸以前所未有的规模直接输往欧洲、美洲。这也是18世纪欧洲掀起"中国热"的重要因素之一。

隋唐大运河、草原丝绸之路、沙漠绿洲丝绸之路、海上丝绸之路、南方丝绸之路……绵延数千年、跨越上万里的丝绸之路，成为东西方交流的纽带，为人类历史谱写了灿烂篇章。

二

历史的发展是连续的过程。

太湖边兴起的苏州府震泽镇、盛泽镇，湖州府南浔镇、菱湖镇，嘉兴府石门镇、濮院镇，杭州府塘栖镇、临平镇等丝绸市镇，有的镇可能换了名字，但整个地区，"衣被天下"的名声依旧。

今天，摊开浙江省地图，我们能十分清晰地找到其中的发展脉络。

像是湖州的织造，嘉兴的经编、化纤、毛衫，杭州的丝绸、化纤，绍兴的印染、市场、染化料，宁波的服装，台州的产业用布，金华的无缝针织、牛仔裤、针纺……这些地方都是浙江纺织产业重镇。

不同的是，古代是丝，今天是布。从丝到布，为何会有这样的转变？

在现当代，随着编织、印染、缝纫等技艺进步，棉、麻、绒、皮革、化纤等服装原材料迭代革新，伴随着市场需求的变化，纺织面料逐步替代丝绸，成为丝绸之路贸易的主流产品。

之所以说浙江"衣被天下"，是因为中国是全球最大的服装制造商，而浙江的现代纺织产业位居全国首位，拥有最完整的产业链。

有这么两组数据足以证明：目前，这里化纤产量占全国近一半，印染布产量占全国一半以上；2021年，浙江省纺织和服装行业规模以上企业实现工业总产值10003亿元、营业收入10716亿元。

如果把前文提及的这些地方圈成一个圈，处在物理中心的大约就是绍兴柯桥。柯桥人文底蕴深厚，比如，《兰亭集序》里的兰亭，就在今天的柯桥。但柯桥还有另一面——

这是一座"国际纺都"：是亚洲最大的布匹专业市场所在地，世界最大的纺织贸易集聚地，全球近1/4纺织产品在此交易，远销190多个国家和地区。

1992年，"绍兴轻纺市场"更名为"中国轻纺城"，成为全国首个冠以"中国"的轻纺专业市场。30年来，从摇着船橹的"水上布市"，到大胆开辟"马路市场"，再到建设"国际纺都"，柯桥就凭着"一块布"，闯出了全球影响力。

很难想象，30多年前，200多户布商，陆陆续续来到柯桥水上河边布街经商卖布的场景。几百米长的河道边，商贩兜售布匹，买家从四处云集至此，狭长的"水街"兴盛了起来，一条专业布街就这样悄然诞生，成了中国轻纺市场的雏形。

三

从丝到布，数千年来一脉相承的技艺仍在不断精进，不断

"出圈"。

在"一带一路"倡议推动下,浙江不断推动企业走出去,主动接轨"一带一路"沿线国家和地区,积极参与国际市场竞争,续写着"衣被天下"的新时代故事。

原本被很多人视为"古老产业""传统产业""夕阳产业"的丝织、纺织,在浙江有了新变化。凭借科技、管理、设计等加速变革,丝织、纺织近些年开始转向"先进制造业",为产业发展注入动力。

以柯桥为例,今年前三季度,当地外贸出口966.7亿元,同比增长25.9%。其中面向"一带一路"国家和地区出口562.23亿元,同比增长28.2%,出口国家的数量在高位上进一步增加。

因为一块块"布",海外客商云集于此;又因这座城,外商找到了"家"的感觉。2014年,印度布商Bobby来到中国,"因为有一笔关于布的生意,我来到了柯桥"。操着一口流利中文的Bobby回忆说,"在这里什么布都能买到,而且物美价廉"。更让他没想到的是,此后他便在浙江绍兴柯桥扎了根,并且有了中国媳妇和两个混血宝宝。

产业的兴盛,人气的兴旺,靠的正是浙江人的精益求精、锐意进取。

柯桥今天的这片天地,就是靠脚步与韧劲闯出来的。中国加入WTO以后,柯桥外贸从非洲拓展到欧美,大批布商积极跑展会、找客户,开启"二次创业"。"拎包就走"成了他们的职业习惯与日常。"商场的安全感,永远在市场一线。"一位柯桥企业家曾这样说。

这背后,更是对丝绸文化、布艺文化传承弘扬的不懈追求。更好地发掘浙江丝绸历史文化内涵，提升文化品位，是可持续发展的动力和源泉。

千年丝路熠熠生辉，古道新程硕果累累。

在当前加快构建新发展格局，在新国货崛起、网络直播兴起等机遇下，拥有厚重历史和丰富文化的浙江丝绸，正站在"汉服""旗袍"等经典崛起的风口之上，汇聚着各界的目光。

就在这两天，2022新丝路故事汇·柯桥论坛就要举行，邀请了"一带一路"倡议的多位参与者、建设者、研究者和传播者交流研讨，就"融通成就全球价值"这个大话题，碰撞思想的火花。

发展空间越发广阔的浙江大纺织业，当前正面临转型升级新课题：攀登价值链上游的同时，也肩负着讲好中国故事、传播好中国声音，推动中华文化更好走向世界的使命。

不断焕新的浙江丝绸文化，也正沿着"一带一路"，演绎着联通世界、"衣被天下"新的故事。

方问禹　执笔
2022年11月15日

一条河的一体化密码

> 从头顶一盆水到共护一安澜,从开河时顾全大局的牺牲,到治河时协同共享的范本,太浦河的建设历程,正是推进长三角一体化发展的一个生动注脚。

在嘉善县西塘镇钟葫村,沿杨太线行至尽头,便是太浦河,南岸有一方花岗岩界碑,北岸则有一块三角麻石定位,沪苏浙两省一市的地理分界线交点正在河中心。

太浦河是太湖流域最大的人工河道之一,因沟通太湖和黄浦江,故命名为太浦河。它全长57.6千米,1958年开工,2006年竣工验收,历时48年,由沪苏浙三代人接力完成。

如今,青浦、吴江、嘉善已成为长三角生态绿色一体化发展示范区所在地,太浦河流域成了长三角最具潜力、最有魅力的一百里。

如何认识长三角一体化?也许,我们能从这条三地共同修建、治理的太浦河中,读出更多启示。

一

有人说，人类的进步，离不开一次次被"逼上梁山"。灾难，也是人类合作与发展的催化剂。

放大比例尺，太湖的形状仿若拈起的兰花指，轻轻弹洒蒙蒙烟雨，扣出江南一地的毓秀钟灵。但是，太湖除了恩泽，也带来长达数百年的水患。

《太湖志》记载：1931年，太湖流域耕田，受灾面积约600万亩；1954年，80%圩区破圩，受灾耕田约800万亩。

《尚书》有言："三江既入，震泽底定。"意思是要有三条通海水道，才能使太湖太平。

太湖需要一条大河，守护江浙沪的风调雨顺。1958年，寒风凛冽的季节，太浦河终于开挖了。通畅的大河，挖掘过程却是一波三折。

起初，20万民工入城，军事建制。开河者头顶星星脚踏冰，半夜三更当天明。眼睛一霎装满车子去，要让黄浦太湖结成亲……开河时期流行的歌谣，反映的是真实的劳动场景。

但因劳力、资金、材料不足，工程三度开工两次中辍，统筹协调不够，关键河段一停就是十余年，"黄浦太湖联姻"的浪漫约定在现实面前被无情搁置。

1991年夏，百年未遇特大洪水，使太湖流域告急。当年6月26日中午12时，浙江为了全局的利益，宁愿牺牲局部，坚决执行中央命令：爆破炸坝，开闸泄洪！这才让太湖水第一次流入了黄浦江。

在长三角一体化发展上升为国家战略后,"青吴嘉"三地共同启动了太浦河历史文化研究项目。回望这段历史,太浦河为我们留下了怎样的启示?

笔者认为,首先就是敢于破壁。太浦河跨越两省一市,三段工程突破了行政的藩篱、地理的阻碍、政策的壁垒,彰显出长三角人齐心协力、共同破壁的精神。在今天看来,1991年,炸毁了实体的大坝,更炸毁了思想的大坝,而这正是长三角一体化的精神符号。

其次是忧患意识。过去,太湖洪灾是悬在头顶的达摩克利斯之剑,长三角人用协同作战创造伟力。眺望未来,不确定的疫情、多变的国际形势……长三角角逐世界的征途中,不仅有必然的竞争,还可能有难以预料的"黑天鹅"。身处百年变局,需要时刻准备经受风高浪急甚至惊涛骇浪的重大考验。

再次就是协同意识。鱼塘被毁、祖坟迁移、良田更换……沿线村庄的百姓,在牺牲局部利益时义无反顾,把新房当工房,热情迎接治水大军。

这种舍小家为大家、舍个体保集体、舍局部利益换长久安宁的精神,在长三角一体化进程中将被永远铭记。长三角城市群,只有分工合作、整体联动,各扬所长、相互赋能,才能真正成为休戚与共的区域共同体、发展共同体、命运共同体。

二

挖河不易,治河更难。年轻的"母亲河"刚诞生就满身沉疴。

贯通不久后的太浦河,就面临三家分治、污染频发的难题。上游的吴江把太浦河定位为泄洪通道,下游的青浦和嘉善则把太浦河定位为饮用水水源。

一河三标准,各说各的理,太浦河的治理面临"山阴不管,会稽不收"的尴尬局面。

太浦河治理就成了三地间推与让的太极——"沉住气,等风来。""水葫芦即使漂过来了,也别急着动手,也许过一晚,风向一变还会漂回去。""我不管,你不管,水葫芦自有他来管。""占到上游是地利,税收留在这一边,污染流在那一边。"……这些令人哭笑不得的经验,曾是三地治河人的宝贵方法论。再加上当时粗放的经济发展模式,河道水质严重下降,河水也变得五颜六色。

三地治水难,最终因长三角一体化而迎来突破。三地联手建立"联合河长制",推动太浦河界河共治。共订"一套标准",同绘一张蓝图,通过联合河长制度,三方在联合巡河、水质联合监测、联合执法会商、河湖联合保洁以及河湖联合治理等方面建立了常态机制。

从"水葫芦流到哪,治污责任就归谁"转为"不让一串水葫芦漂到隔壁省市",水变清、人相亲,通过上下游同治,太浦河面貌焕然一新。

如今的太浦河两岸,林木青葱、鸟语花香,还成了有名的拍鸟胜地,每年都有万余只候鸟在此越冬。

太浦河的浊清之变,彰显出一个道理,行政有分界、利益有多少,但好生态无界限,需要各地共治、共享。

不管是轰轰烈烈的共创时代,还是细水长流的共治时代,太浦河沿线各地都有各自的付出与收获,凝聚其中的协同共享精神,正是长三角一体化发展的魂与根。

三

从头顶一盆水到共护一安澜，从开河时顾全大局的牺牲，到治河时协同共享的范本，太浦河的建设历程，正是推进长三角一体化发展的一个生动注脚。

从"有界"到"无界"，随着长三角的一体化进程，各个领域都涌现出类似的"太浦河"工程——在金山、平湖交界，南北两山塘共促美丽蝶变；在杭州和海宁交界，两地共谋杭海新城"并肩许未来"；在沪嘉交界，嘉善中新现代产业园今年半年度签约金额近350亿元；在G60科创走廊，九个城市联手助力国产大飞机C919完成取证试飞……

这种变化还藏在百姓生活中。随着跨省公交的开通，嘉善居民去上海不用再反复倒车，下了公交，就是上海的东方绿洲地铁站，全程50分钟，嘉善的医保卡、公交卡，都能随便刷；从上海金泽镇到嘉善西塘，以前要坐轮渡换汽车，前后折腾一整天，如今小汽车15分钟就能开到家门口……

开挖太浦河，还饱含着人定胜天的豪迈。为了共同的目标，地缘相接、文化相融、血脉共通的三地百姓，付出苦累、血汗，在平坦大地上挖出一条"母亲河"。

正如党的二十大报告中所指出的，今天，我们比历史上任何时期都更接近、更有信心和能力实现中华民族伟大复兴的目标，同时必须准备付出更为艰巨、更为艰苦的努力。

机声隆隆、人影飞逐、红旗飒飒的历史场景已渐渐模糊，但这种不畏困难的闯劲，必将激励长三角人继续奔跑。

嘉善流传着一首名为《太浦河水向太阳》的田歌，其中有这么几句：太浦河水向太阳，黄金水道带来致富路。水连苏嘉沪，情系鱼米乡，河水日夜向东流，流不尽两岸稻花香。

太湖碧水，经过年轻的太浦河，奔腾流向旭日升起的东海。有人说，它的尽头，是展开的大湖、大海，和人类的想象力。

长三角一体化，正承载梦想起飞。

朱鑫　执笔
2022 年 11 月 16 日

世界粮仓为何陷入饥荒

> 我们国家脱贫攻坚战的伟大胜利也当然不是理所当然,它来自于一个强大政党的坚强领导,来自于我们坚定不移地走自己的路,来自于广大人民群众团结奋斗的内生动力……这些也为一些贫困落后国家通往良政善治提供了一种选择。

"男儿有泪不轻弹",但前几天,一国总统触到"伤心之处"竟然在众人面前泪洒当场。

当地时间11月10日,在巴西利亚与政治盟友举行的会议上,刚刚在大选中胜出的巴西候任总统卢拉谈到巴西正与饥饿作斗争时当场落泪。

这件事震撼了不少网民,也让人好奇,在地球另一头的这个国家,为何会陷入饥荒?

一

从地理条件上来看,南美洲巴西拥有广阔的平原和高原,还拥有世界上最大的雨林,全年温度适宜,降水充沛,为发展农牧业提供了绝佳的条件,农作物可以一年三熟。其优渥的自然地理条件被不少网友戏称"老天爷把饭喂到了嘴边"。

事实也的确如此。数据显示,巴西是世界第一大咖啡生产国和出口国、全球最大的蔗糖生产国和出口国、世界前二大豆生产国和出口国、第三大玉米生产国,玉米出口位居世界前三,同时也是世界上最大的牛肉和鸡肉出口国,柑橘、棉花、烟草、水稻的产量均居世界前列。农业产值占巴西GDP的21%,并为全国提供超过10%的就业岗位。

官方统计,2021年巴西粮食产量达到2.5亿吨,而根据预测,今年巴西粮食总产量将达2.634亿吨,创历史新高。

然而,巴西国内的调查报告却显示,目前巴西约有3310万人口处于极度贫困的饥饿状态,较2021年公布的数据增加了约1400万,倒退至20世纪90年代的水平。

一方面是全球粮食产量大国,甚至被称为"21世纪的世界粮仓",另一方面却是国家最高领导人对饥饿问题的哭诉。

到底哪个才是真实的巴西?

二

如果用一句话来解释这个问题的矛盾之处,那就是"现代社会的饥荒并不是因为没有粮食，而是因为底层人民没有得到粮食的权利"。

以2.634亿吨的粮食年产量计算，2.14亿巴西人折合每人有1230公斤，平均到每天约有6斤7两粮食。但粮食到不了底层人民手中。

一方面是因为粮食价格的上涨。

受疫情、通货膨胀、极端天气影响，近些年巴西粮食生产成本不断推高。

今年，俄乌冲突更是推动粮食价格水涨船高。巴西是世界上最大的化肥进口国之一，约85%的化肥依赖进口，其中约五分之一来自俄罗斯。俄乌冲突升级后，巴西化肥进口形势严峻，主要化肥的价格也从去年的平均每吨350美元上涨到今年的每吨1300美元。

成本上涨最终都体现在价格上，巴西国内大米价格一度上涨近70%，贫困人群根本无法负担。

另一方面，巴西粮食的种植生产并不以满足本国人民群众需求为目的。

巴西的农业生产被国内一些学者称为"农业拉美化"，其中一个最大的特点就是，大量的耕地掌握在外国企业的手中。

大地主与资本雄厚的外国投资者从贫困农民手中大肆收购田地，在他们超大土地规模、资本密集、大量使用农用化学品和农用机械的生产模式面前，个体小农小型、多样化的生产方式难以为继。美国四大粮商中，邦吉公司是巴西最大的谷物出口商，嘉吉公司是巴西第二大粮食出口商，路易·达孚公司在巴西拥有两处巨大的发酵式乙醇制造厂。

这些外国企业可不会在乎巴西人吃不吃得上饭，他们的目的是通过操纵供应链在国际粮食贸易中牟取暴利。

因此，尽管巴西是农业大国，但饭碗不能端在自己手里，大片土地上种植的都是以出口为导向的特定作物，而不是国内人民群众最需要的食物。

三

有人说，巴西候任总统卢拉的落泪不仅是为了正在遭受饥饿的民众，也是痛惜巴西失去了十几年的宝贵发展机遇。

2010年，巴西GDP为2.2万亿美元，1.13万美元的人均GDP更是当时中国的两倍有余。

而到2021年，巴西GDP只有1.61万亿美元，人均0.7518万美元，中国人均GDP已经是巴西的1.6倍。

巴西深陷"中等收入陷阱"并非单纯的经济问题，一个重要原因是治理能力的贫困。

以政治体制为例，由于历史原因和选举规则的影响，巴西形成了一个高度碎片化的政党格局。为占据多数席位，历任总统均想方设法构建多党联盟。

但这一制度却存在诸多弊端。首先，行政管理被政党联盟内部的利益分肥和平衡牵扯大量精力，执政效能愈发低下。其次，碎片化的政党时常难以就某项议程达成共识，政策落地实施非常困难。

在一个凝聚力和执行力都非常薄弱的政府面前，社会财富分配的马太效应日益明显，穷人只能躲进贫民窟中沉沦。

最近G20峰会正在举行，中国和巴西都是参会国。其实和巴西一样，我们国家对于饥荒和贫困也有着刻骨铭心的惨痛回忆，这也是卢拉的落泪在国内引起广泛关注的重要原因。

但不同的是，我们国家实现了近亿农村贫困人口的脱贫，完成了消除绝对贫困的历史任务，为全球减贫事业作出了巨大贡献。

网络上有一个词叫"幸存者偏差"，意指人们往往只看到经过某种筛选而产生的结果，而无法看到其筛选的过程。

同样的，我们对经济的持续增长、社会的和谐稳定习以为常乃至于认为理所当然的时候，可能不会想到，现实世界里可能还有很多国家在贫困、饥饿、混乱中挣扎。

以此观之，我们国家脱贫攻坚战的伟大胜利也当然不是理所当然，它来自于一个强大政党的坚强领导，来自于我们坚定不移地走自己的路，来自于广大人民群众团结奋斗的内生动力……这些也为一些贫困落后国家通往良政善治提供了一种选择。

尽管巴西和我们国情不同，但我们的"脱贫攻坚"无疑对于发展中国家的反贫困理论及实践都具有重要意义。

今年G20的主题是"共同复苏、强劲复苏"，通过这个平台，世界各国特别是广大发展中国家可以真诚交流共同面临的风险挑战和社会治理难题，一起为世界人民造福。

云新宇　执笔
2022年11月16日

丽水光影

> 青山绿水流淌出的动人旋律,美好生活的真情记忆,通过一张张相片,留存下了寻常人家的幸福档案,也不断向山城外的世界讲述着"丽水故事"。

"咔嚓""咔嚓"……快门声响起,如诗如画的山城景色,瞬间定格成永恒。

11月17日,世界摄影大会在丽水拉开大幕,全球顶尖摄影人才、高端摄影产品、先进摄影技术,在此群星汇聚。

这是连续举办十届摄影节后,丽水再一次闪耀于世界镜头前。而"聚光灯"背后,凝聚的是丽水摄影的底气自信,更倾注了一座城市之于摄影艺术的孜孜以求和开拓耕耘。

光影艺术何以闪亮这座山城?

今天,我们就来说说丽水摄影的"那人、那城、那事"。

一

1826年，世界上第一张照片《窗外的风景》在法国诞生。

从那时起，人们一路用摄影记录时光。

而丽水与摄影的情缘，得从100多年前说起。

19世纪末，松阳人张礼由留学日本，购买了一套照相器材，回乡后在松阳县城开了精美照相馆。丽水现存最早的照片《潘益澄六十大寿照》，拍摄于1907年，就是出自精美照相馆。

改革开放后，摄影艺术在丽水真正打开。在那个文艺"百花齐放"的火热年代，丽水人在摄影成绩上还稍显尴尬，参加省级、国家级展赛常常被"剃光头"。但山里人的脾气倔，认准的理绝不放松：

"别人能搞的，我们为啥不能搞，为啥不能搞出点名堂？"

上世纪70年代末，酷爱摄影的吴品禾、初小青等8名年轻人自发成立"闪光影会"，把目光从照相记录转向艺术创作，赶上中国摄影的潮头。

彼时，摄影不仅"烧脑"，还"烧钱"。但双脚踏进摄影圈，往往无法自拔，有些人不惜戒烟、卖家具，甚至卖房、卖粮食，但从未因物质贫乏而放弃摄影"初心"。

1980年6月，丽水摄影家初小青的一张《影途遇敌》，获得联合国教科文组织的第五届摄影"亚洲文化中心奖"，这是丽水摄影首度在国际赛事中获奖，轰动一时。

1983年，丽水摄影家首次集体对外亮相——在北京王府井展出《丽水风貌》摄影展，一炮打响。此后，各类赛事、展览、培训等摄影活动开始在丽水频频举办，迅速在当地掀起了一阵"摄影热"。

从黑白胶卷到数码相机，从一群"追梦人"不甘人后、自立自强的求索，到一座城的齐声"大合唱"，摄影艺术的星星之火，在山城大地逐渐呈燎原之势。

如今，摄影在丽水就像是一个巨大的磁场，上至耄耋老人，下至学龄孩童，上演着一场全民艺术狂欢。

有数据显示，这座"摄影人口"上万人的小城，国家级摄影会员人数已达257人，按照人口基数比例排名位列全国地级市第一。他们在国内外重要权威展赛中获奖500多件，还有3人共4次摘得中国摄影界最高荣誉——"中国摄影金像奖"。

二

世上哪有平白无故的爱。丽水人为何对摄影爱得深沉？

或许，还是因为这座山城得天独厚的"摄影基因"。

"丽水人拍世界，世界人拍丽水"，多年来，闻名于世的秀丽山水、淳朴厚重的风土人情、别具韵味的乡愁情怀，通过摄影不断走出"深闺"被人识。

雾气迷蒙中，鼎湖峰若隐若现。石板桥上，撑红伞少女茕茕而行，一旁农夫荷锄牵牛……上世纪80年代，丽水摄影家吴品禾在缙云鼎湖峰下守了4个小时，拍下了名为《仙境》的照片，成为此后国家AAAAA级景区缙云仙都的一张"摄影名片"。

2006年，《联合国特刊》封面刊登了一幅极具中国特色的摄影作品《坐在渔船上的渔家女》，让丽水云和湖风光惊艳全球。

2015年，俄罗斯摄影家普罗辛·弗拉基米尔的摄影作品《河流之上》摘得首届锡耶纳国际摄影奖，让"渔人泛舟"演绎独特东方美学。

"瓯江帆影""渔舟唱晚""凤阳日出""三都民居""南尖云雾""梅源梯田""畲乡风情"……行摄丽水，摄影"富矿"触手可及。

如今，一批政府引导、市场投资运营的摄影主题园区、酒店、民宿在丽水应运而生，与摄影有关的业态快速发展。

顺应数字化时代发展趋势，丽水还启动国际数码影像中心项目建设，将摄影艺术与产业、历史文化、山水景观、休闲娱乐有机融合，打造艺术产业高地、城市艺术会客厅和市民艺术休闲中心。

流光岁月，相片记录点滴。摄影这一元素，仿佛已深深刻在丽水老百姓的DNA里。

青山绿水流淌出的动人旋律，美好生活的真情记忆，通过一张张相片，留存下了寻常人家的幸福档案，也不断向山城外的世界讲述着"丽水故事"。

三

"人无癖不可与交，以其无深情也"。如今，丽水摄影的"朋友圈"越来越大，曾经的乡土丽水也越来越有"国际范"。但还是会有人经常问起：

世界摄影大事，为何青睐浙江这座山城？

1999年，是一个值得载入史册的年份。这一年，丽水摄影迎来高光时刻——承办第四届中国摄影艺术节，并被中国摄影家协会授予首个"中国摄影之乡"，开启了政府搭台、多方发力、摄影唱戏的新纪元。

2004年，丽水举全市资源创办首届摄影节，成为经国务院备案批准的国内唯一一家以"摄影节"命名的摄影主题节庆活动，至今已连续举办十届。

这里，每年都会组织举办摄影展览、学术研讨、主题交流，组织产品博览会、摄影赛事、采风旅游等系列活动，吸引国内外摄影家和上万名摄影爱好者前来参展参观、交流创作。

有专家评价："无论国内还是国外，丽水摄影节已具世界一流水平。"而丽水和摄影，也正穿过一个个镜头，演绎着一场场跨越国度的"双向奔赴"。

澳大利亚摄影师Jason Blake，多次参与丽水驻地摄影项目拍摄，从此爱上丽水这座城。他走进丽水街头小巷，吃着当地的油菜火锅，啃着中国的包子，嗑着中国的瓜子，用镜头讲述中国的小城故事。

一位丽水本土企业家在欧洲推销产品时，苦于如何向老外介绍丽水。让她非常意外的是，不少老外说："我知道丽水，那里的摄影很有名！"她不禁感慨道，是摄影让她打开了国际市场。

都说兴趣是交友最好的"黏合剂"。

目前，这座山城已向世界各国输出中国和丽水本土摄影师展览140多个，赴外交流活动高达60多场。而世界摄影大会，也向这里伸出了永久的橄榄枝，落户于此，每年将有90多个国家代表来到这里交流创作。

一张张动人影像，一场场视觉盛宴，摄影已经告诉世界，中国有个丽水。而丽水摄影这张文化"金名片"如何越擦越亮？

未来，愿答案如国际摄影艺术联合会前副主席雅克·丹尼斯为这座山城留下的美好祝福：

"世界摄影因为丽水而丰富，丽水因为世界摄影而精彩，丽水必将成为全世界摄影家向往的地方。"

钟根清　执笔

2022年11月17日

一位宣传战士的上山情怀

> 弥留之际,他依然用虚弱的声音对身边亲人说:"还有很多事情没做完,我不放心。"很多人说,他心里装着上山,唯独没有他自己。

徐利民,这个名字,许多人或许感到陌生。他是浙江这片土地上,默默耕耘着的党员干部中的一员,宣传文化工作战线上的一员。

2022年9月20日,在浦江县委常委、宣传部部长任上,徐利民积劳成疾逝世,年仅52岁。

徐利民为宣传事业鞠躬尽瘁,把一生奉献给了家乡浦江。哪怕在病榻上,他仍不遗余力地宣传推介"上山文化"。

浦江上山遗址中,出土了万年前的稻米种子。这里孕育着文明起源,也铭刻下精神标识。

毛泽东同志说过,我们共产党人好比种子,人民好比土地。我们到了一个地方,就要同那里的人民结合起来,在人民中间生根、开花。

徐利民，就是这样一粒种子。

一

徐利民为何对"上山文化"的研究和宣传，能始终保持热忱，倾注心血乃至生命？

究其根本就在于——使命感。

一项工作，有的领导想着负责三五年，可能就会调离岗位了，不用太过认真。他却不，对上山他有一股子痴劲儿，视之为终身事业。"上山万年，文化延续从不间断。让人感到任务神圣。"他在工作笔记中写道。

在这种神圣的使命感驱动下，徐利民能跳出县域，把宣传思想工作放到更大格局中来思考。2019年，徐利民担任县委宣传部部长后，浦江"上山文化"的研究和宣传思路打得更开了。

"上山文化"从单纯考古学术研究，拓展到农业领域的意义探寻。徐利民前往长沙上门拜访"中国杂交水稻之父"袁隆平。袁老对于上山考古的重大成果十分感兴趣，题词"万年上山，世界稻源"。

在学术研究上，除了出土稻米外，上山陶器以及村落遗迹受到学界更多关注。考古界泰斗严文明评价，上山"稻作农业世界第一、彩陶世界第一"。"上山文化"，与远古中华文明紧密联系在了一起。

徐利民的爱人说，他眼里有上山，心里有上山，时时刻刻都想着上山。即便是在生命的尽头，还在牵挂上山。他的微信头像一直都是上山遗址照片，他的朋友圈满是上山遗址的宣传报道。在他的办公室最显眼的地方,总是放着一堆堆上山文集……

他还想好,在任时付出还不够。"以后我要是退休了,我的后半辈子也要跟上山紧紧地联系在一起。""如果上山有幸申遗成功,真不枉此生了。"

在住院期间,他依然心心念念上山等工作,通过微信、电话回复信息、布置工作。弥留之际,他依然用虚弱的声音对身边亲人说:"还有很多事情没做完,我不放心。"很多人说,他心里装着上山,唯独没有他自己。

8月30日,徐利民用低沉、沙哑的声音和现任上山遗址管理中心副主任张国萍通电话,交代相关工作事宜;8月31日,为邀请申遗专家来浦江指导之事,张国萍与徐利民微信联系。当她把申遗专家因身体原因无法及时到来等情况向徐利民汇报时,徐利民让张国萍代为转达问候,并再三叮嘱:"让专家一定要安好后再来,健康第一位。"

谁能想到,一心忙于工作的徐利民自己却没能保住"健康第一位",不到一个月,竟成永诀!

他的上山情怀,不但超越了工作,超越了地域,更超越了生命。

2020年,徐利民向县委提议,联合上山文化遗址联盟的4市11县共同申遗,并绘制了一张跨越15年的路线图:到2035年"上山文化"力争申遗成功……当前,申遗工作在稳步推进之中。

这一系列改变,是许多浦江干部不曾想到的。撬动改变的支点是什么?

他们坦言,"是人的思想变了"。

二

"一个热爱中华大地的人,他一定会爱她的每一条溪流,每一寸土地,每一页光辉的历史。"这是习近平同志在河北正定工作时的一段深情告白。

使命感,源于热爱。徐利民爱着这片土地和这片土地上的人。只要对老百姓有利的事,哪怕有再大困难,他都要去做。2006年,山区水源紧张,虞宅当地村民缺水,三五户人家凑一笔钱,用一根水管通到山坳去接水。他着手建水库,亲力亲为,一副手套、一把柴刀,没有路就劈出一条路,饿了吃饼干,渴了喝山泉水。

两年时间,工地跑了100多趟。夏天,徐利民戴一顶草帽,仍被晒得黝黑。深清源水库建成后,当地十几个自然村都通上了自来水,至今,多数虞宅老百姓还不知道,这个水库是在哪位领导手上建起来的。当地人说,今年雨少,要是没有这个水库,怕是熬不过。

"好干部,老百姓永远记在心里的。"已到县里当宣传部部长的徐利民到虞宅乡前明村参加活动,忙完特地来看望卸任的前明村原党支部书记邱源枢。"我到家的时候,他已经坐在门口的破凳子上。一点架子也没有,像老友来串门。"邱源枢说。

"村支书不当了,我就做点小工,两个儿子都是残疾人。""你有困难,就来找我。"徐利民离开才10分钟,又回来塞给老邱一个红包。"钱不多,拿去补贴一下。"原来,走的时候,他是去换钱了。"一个领导给老百姓送红包,我不说,没人知道这件事。"

浦江的故事,他讲了一辈子。

1990年，农家出生、农校毕业的徐利民，成了当地乡镇的农口干部。他白天下乡，晚上写作，因为笔头勤、敏感性强，被调到县委报道组，从此与宣传工作结下不解之缘。那些年，县里还没有几辆汽车，徐利民就骑着自行车，走遍了浦江的山山水水。

县委宣传部的同志们，仍记着徐利民的一番话：

干部要登上仙华山，俯瞰整个浦江发展，但根要紧紧扎在这片土地上。

近年来，浦江产业转型升级面临挑战，曾占据全国市场六成份额的水晶等传统优势产业不断萎缩。"浦江经济不行了。"社会上不时出现唱衰之声。

众声喧哗，谁来凝聚共识？2021年初，一组"奋力赶超 干在今朝"系列述评在浦江各媒体连续推出，直面困难问题，直指症结所在。评论刊发后，浦江政企干部、企业家、在外乡贤纷纷留言，为浦江发展出谋划策，收集到的优质意见建议超过400条。这组稿件，从观点的提炼，到标题的拟定，都倾注了徐利民的心血。

宣传思想工作，要以民为本，解难题、促发展。

秉持着对新闻宣传工作的满腔热忱，徐利民谋划推进媒体融合改革，打造县域主流传播平台。浦江是金华市下辖区县中首家挂牌成立县融媒体中心的，因为深入基层、扎根群众，其生产的新闻产品不乏"爆款"。

"因为相信，所以热爱。"徐利民说。

三

徐利民终其一生，紧紧地贴近大地。

县域治理的最大特点是既"接天线"又"接地气"。对上，要贯彻党的路线方针政策，落实中央和省市委的工作部署；对下，要领导乡镇、社区，促进发展、服务民生。

这需要县一级干部，在胸怀大局的前提下，不断探索新思路、新办法、新举措，将工作落到实处。

徐利民总是能在看似艰难的情况下，打开新局面。

受疫情影响，梨农李清标为销路犯了愁。去年12月，徐利民带头走进直播间吆喝，部长带货，在当地成了一桩新鲜事。李清标不太信，这能有人买？短短5天，观看量超1600万人次、销售总额破100万元，自家梨膏糖卖出4万余元，李清标心服口服。

领导干部下访的"浦江经验"是县里的"金名片"，可前几年，有些网络投诉渠道的响应处置效率不高。发现问题后，徐利民整合全县8个平台的网络问政板块，推出"民情暖哨"网络平台。

徐利民自己当"平台"的产品经理，不断优化调整，为方便老年人，还专门开发了方言投诉模块。平台上线两年多来，共收到民情诉求2万余条，诉求总体处理完成率达99.8%，解决了一大批民生难题。

文明城市创建，是一个系统工程。徐利民从"关键小事"着手，落实楼道粉刷、飞线整治、智慧停车、24小时公厕、共享充电桩、爱心菜园等215个惠民项目。老百姓享受到实惠，小切口促动了大变化，全县共创、共建、共享的氛围逐渐形成。

党的二十大报告提出，增强文化自信，围绕举旗帜、聚民心、育新人、兴文化、展形象建设社会主义文化强国。这是时代对宣传文化工作战线提出的新课题，需要我们作出回答。

在这进程中，我们尤其要有一种格局，一种境界，一种情怀——像徐利民一样扎根大地，满怀着使命感与热爱，将个人的梦想融入时代，与新时代同频共振。

这是促使徐利民这些年埋头工作一心向前的力量，这是我们能够从他身上汲取的力量，这也是永远不会被时间改变的力量。

施力维 李艳 执笔
2022 年 11 月 17 日

"躺平"是对"二十条"的最大误读

> 事关人民群众的生命安全和身体健康，既要兜住底，更要兜准底、兜好底，把握分寸，掌握火候，才能在动态平衡中实现经济效益和社会效益的整体最大化。

前不久，国务院联防联控机制综合组发布一则重磅文件，特别是文件列出的"二十条"疫情防控优化调整措施，引发了全网刷屏围观。

"7+3"变"5+3"、不再判定密接的密接、取消入境航班熔断机制、7天集中隔离变居家隔离……依靠短视频平台的吸睛标题，"二十条"在很多人眼中俨然成了国家"全面放开"的信号弹。随后多地宣布取消全员核酸，有人欢呼雀跃，也有人忧心忡忡。"躺平论"卷土重来，再次搅动起舆论。

但如果耐心看完这份含有"二十条"的完整文件，便不难发现文件中反复强调的根本不是"放松放开"，而是"科学精准"。在这一关键节点推出"二十条"，为的是科学应对秋冬季更加复杂的防控形势，为的是进一步杜绝"层层加码""一刀切"对生产生活造成的不良影响,为的是最大程度保护人民生命安全和身体健康,最大限度减少疫情对经济社会发展的影响,从而实现社会整体利益最大化,绝不是为了"躺平"。可以说,"躺平"是对中国防疫政策最大的误读和最严重的损害。

17日,国务院联防联控机制召开新闻发布会。会上就强调,要坚定不移坚持人民至上、生命至上,落实"外防输入、内防反弹"总策略和"动态清零"总方针,坚决反对"一封了之"和"一放了之"两种倾向,保障好"二十条"措施不折不扣落地落实。

一

世界上唯一不变的是变化本身,疫情防控的动态调整亦是如此。

在和新冠病毒斗智斗勇的近三年里,优化调整、迭代升级是我们一贯的工作节奏和风格,最新的防控方案迭代到了第九版,国家也不时下发各类文件为政策及时打补丁。

可以说,"二十条"是近三年来中国防疫经验的最新智慧,是政府审时度势作出的科学决策,助力疫情防控更加科学精准高效。

比如"赋码管理"等科技赋能。"二十条"中先后6次提到"赋码管理",对高风险人群的精准赋码、科学用码、规范管码,体现了对"动态清零"毫不动摇的执行。

比如将风险区由"高、中、低"三类调整为"高、低"两类,规定高风险区一般以单元、楼栋划定,不得随意扩大等措施,对最大限度实现精确管控作出明确要求。

比如针对入境人员开展活动提出的新概念"闭环泡泡",即免隔离闭环管理区，就是一种最小防疫单元的精细化操作。

细读"二十条"文件，不难发现其中不止有"变则通、通则久"的操作谋略，也有"以不变应万变"的思路打法。如再次重申坚持"动态清零"的重要意义，如坚持底线思维，坚决打赢常态化疫情防控攻坚战。

病毒在变异，传播规律、防控形势也在变化，人民群众的诉求有了新的侧重点，防疫措施当然要变，"二十条"就是基于科学研究的新措施新手段。但更要看到，防疫措施不断优化迭代的背后，是一以贯之的"动态清零"总方针，是"外防输入、内防反弹"的总策略，是"人民至上、生命至上"的价值理念。"二十条"的精髓，在于牢牢抓住当前疫情防控的主要矛盾，在精准回应人民群众关切基础上努力实现动态平衡，遵循了实事求是的原则。

正确认识和把握"变"与"不变"的关系，是我们理解"二十条"科学精准的防疫策略的前提。

如果寄希望于"放开、共生、躺平"来缓解焦虑，无异于饮鸩止渴。早在今年5月，美国就宣告成为全球首个因新冠疫情死亡人数超过100万的国家。根据测算，如果中国效仿美国加入"躺平国"行列，那么3年下来中国的死亡人数将超过400万。任何无视危机的侥幸、不切实际的幻想，都或将成为生命不能承受之重，不仅不符合更加精准科学有效的要求，也完全背离了疫情防控总方针、总策略和价值理念。

要让"二十条"真正发挥出应有的科学精准防控效果，首先要回归到理解政策本身，不被"带节奏"的错误言论所迷惑，不被人云亦云的谣言牵着走，用理解达成共识，用共识形成支持，以最小代价夺取疫情防控攻坚战的胜利。

二

当前,全国各地都动了起来,纷纷研究出台"二十条"的落实举措。但具体实施落地中,是选择简单地"开个会""抄一抄""转一转",还是逐条研究、量体裁衣、定制方案,效果可能天差地别。

政策调整,解读要先行。新政策落地的关键时刻,官方权威信息最不能缺位,不能单凭一纸通告、一封信草草发布,让群众误会调整政策就是"不管了""躺平了"。特别是针对老百姓关心的各地政策步调不一致怎么办、医疗资源调度能否及时到位、防护药品供应是否充足等问题,要及时解疑释惑;而针对容易引发恐慌的谣言和虚假信息,更要及时澄清,消除不良影响。

有的地方片面曲解政策,冒出"躺平"苗头,根本上还是形式主义、官僚主义作祟;有的地方防疫政策一天一个样,看似"与时俱进",实则"操之过急""用力过猛",缺少政治定力和精准研判。

这些做法,是对人民群众的极端不负责,也是对宝贵防疫资源的极度浪费。现实中,也让群众无所适从,反而产生恐慌心理,被网友普遍"差评"。

落实"二十条"举措,还要坚持各地实战管用的特色打法。比如,用好复盘机制"打一仗进一步",用"小步快走"取代"大步流星",在试错中不断优化对策、提升能力;比如用"战疫求助"机制来推动政策磨合期的平稳过渡,解决防控措施落实中资源调配不足、执行偏差及突发情况所造成的痛点堵点,通过"战疫求助"平台倾听群众呼声,实现疫情、舆情、社情"三情"联动,让防疫举措越来越"聪明"。

抗疫是一项系统工程，牵一发而动全身。疫情防控越精准，对各地的考验就越大。"二十条"的落地能否让老百姓真正感到便利和安心，靠的是政府治理的"绣花"功夫。事关人民群众的生命安全和身体健康，既要兜住底，更要兜准底、兜好底，把握分寸，掌握火候，才能在动态平衡中实现经济效益和社会效益的整体最大化。

三

新冠疫情即将进入第四个年头，在暂时还看不见终点的"马拉松"里，社会心态难免产生波动。

比如一些人对新冠病毒本身的恐惧感、对疫情传播的恐慌感有所下降，对疫情防控常态化长期化的倦怠感有所上升；对"动态清零"相关防疫政策举措的耐受度有所下降，对"层层加码""一刀切"等过度防疫政策的负面情绪有所上升；对宏观经济恢复向上向好发展的信心有所下降，对恢复社会生活正常化的期望值有所上升。

社会心态的"有降有升"也让"放开管控"等观点和言论有了一定传播空间。而我们所面临的现实情况是怎样的呢？

从国际上来看，全球新冠肺炎确诊病例已超6.3亿例，新冠病毒的传播、变异仍在继续，感染数、死亡数仍在上升，全球疫情尚未得到有效控制。

从国内来看，我国是人口大国，脆弱人群数量多，地区发展不平衡，医疗资源总量不足，一些地区的疫情仍造成了规模影响。

加之冬春季气候因素影响，疫情传播范围和规模有可能进一步扩大。

可以说，防控形势仍然严峻复杂，对新冠疫情的"速胜论"，或者面对疫情传播的"躺平论"，不符合实际情况，也不符合我们坚持的防疫原则。

"二十条"发布后，全国各地都积极跟进响应，也证明了及时必要的调整符合绝大多数人的根本利益和内心期待。

面对疫情，中国人从来没有"躺平"过，"躺平"不是我们的性格，"躺平"也不是我们的选项。"一根筷子轻轻被折断，十双筷子牢牢抱成团"，团结抗疫的重要性不言而喻。

沈妤婕 杨昕 云新宇 执笔
2022 年 11 月 18 日

"宋韵"一年间

> 浙江是两宋文化遗存的富集之地，处处彰显宋韵文化的气质神韵。而宋之于浙江，实在是个很玄妙的东西，它散作满天星，浸润出浙江的风土人情。

江南一枕钱塘水，宋韵千年入梦来。

600多年前，明代杭州府学教授徐一夔遍访杭州，撰写《宋行宫考》，寻踪南宋皇城的印记。现在已经很难考证徐一夔是不是为浙江寻找宋韵的第一人。但可以看出的是，浙江人对于宋文化，始终有着深深的情结。

2021年8月31日，浙江省委召开高规格文化工作会议，提出打造"宋韵文化传世工程"。2022年6月，省第十五次党代会再次划下"着重号"——"实施宋韵文化传世工程"。宋韵，是浙江立志要打造的一张文化名片。

今天，2022宋韵文化节启幕。"宋韵"一年间，挖掘、研究、传承、传播宋韵文化，浙江做了什么、想了什么？

一

一年多来,浙江人身边的宋韵氛围越来越浓。

小到一只青瓷水杯、一本宋风雅韵之书,大到一座皇家宫殿遗址、一场城市文化建设……宋韵衔接起古与今的浩瀚时空与深厚积淀。

最近凭借那面红墙出圈的德寿宫,曾是南宋临安城内的重要宫苑,宋高宗、宋孝宗都曾住过,以"气象繁盛"著称。

近20年来,德寿宫遗址经过4次较大规模考古发掘。德寿宫遗址保护展示工程于2020年底正式开工,经过2年时间,终于在2022宋韵文化节期间亮出真容。今天,德寿宫遗址博物馆拥有室内展陈、数字化展示、遗址模拟展示等,将带领观众穿越古今。

从南宋都城,望向浙江的南端,今年,温州朔门古港遗址重大考古发现吸引了大众目光。古城水、陆城门相关建筑遗迹,成组码头等保存较好的古代遗迹,2艘沉船以及数以吨计的宋元瓷片堆积和形式各样的漆木器等,再现了宋元时期温州港的繁荣之景。

走出历史,回到今天,新落成的杭州国家版本馆中,"现代宋韵"随处可见。园景互融、多重院落,凸显宋文化的"掩映之美";断壁修复成茶垒,重现宋人清雅脱俗、淡泊悠远的画中意境;夺人眼球的艺术青瓷屏扇门来自创新改良的龙泉窑,一出场便风靡网络。

此外,翻开《宋韵文化简读》《在田野里看见宋朝》等书籍,仿佛开启了沉浸式访问宋代社会的大门,走进"中国历代绘画大系"成果展的展厅,《千里江山图》《踏歌图》等宋朝巅峰之作将百姓的安居乐业刻画到极致。

宫苑、遗址、书籍、展览……这一年间，无形之韵正一步步变为有形之景，逐步深入人心。

二

宋韵文化一次次"出圈"，不是从天而降的。

浙江为此持之以恒地付出努力。今年8月，宋韵文化传世工程指导委员会成立。省委宣传部牵头研究编制了《宋韵文化传世工程实施方案》，提出实施宋韵文化研究、遗址保护、数字展示、品牌塑造、文旅融合、文化传播等"六大行动"。同时谋划宋韵文化研究全辑、南宋皇城考古遗址公园等10余项标志性项目，基本构筑了支撑宋韵文化传世工程的"四梁八柱"。目前，全省各地已谋划了一批重点项目，初步建立起了宋韵文化传世工程项目库。

有了"骨骼"和框架，还得拿出"绣花"功夫，填好内容、化好妆容。

宋韵文化，是围绕着人而展开的。如何让各地百姓能在宋韵文化的打造中，有切切实实的收获感、幸福感，全省各地这一年间在不断探索、实践。

比如，绍兴举办陆游文化节、颁出"陆游诗歌奖"，发布《宋韵越城地图》与《陆游诗词地图·绍兴卷》；金华围绕李清照寄居的酒坊巷，以八咏楼为核心，迁建一批与南宋文人有关的历史建筑，打造南宋文化风情街；台州府城宋韵·诗路文化体验馆正式开馆，数字技术让宋诗宋词"活起来"，也借诗词串起全域旅游；在衢州常山，"宋诗之河"文化标识逐步清晰，宋诗元素融入城市建设……

细细数来，宋韵文化早就悄悄隐于这一方水土。

2022年央视春晚中，根据《富春山居图》创作的音舞诗画节目《忆江南》出人意料地引发刷屏。宋韵面对千万大众挥一挥衣袖，引来"唱念俱佳、赏心悦目的春晚清流"的赞誉。它让观众沉浸在中国传统文化与现代科技结合的意境之中，体味到国泰民安的山河之美。

宋韵已经不仅是一个文化名词，更是可观、可赏、可游、可品的文化体验。宋韵之韵，愈加变得鲜活。

三

以宋韵之名，浙江正在写一篇大文章。

这篇文章面向历史。陈寅恪先生说过："华夏民族之文化，历数千载之演进，造极于赵宋之世。"浙江是两宋文化遗存的富集之地，处处彰显宋韵文化的气质神韵。而宋之于浙江，实在是个很玄妙的东西，它散作满天星，浸润出浙江的风土人情。

把这篇文章写好了，具有直抵现实的意义。千年宋韵呈现出的治理智慧、哲学智慧和文化智慧，正在被当下浙江的发展充分汲取、吸收并运用。

作为中华优秀传统文化的重要组成部分，宋韵文化是浙江实现"两个先行"的重要精神资源，也是浙江行进在中国式现代化进程中的人文动力。

可以说，挖掘宋韵文化，是浙江的使命。我们要做的，正是将满天星汇聚成一团火，让这团火，烧得旺旺的，在历史长河中，标注出浙江鲜明的文化标识。

如今，宋韵文化的起笔正引起越来越多的关注，在海内外的学术界、文化界激荡起一阵阵涟漪。可是，当人们以更高要求、更高期待投向浙江，我们必然要直面：宋韵文化的概念定义，如何形成统一的话语体系？应用性研究如何加大加强？支撑宋韵文化品牌的标志性成果如何闪亮？

这是一个个面向自我的深层叩问，促使我们站在五千年中华文明史的高度上，努力成为全国乃至国际上最重要的宋韵文化研究高地。

当然，"宋韵文化传世工程"不可能一蹴而就，一年之功撬动的仍是冰山一角，宋韵文化还有太多的内涵值得深挖。

比如南宋皇城遗址、宋六陵遗址等所凝聚的浙江故事、中国故事，还需要用符合时代的语言讲好讲透，让来自世界各地的游客读懂它们的价值。在宋韵遗址的保护和数字化运用方面，还有很大空间任由我们探索与创新，努力为全国、全世界的文物保护展示提供优质的浙江方案。散落全省域的宋韵文化品牌打造，除了一地一域的"闪光"，还可以串珠成链，形成美好生活的推力。

而这关键的落笔，终将落在每一个人的身上。

读不尽的浙江，正是因为文化而丰厚。先行路上，"宋韵"这篇大文章，浙江的书写才刚刚开始。

陆遥 李娇俨 李戈辉 执笔
2022年11月18日

每个人心中都有座逸夫楼

> 他将"大丈夫贵兼济,岂独善一身"奉为人生信条,并认为,"财富取之于民众,应用回到民众"。

很多中国人心里,都有一座逸夫楼。

2014年,107岁的邵逸夫去世。那一年,有网友制作"逸夫楼分布图",发现几乎整个中国都是密密麻麻的标记。

逸夫教学楼、逸夫图书馆、逸夫科技馆、逸夫体育馆,还有众多逸夫小学、逸夫中学、逸夫剧院、逸夫医院……一代传奇人物远去,但他留下的文教遗产灿若星河。

在国人心中,"邵逸夫"不仅只是个名字,而是内化成了一个符号。它星星点点点缀在中国版图之上,嵌入到一代又一代人的集体记忆之中。

今天11月19日,是邵逸夫先生诞辰115周年。斯人已逝,而他的善迹与精神,依然福泽后世。

一

邵逸夫的名字，自带两个标签：香港影视大亨、著名慈善家。

身为邵氏兄弟影业的开创者、香港无线电视TVB的掌舵人，中国影视史上，永久留有他的名字。

没有人生来就成功。他的英文名叫"Run Run Shaw"，是他本名邵仁楞的音译。这似乎成了他人生的生动写照——"跑来跑去"。

邵逸夫十六岁时，家族颜料产业"锦泰昌"因颜料生产的快速工业化而迅速败落。在这样的背景下，邵氏兄弟凭着一腔热情，集体闯入当时尚属草创的中国电影业。

在邵氏兄弟创办的"天一影片公司"里，邵逸夫从不拒绝脏活、累活，跑腿、打杂更是家常便饭，也因此熟悉了电影制作的全流程。

随着《女侠李飞飞》《梁祝痛史》等影片的播出，天一公司在上海滩逐渐站稳脚跟，但不久，就遭遇了一场针对和抵制他们的"六合"围剿。

为在夹缝中求生存，邵氏兄弟远下南洋，每天背着沉重的电影仪器、跋山涉水放映电影；为了学习先进的技术，邵逸夫又只身赴好莱坞学习有声电影拍摄技术，中途差点在风暴中葬身海底。

历经风雨，才能笑傲江湖。

1933年，邵氏兄弟独立拍摄我国第一部有声片、第一部粤语片《白金龙》，创造当年百万票房神话；1958年，邵氏影城在香港清水湾荒地拔地而起，香港成为"东方好莱坞"。光影之间，邵逸夫拍摄了千余部电影和电视剧，捧红了数以千计的明星，TVB的

《射雕英雄传》《上海滩》等电视剧,更成为几代人的青春记忆。

不过,邵逸夫的人生远不止前半场。这个最"抠门"的老板,也是最慷慨的慈善家。

坐拥影视帝国为他带来了巨额财富,但他始终认为:"人们赚钱难,但有钱怎样去用,把钱用在最适当的地方,那才是最难的事。"

二

"受光于庭户见一堂,受光于天下照四方"。

1973年,邵逸夫在香港成立了私人慈善基金组织——邵氏基金会,开始向香港的教育和慈善机构提供资助。

第一笔善款捐给了香港苏浙公学,目的是给学校建图书馆;另一笔600万港元,用来建香港艺术中心,这里后来成了香港与内地及国外进行文艺交流的重要场所;听说同乡马临任校长的香港中文大学缺钱建书院,邵逸夫直接出资1亿港元"救急";他还将巨额捐款投向医疗和公共卫生事业,使多家医院从中受益。

1985年起,邵逸夫开始把关注的目光和大笔的善款投向祖国内地。就在这一年,大漠深处的敦煌莫高窟收到了来自邵逸夫的1000万港元捐助善款,用于安装壁画前的玻璃屏风,保护千年壁画艺术。

当国家受灾时,他总是第一时间慷慨解囊。2008年,汶川地震,捐款1亿港元;2010年,青海玉树地震,捐款1亿港元;2013年,四川雅安地震,再次捐款1亿港元……这位老人,用自己的方式守护着国家。

在众多捐资项目中,邵逸夫对教育项目情有独钟。他曾多次说,"内地与外国不同,教育不普及,很多人想读书没有好的先生……培养师资刻不容缓"。因而,他视教育为立国之本,体现着对祖国青年人才未来的殷切期望。

比如,1985年,邵逸夫捐资1000万港元,在浙江大学玉泉校区兴建邵逸夫科学馆,这也是中国最早的"逸夫楼";从1987年至1992年,他3次向宁波师范学院捐款建图书馆、教学楼和职业教育中心,设立奖学金。

据新华网报道,截至2012年10月,邵逸夫基金已连续为内地教育事业捐赠达47.5亿港元,捐建项目6000余个,受惠学校千余所。他也由此被誉为"华夏捐资兴教第一人"。

当然,他的贡献远不止如此。1990年,他向英国牛津大学捐款1630万美元,帮助该校成立了中国研究所。

三

邵逸夫为何热衷于做慈善?

从他的人生轨迹和捐助倾向,我们或许可以找到些许线索。

邵逸夫早年就读于家乡宁波的庄市叶氏中兴学堂,其创始人是著名宁波帮人士叶澄衷,之所以命名"中兴",既因叶氏义庄边有一座中兴桥,也暗合叶澄衷"中华复兴"的旨意。

这所学堂治学严谨、学风淳正,德智并重、中西兼容。一批饮誉海内外的宁波帮人士都曾在此就读,如包玉刚、包从兴、赵安中等,所以又有"宁波帮的摇篮"之称。在这里,邵逸夫读完了高小,树立起基本的家国观念。

生于乱世的他深刻理解,"国破则家亡,国兴则家昌",乱世之中，再庞大的财富，都可能只是黄粱一梦。邵逸夫曾说："一个企业家的最高境界就是慈善家。"或许就是在这里，他已经寻找到了关于财富何去何从的答案。

20世纪二三十年代，邵氏兄弟在上海初涉电影行业，风生水起时，因"九一八"事变导致上海局势动荡而被迫转战香港，在远离战火的东南亚寻求更大发展机遇。然而，随着抗日战争的爆发，香港、东南亚地区相继沦陷。民族之痛，深深烙在邵逸夫的心里。

既有爱国之心，又有报国本领，邵逸夫的一生，把个人价值寄托在对国家和人民的大爱和奋斗中。他将"大丈夫贵兼济，岂独善一身"奉为人生信条，并认为，"财富取之于民众，应用回到民众"。

恍然回首，我们发现，邵氏出品的电影，大多取材于中国传统文化，仁义礼智信与宣扬侠义的观念在影片中比比皆是；而他捐赠教育，更是为了民族的根本利益，体现教育兴邦的赤子之心。

作为华夏儿女，邵逸夫从未忘祖、忘根、忘本。家乡人民也从没有忘记他。

正如2014年1月，邵逸夫离世时，国家主席习近平在唁电中表示，邵逸夫先生一生热爱国家，关心民祉，慷慨捐赠，惠及多方。其爱国之情，其为国之志，人们将铭记在心。

人们必将铭记的，是心中的那座逸夫楼。它的背后，是一种"不管能力大小，都能反哺社会"的悸动，是"安得广厦千万间，大庇天下寒士俱欢颜"的博大胸襟，更是始终与祖国同命运、与时代共前进的强大感召和精神涌流。

顾嘉懿 厉晓杭 王心怡 郑梦莹 执笔
2022年11月19日

当越剧遇上"好声音"

> 聚焦人、打动人、感染人,通过对艺术的追求寻找人生的目标和价值。这既是传统戏曲原本的魅力,更是这档节目与众不同之处。

"为什么现代人越来越不爱听越剧了?"

不久前,在网络平台上,有人发了这样一条帖子,其中一位网友这样回复:"快闪时代,传统越剧跟不上节奏已是必然。虽然越剧从业者不断努力,但远远没有突破。"

的确,越剧是全国第二大剧种。曾经,哪里有越剧演出,哪里就是万人空巷。但这样的盛况,早已一去不复返。现在的年轻人,超过1分钟的短视频,都未必会停下"躁动"的手指,更何况是动辄一个多小时的越剧演出呢?

如何让越剧穿越古今,余音绕梁,被广大观众特别是年轻人接受和喜爱?

最近,一部以越剧为主题的电视节目,不仅让戏迷们倍感新奇,也让更多人感受到了传统戏曲的魅力。节目只播出了3期,相关阅读量就超过了2.3亿，直播累计观看人数突破6000万。这就是浙江卫视推出的《中国好声音》越剧特别季。

当"好声音转椅"遇上"百年越剧"，会产生什么化学反应？"综艺IP＋越剧"这样的"梦幻联动"背后，有什么值得我们思考和总结？

一

《中国好声音》越剧特别季最大的创新，就是让百年越剧有了"年轻味"。

越剧在全国影响广泛，特别是在南方地区，受众众多，土壤肥沃。但近年来，这种状况出现了很大变化，不少年轻人不熟悉、不了解越剧，认为这是"爷爷奶奶们喜欢的"。

然而，《中国好声音》越剧特别季一反常态，让"挑剔"的年轻人，不仅不吐槽了，还在网上二刷、三刷。究其原因，笔者认为，关注年轻人，从他们的视角出发，用年轻化的表达方式与青年人共情，是节目火出圈的关键。

因为任何传统文化的传播与传承，都离不开年轻人的参与和热爱。

于是，在4张导师转椅上，在越剧艺术领域造诣深厚的茅威涛、方亚芬、陶慧敏旁边，出现了一位"90后"的身影——音乐剧演员郑云龙。

起初，许多越剧迷争相质疑："郑云龙这么年轻，懂越剧吗？"但节目播出后，不少人特别是年轻人，都为这位同龄人的表现感到惊喜。

原因就是郑云龙既具备较高的音乐素养，又兼顾年轻人的审美品位，可以从青年观众的视角，带着年轻人和越剧来一次从陌生到熟悉的邂逅之旅。

除了导师跨界选择外，节目还大胆启用了一批"90后""00后"年轻演员，让他们丢掉"行头"，换上生活装，在舞台上唱出最纯正的越剧，展现最青春的姿态。

吕派花旦李云霄以传统"七尺水袖"惊艳全场；袁派花旦赵心瑜抱着吉他，弹唱越剧选段；"95后"女孩张珊维穿着萝莉蓬蓬裙，可爱登场；几位"95后"男小生的亮相，更是展现了越剧艺术的刚柔并济。

新潮与传统、流行与古典交织在一起，《中国好声音》越剧特别季在展现不同流派的同时，也用更加年轻化的方式，向不同年龄段的观众传播了越剧文化，推广了中华传统艺术。

二

《中国好声音》越剧特别季最大的突破，就是让越剧有了"人情味"。

一种传统文化形态，能否激活生命力，能否得到群众的欢迎、喜爱，除了固有的文化内核，还需要挖掘背后人的故事，找寻其中蕴含的精神力量，引发情感共鸣。

《中国好声音》越剧特别季除了沿用观众熟悉的"转椅盲选"和"导师抢人"赛制外，还注重挖掘选手背后的奋斗故事与时代精神，让观众不仅欣赏了越剧的美，还品尝了一碗有营养的心灵鸡汤。

来自浙江大学越剧社的同学们，出了实验室，换上了戏服，把自己排演的校园大戏，搬上好声音的舞台。他们说，越剧就像是童年的摇篮曲和故乡的散文诗，通过他们的传播，周围的同学们都爱上了越剧。

来自舟山的陈艳萍，20岁时患上了眼疾，双目只能捕捉到微弱的光亮。一次偶然，她在越剧的世界里重获生命的力量，并坚持学习越剧，还在舟山海岛，为当地民众义务表演越剧800多场。

"能在舞台上多留一刻是一刻，哪怕是失去我最宝贵的光明。"因为对越剧的热爱，陈艳萍不仅成就了自己不平凡的人生，也让舞台下的所有人，为她热泪盈眶。

聚焦人、打动人、感染人，通过对艺术的追求寻找人生的目标和价值。这既是传统戏曲原本的魅力，更是这档节目与众不同之处。

三

《中国好声音》越剧特别季最大的改变，就是让越剧有了"科普味"。

有评论认为，当下越剧发展，不仅需要创作高质量的剧目、推出高水平的演出，更需善用多元化的传播载体，让更多优秀作品"飞入寻常百姓家"。

如何让越剧"飞入寻常百姓家"？《中国好声音》越剧特别季就是一个很好的传播载体，因为它发挥了科普的作用。

节目不仅追求舞台效果、人物故事和剧情悬念，还立足启蒙，以教学相长的方式，在给更多青年越剧表演者现场指导的同时，也把舞台变身为"越剧课堂"。

比如一位选手说起自己饰演《西厢记》张生一角时的困惑，得到了茅威涛的亲自示范和点拨，如何设计动作、如何表现情绪、如何将抽象的台词转化为形象的肢体语言等，导师通俗易懂的表达，让观众也形容"感觉听了一堂专业越剧课"。

比如尹派男小生张杨凯男演唱的曲目获得了4位导师的集体好评。导师们对于其唱腔"文学性"的描述，让很多观众都觉得干货满满："听着导师们的点评，我也慢慢看明白越剧。"

除了"日常教学"，节目里还时不时穿插戏曲专业术语的注释，以及越剧动作解析小短片，像科普节目一样，让观众在欣赏戏曲之美的同时，进一步了解越剧的门道和精髓。

四

今年是越剧改革八十周年。

八十年前，袁雪芬对越剧的改革，靠着剧目新、戏服新、演出形式新，走出了一条新路。

八十年后的今天，《中国好声音》越剧特别季试图通过大胆的改编、创新，为越剧跨界融合，进而走进千家万户和更多年轻观众的视野注入新活力。

茅威涛曾说："唱跳俱佳的女团可以出道，唱功了得的歌手可以上春晚，国风元素的节目可以赢得满堂彩，而越剧演员却在十年如一日地苦练唱腔和身段。他们的绝活值得被更多人看见，他们的好声音值得被更多人听见。"

《中国好声音》越剧特别季就是这么一个努力成为能让世界看

到越剧、了解越剧的"窗口"。

习近平总书记指出：要推动中华优秀传统文化创造性转化、创新性发展，以时代精神激活中华优秀传统文化的生命力。

"转椅"加"越剧"，"传统"加"现代"，《中国好声音》越剧特别季的热播，既为优秀传统文化的传承和推广找到了新路径，也为传统艺术如何与时代同频共振提供了新思路。

且不说这档节目是否能扛起越剧复兴的大旗，能用一个家喻户晓的 IP 赋能传统戏曲，这种探索本身就值得肯定。当观众打开电视，看到这档节目时，能多停留一会儿，多听一句，就是一种成功。

希望这样的尝试和创新，永不停歇，希望更多像越剧这样的优秀传统艺术能走上更广阔的舞台，发出被世界称颂的中国好声音。

赵奕　执笔
2022 年 11 月 19 日

跑过风景跑过你

> 当身体用内啡肽和血清素奖赏参与马拉松的勇者们,马拉松也用韧性、治愈和活力来塑造杭州的精神气质。

"跑过风景跑过你",今天,2022杭州马拉松开跑。

跑过了35年的杭马,已然成为杭州的城市文化名片之一。35年的赛事经营,杭州已成为众多专业选手和跑步爱好者心目中最佳的跑步城市之一。

杭马为何能出圈,从而带动一座城市的跑步风潮?今天,我们就来聊一聊。

一

说杭马,有一个人不得不提,那就是叶嘉禾先生。

上世纪80年代,随着中外体育交流活动的增多,马拉松这项运动被引入浙江。1987年,时任浙江省体委副主任的叶嘉禾在交流中提出,要在杭州举办桂花马拉松。

1987年10月11日,满陇尽是桂花雨,一路芬芳入杭城。640名马拉松爱好者在桂花飘香中从杭大路出发,沿着西湖开启了"第一届西湖桂花马拉松赛"。同年11月23日,"西湖友好马拉松"也在西湖举办。

杭马也是我国历史最为悠久的马拉松赛事之一,迄今已经举办35届,超过杭马的只有1981年9月创办的北京马拉松,它举办了40届。

西湖、桂花,杭州把最具城市代表性的文化意象,与马拉松联系在一起,体现了对这项比赛的充分重视。

两场赛事共生共长,渐入佳境,成为杭州马拉松诞生的源头。

之后每年秋天,马拉松都会在杭州桂花飘香时节如约而至。直到1999年,两场赛事合办,被命名为"浙江省暨杭州市国际马拉松赛","杭马"名号由此而来。

一座城市坚持35年举办马拉松赛事,足以说明两者在精神气质上的某种契合:唯有坚持,方能突破。

杭州马拉松的第一届冠军叫郑加利,数十年来跟着杭马一起向前奔跑,从29岁跑到了64岁,跑成了杭马的一个传奇。"87618",也成为郑加利在杭马的永久号码。

热爱是能传承的,从郑加利到他5岁的孙子,一家三代都喜欢跑步。1996年第十届杭州马拉松,郑加利还和儿子报名参加了家庭组的比赛并拿下冠军。

被人称为"农民阿甘"的严善井,是第二届西湖桂花马拉松赛冠军。他从小热爱跑步,读书时学校运动会常常跑第一名,但因为家庭经济原因,不得不辍学出门打工。

要想突破自我,唯有努力。打工青年并没有放弃梦想,白天上班的他，只好在凌晨4点训练。1983年，在一次训练中，他被一名教练发现，22岁时开始了专业训练，这才有了后来他的杭马故事。

与郑加利、严善井一样的跑步者，从第一年的640人，到2004年参赛人数突破5000人，之后逐年增多。

2015年，因为报名人数实在过多，启动了抽签参赛制度。从那以后，中签杭马成为杭州人朋友圈里值得晒一晒的幸运事件。今年，杭马参赛人数达到3.5万人。

网友评论说，当参与一场马拉松需要"幸运"的时候，说明这个赛事已经成功了。

对杭州而言，同样在不停地奔跑之中，跑过西湖，跑过钱塘江，如同穿行于最忆是杭州的诗画江南；跑过奥体，跑过钱江新城，则是见证潮涌逐浪的时代发展。

以杭马为媒，城市风景、历史文化、社会风貌的变化，逐一呈现。

二

马拉松赛事如今在各个城市落地开花，要在其中脱颖而出，终究考验的还是一座城市的基本功和用心程度。笔者以为，杭马的特殊有三样。

先说风景。

杭州不吝惜于把一座城市最好、最新也最经典的地方串联成线，让"跑过风景跑过你"这句口号在比赛中化为真实。

赛道多年来的不断变化，也见证着这座城市的发展方向。早期的杭马路线以西湖景区为核心，跑完一个湖，也逛遍半个城；2011

年杭马路线向南延伸,一口气跑到钱塘江,跑进了钱江新城;2014年后,跑者们奔上钱江一桥,沿着滨江"最美跑道",奔向G20举办地。

今年的路线,终点设在明年亚运会主会场"大莲花"。亚运,为杭马又增添了一层含义。

再说文化。

杭马的举办,与杭州城市文化深度融合。每年的赛事路线,都是经过精心筹划的,当选手跑过风景的同时,也在跑过一座座文化的地标,孤山、岳王庙、龙井、钱塘江大桥……跑步的同时,也在感受杭州千年的文化底蕴。

杭州马拉松奖牌"杭马印",被跑友们称为最值得收藏的马拉松奖牌之一,由"天下第一社"西泠印社担当设计。

如2018年的杭马奖牌,正面取法战国古玺的"二零一八杭州马拉松"字样,背面则是代表南宋的岳飞形象,并配以"三十功名尘与土,八千里路云和月"。

因为那一年,正好是南宋在杭州定都880周年。

最后说说人。

杭州马拉松算是全国最早对业余选手开放的群众体育活动之一。在鼓励专业运动员参赛的基础上,让更多热爱跑步、热爱运动的市民参与进来。

参加杭州马拉松的选手中,有贾银生和贾云伟这样的父子兵,父亲贾银生参加首届杭马并获得第六名,一共参赛14次;1998年,父子俩同时参赛,儿子贾云伟获得杭马半程第六名。在杭马奔跑的路上,有杭州弯湾托管中心的心智障碍孩子们,还有从壮年跑到老年的袁士华,他不仅自己热爱跑步,还在临安拉起了一支长跑队伍。

许多人争相抢报的"家庭跑",尽管只有短短一公里距离,但或许就能在一个孩子心里种下运动的种子。当一家人携手过线,快乐比成绩更重要。

杭马一直在路上。当身体用内啡肽和血清素奖赏参与马拉松的勇者们,马拉松也用韧性、治愈和活力来塑造杭州的精神气质。

三

当杭州马拉松运动逐渐成为一场全城参与的运动嘉年华,这项活动已经不仅仅是一项比赛,而是一种生活态度、一种城市文化。

这股马拉松风潮更是吹向整个浙江。在杭州马拉松的带动下,浙江马拉松赛事数量连年位居全国第一,2019年参赛人数达到80多万人。桐庐马拉松、建德马拉松、横店马拉松、丽水马拉松……大大小小的马拉松赛事相继登场。

党的二十大报告指出,中国式现代化是全体人民共同富裕的现代化,是物质文明和精神文明相协调的现代化。

马拉松所带来的运动热潮,是与浙江经济社会的快速发展同步的。

随着生活水平日益提高,人民对健康生活和精神追求的需要也不断增长。充满活力、公众参与度高的马拉松,在满足大众精神需求的同时,也成为城市品牌的宣传载体。

在马拉松的发源地古希腊,有一句名言:"如果你想强壮,跑步吧!如果你想健美,跑步吧!如果你想聪明,跑步吧!"

奔跑的力量,在于征服一个明确目标、完成极具难度的自我挑战后，带来强烈的满足感与自信心，也带来无与伦比的精神快乐。

奔跑的力量，在于在不同的城市发现不同的风景，与志同道合的人，为一个共同的目标专注努力，在不断突破中享受成功的愉悦。

奔跑的力量，还在于以自律的运动习惯，保持身体的健康，摆脱焦虑，以积极向上的生活态度，面对工作、生活的挑战。

更快，是跑步的过程；快乐，才是跑步的目的。

跑步是一种快乐，在杭州美丽的风景里跑步，应该是双倍的快乐吧。而跑在风景里的那些人，也成为了风景的一部分。

李维和 潘华群 执笔

2022 年 11 月 20 日

"文博"的持久张力

> 发展文化产业的目的，就是为了让文化更好地托举美好生活，而文博会在坚持中，也让自身成为一个闪光的文化符号。

这两天，2022海丝之路文化和旅游博览会、2022温州国际时尚文化产业博览会开幕了，虽然姗姗来迟，但热度不减。

数据为证：截至目前，海丝文旅博览会各项直播活动吸引144.5万人次实时观看，云展厅吸引11.5万人次参观，100万元文旅消费券在1分钟内秒空。开幕式首日，温州文博会主分会场共有17万市民到场观展。据初步统计，截至目前，全部活动成交额已破4000万元。

数据的背后彰显的是文博会的蓬勃生机。值得思考的是，疫情之下为何仍要坚持举办文博会？对于文博会，我们还有什么期待？

一

众所周知，文博会也是连接文化生产与消费的重要一环。6年来，宁波文博会取得了丰硕成果，吸引超5000家企业参展，达成重大项目投资额超600亿元。温州文博会举办9年来，超4600家企业参展，实地观展人次超200万。

这一次，两地举办文博会，不仅牵动了广大文化企业的"神经"，更见证了一个个文化产业项目从纸上协议变为精彩现实。意义也相当明显：它们将有力促进文化产业交流和发展，培育文化产业发展新动能、新业态。

有人会问：疫情之下文博会还有举办的必要性吗？不可否认，受疫情影响，今年不少展会都取消了。如果文博会取消或者延期，从业者和观众大概也是能理解的。毕竟，文化产业发展、文化交流合作，也许会因文博会的缺席而有所放缓或减弱，但并不会停止。

但是岁末初冬，这两场文博会的"虽迟但到"，除了让我们感受到一种坚持，还能看到一种态度和信心。

郑永年教授曾说，"做品牌一定要有持之以恒的决心"。经过多年培育，这两场文博会已成为浙江文化会展的重点品牌。宁波文博会之前已成功举办6届，逐步成长为综合性文旅产业博览会，今年首次拿到了"海丝之路"这块"营业执照"。算上这届，温州文博会自2014年以来已连续成功举办9届，品牌效应和人文特色不断凸显。

在面临诸多挑战的情况下，两个城市的文博会并没有中断，体现的是主办方及文化产业从业者对文博会品牌的珍惜与呵护。

就在一个月前，知名的法兰克福书展开幕。有评论称，"人们以巨大的热情建造的展台是乐观主义的证明"。其实，当一个城市坚持举办文博会，当参展商不远千里来到现场，这既是一种双向奔赴，也是一种信心告白。

从这个意义上讲，文博会本身就树立了一个"榜样"，在面对困难和挑战时，它的坚韧和乐观充分展现了"文化"的力量。发展文化产业的目的，就是为了让文化更好地托举美好生活，而文博会在坚持中，也让自身成为一个闪光的文化符号。

二

文化会展的背后是文化和产业的支撑。

宁波面向大海，有着2500年港口发展史，同时制造业基础雄厚，国家级单项冠军总数位列全国第一，通过插上创意的翅膀，文化制造业焕发出青春风采。如"文化装备第一股"大丰实业以绿色科技惊艳点亮北京冬奥会主火炬；国内最大的笔类产品出口商"贝发"与国潮牵手，推出国家重大展会活动专用笔。

温州拥有深厚文脉和丰富的地域文化资源，鞋服、印刷、礼品、制笔、教玩具等轻工产业发达，为温州文化产业的时尚荟萃提供了广阔的应用场景。

这两座城市也都是国家历史文化名城，绵延的历史文脉、产业的快速发展，是这两座城市举办文博会的底气。

两场文博会的名称虽然不同，但都展现了国际元素。如海丝之路文旅博览会期间，宁波主动与其他海丝之路节点城市"链接"，宁波天一阁与意大利的马拉特斯塔、美第奇洛伦佐2座最古老的图书馆展开云端对话，5位宁波棋手与5位德国棋手进行中国象棋的云端对弈；温州文博会也突破了本土文化的"结界"，邀请意大利、泰国、老挝、越南等国家专门设立展馆，带来特色文创产品。

之所以能够打出"海丝"和"国际"的品牌，也在于这两座城市自古以来所具有的通江达海的区位优势以及开放包容的气质。

大家都知道，宁波是海丝之路始发港和浙东运河入海口，宁波帮更是闻名天下，"书藏古今、港通天下"深入人心。温州作为改革开放的前沿地，目前共有270万温州人在外经商，其中近70万人在世界131个国家和地区发展，38万人活跃在"一带一路"沿线57个国家和地区。温州朔门古港遗址的发现，更是实证了温州古码头就是当时海上丝绸之路对外贸易的出发之地。海风吹拂千年，温州人的足迹遍及世界。

可以说，开放合作是刻入宁波人、温州人身体里的基因，也是两场文博会的鲜明特色。

三

前两天，笔者实地"探营"温州文博会，虽然对参加人数有所限制，但是展会的标准并没有降低。

28个分会场、总展览面积近30000平方米，来自海外18个国家驻中国的企业代表及国内30多个城市的500多家企业参展，可以说"阵容很齐"。借文博会之眼，我们可以看到两地文化产业的蓬勃发展，"文化+科技""文化+旅游""文化+创意""文化+农业""文化+制造"等多元内容，打开了人们对于文化产业的诸多想象。

虽然本届海丝之路文旅博览会以线上举办为主，温州文博会规模也有所变小，但诚意不减，为观众甄选了更多精品，可以说更"香"了。比如，"中国百名工艺美术大师作品联展"上，黄杨木雕、瓯窑、石雕、瓷器等100多件优秀工美作品合力输出了非遗魅力。首次来宁波举办的法国百年工坊展，展出了40余件法国顶级工艺品。

作为文博会的"标配",探讨文化产业发展趋势的论坛活动,国内外产学研"最强大脑"的同台碰撞,总是令人期待。"让文物活起来:文化遗产与当代智造"主题论坛,探讨了如何发挥宁波的制造业优势,推动文化创造性转化、创新性发展。由中国工艺美术学会发起的手工艺50人论坛围绕"艺术当随时代·手艺当领时尚"主题,共同探寻传统手工艺时尚化新路径……这些都是具有行业前瞻性的议题。

当然,文博会在时间和空间尺度上都是有限的。如何让群众有更多文化获得感和幸福感?"功夫在诗外",万物皆为媒。文博会之外,我们要看见"更大的世界",更大限度地拓展文化空间,该怎么办?

笔者以为,我们还需要打造更多文创IP。拥抱大数据、物联网、人工智能等新技术,利用"文化＋"融合打造有传播力、影响力的文创IP,让深厚的历史文化与当代的流行时尚"合体",通过文学、动漫、影视、游戏等"新文创"讲好浙江故事,这是可以持续努力的方向。

我们也需要更多的文化空间。文化空间不需要富丽堂皇,从身边的老厂房、工业遗址和商业综合体入手,植入文化元素,同样可以将一个个物理空间打造成文化空间、精神家园,让群众脚步所至之处,皆能感受文化之韵的延绵不绝和文化之美的浸润人心。

郑思舒 厉晓杭 池挺 执笔

2022年11月20日

茅奖盛典"回家"有深意

> 诚然,巨著并非一夜写就,茅盾文学奖这座高峰无法一日登顶,但以迎接和办好一次盛典为切口,浙江已经走在绵绵发力的路上。

11月20日晚,"中国文学盛典·鲁迅文学奖之夜"在北京举行。这个被文学之光点燃的夜里,一千多公里外的浙江,存在感很强。

今年8月,第八届鲁迅文学奖揭晓,浙江成绩优异。就在昨晚,3位浙江获奖作家、4部浙江作品亮相舞台,成为文学盛典上一道亮丽风景,展示着中国文坛上不容小觑的"文学浙军"实力。

当天的文学盛典上,还传来一个消息:2023年,第十一届茅盾文学奖颁奖典礼,也即"中国文学盛典·茅盾文学奖之夜",将回归茅盾先生故乡——桐乡乌镇举行。

今天,我们不说鲁迅文学奖,且来说说茅盾文学奖:"茅盾文学奖之夜"回家,为啥值得期待?又为何意味深长?

一

茅盾文学奖,是茅盾先生文学精神的传续。

"中国文学盛典"的"茅盾文学奖之夜""鲁迅文学奖之夜""骏马奖之夜""儿童文学奖之夜",是让文学"破圈"传播、照亮生活的绝佳契机。

而这其中,依托茅盾文学奖精心打造的"茅盾文学奖之夜"无疑是最受瞩目的。茅盾文学奖见证了中国文学的光荣与梦想,体现着中国文学的崇高荣誉,有力地推动着中国文学的繁荣发展。我们有理由相信,明年的"茅盾文学奖之夜",将非同一般。

一方面,它的不一般取决于茅盾文学奖的"江湖地位"。启动于1981年,经过十届的评选、四十多年的发展,茅盾文学奖已成为国内文学界长篇小说最高奖项。

大多聚焦历史题材、文化题材,以宏大叙事为主,分量和气势足够重磅的长篇小说,是茅盾文学奖的主要奖励对象。而这一类型作品的水准,兼具较高的思想性与艺术性,代表着一个地区的文学水平。

众所周知,按照一般规律,茅盾文学奖四年评选一届,2023年,也将是第十一届茅盾文学奖揭晓之年。每届评选出5部左右获奖作品,少之又少的获奖名额将花落谁家,这本身就已经十分吸睛。

另一个不一般在于,无须剧透也能猜到,浙江为迎接茅奖盛典必定亮出绝活。

2023年是个特殊时间节点。如果以10届为一个周期算,茅盾文学奖已满10届,明年举办的是茅盾文学奖设立以来的第十一届颁奖典礼，算是个新起点。同时，明年也是中国作家协会主席团决定打造"中国文学盛典"之后举办的第一场"中国文学盛典·茅盾文学奖之夜"。

为此，浙江将精心准备，致力于将"茅盾文学奖之夜"办成一届"隆重典雅、形态丰富、传播力强的大型文学盛典"。浙江各大文艺平台将联动起来，整合资源，通过互联网平台、广播电视、新闻出版等领域多渠道多形式传播，让文学盛典为广大作家和读者呈上最惊艳的瞬间。

此外，还有一系列活动将配套进行，包括筹建的浙江文学馆将在明年金秋迎来开馆。相信，届时浙江为全国人民准备的这场文学盛宴，将牵动每一位文化人和热爱文学之人的心。

二

茅盾文学奖是属于全国人民的，但浙江人看茅盾文学奖，在眼中、在心中，都会多一分亲切。

从乌镇西栅景区东头漫步，沿着石板路一直走，不出多远，就能找到茅盾纪念堂。人们通过"乌镇之子"茅盾的文学之路和人生之路两条线索，以及展馆中陈列的先生的珍贵遗物，便能了解到一代文豪茅盾波澜壮阔的一生。

在乌镇，茅盾度过童年、少年时代。青少年时期，他又赴湖州、嘉兴、杭州就学。生于斯、长于斯，浙江如同土壤般对其开放的视野和深厚的文学功底起到了滋养作用。他的革命文化生涯和艺术精神追求，也早已成为浙江精神、浙江文化的组成部分。

"漫长的岁月和迢迢千里的远隔，从未遮断过我的乡思""我的家乡乌镇，历史悠久，春秋时，吴曾在此屯兵以防越，故名乌戍……"，1980年，茅盾先生在《浙江日报》发表了饱含深情的文章《可爱的故乡》。对故乡，他情深意切。

2023年，茅盾文学奖颁奖盛典"回家"，对浙江而言，意义自然是特别的。这意味着，中国文学界将在茅盾故里浙江集体致敬茅盾先生；浙江，也将因此被中国文学的精神之火照得更亮。

事实上，这不是茅盾文学奖颁奖典礼第一次"回家"。笔者梳理资料时有个发现：

2000年11月11日，第五届茅盾文学奖在乌镇颁奖；

2005年7月26日，第六届茅盾文学奖在乌镇颁奖；

2008年11月2日，第七届茅盾文学奖在乌镇颁奖。

而到2023年，正当阔别15年之时，茅盾文学奖颁奖典礼绝不是以往"回家"的重复，更是一次"再出发"。承载着打造"中国文学盛典·茅盾文学奖之夜"的重要使命，浙江唯有全力以赴，让这个夜晚在中国文学史上留下不可磨灭的印记，为以后的盛典起个头、打个样。

在枕水乌镇，桨声灯影里，文学的能量将再一次就着江南水乡氤氲的水汽腾空而起。

三

不过，比起欣赏一场文学盛典，此时此刻，人们更加期待的无疑是浙江作家的作品能否获奖。因为作为茅盾故里的浙江，已有超过20年，尚无作品获得茅盾文学奖。明年是否会获奖，还难以预料。

此前,"浙江宣传"已经借着茅盾文学奖、鲁迅文学奖的契机,一再呼唤浙籍作家发力,浙江打造文化高地,"文学浙军"不能置身事外。

浙江作家有没有创作实力?有没有攀峰的潜力?第八届鲁迅文学奖给出了肯定答案;对标茅盾文学奖,浙江文学有没有差距?茅盾文学奖阔别多年的事实也给出了答案。

问题究竟在哪里?有人说,是浙江人期待值比较高,48位茅盾文学奖作家中浙江有2位本来不算差,但一对比浙江鼎盛的文脉就找到落差;有人说,浙江难出长篇小说,数量太少,可能与空间地理思维、历史纵深感、写作惯性等有关。

茅盾文学奖是衡量一个地区文学水准的标尺。不禁要问,迎接茅盾文学奖"回家",浙江也准备好了吗?

浙江文脉深深。"诗画江南、活力浙江",这片文化热土上,诞生了诸多名家大家。就以20世纪来说,浙江就走出了鲁迅、茅盾等一批大师级文学人物,他们也成为了中国文学史上的坐标。在浙江省第十五次党代会上,省委提出了打造新时代文化高地的要求。

相信"中国文学盛典·茅盾文学奖之夜"回归浙江举办,能对激发浙江长篇小说创作、激励浙江作家攀登文学高峰、加快打造新时代文化高地有着积极的推动作用。

对于茅盾文学奖真正花落茅盾故里,我们渴望已久。诚然,巨著并非一夜写就,茅盾文学奖这座高峰无法一日登顶,但以迎接和办好一次盛典为切口,浙江已经走在绵绵发力的路上。

叶凯 郑梦莹 执笔

2022年11月21日

新媒体互动"七大招"

> 媒体要有点"人设""风格",可以耿直幽默,也可以细腻贴心,总之要让用户觉得屏幕对面是个活生生、有个性的人。

此前,"之江轩"文章《没有互动的新媒体就没有灵魂》受到广泛关注,引发网友共鸣。有网友说,"放弃互动等于放弃流量";有网友说,"评论区的精彩已成共识";还有网友说,"宣传不能总是一个在说,一个在听"。

新媒体传播的一大特征就是互动,这个道理不言而喻。互动是内容的重要组成部分,是传播链条不可或缺的一环。评论区办得好,有时比正文更精彩。然而,放眼望去,不少新媒体的评论区是关闭的;一些新媒体就算开放评论区,评论内容却是雷同的,不带感情和思考,像是网友复制粘贴来的。

为什么办不好?有的是认识不足,觉得评论区可有可无、并不重要,或者自视甚高,不愿与读者互动。但笔者以为,更多其实是媒体评论区管理、运营能力以及担当精神的不足。有的媒体人就坦言,不是我们不想开,而是不知道开了以后该怎么办,如果评论区变成大型翻车现场，那就得不偿失；有的媒体也尝试开放过评论区，可是话语体系难以转化，和网友说不上话，效果并不明显，最后不了了之；有的媒体觉得，开了怕出错，出错要担责，还不如干脆不开，啥风险没有；还有的媒体，选择自我禁锢，把评论区统统关掉，却美其名曰确保内容安全……

不管是什么原因，新媒体评论区都是不应该被忽视或者放弃的工作阵地。古龙先生有部小说《七种武器》，今天，笔者专门梳理了做好新媒体互动的"七大招"，供借鉴参考。

招数1：专人专岗，用好年轻人

互动是一门艺术，里面学问很深。好的互动费时费力，靠记者、编辑"兼职"很难干好。移动互联网时代，多一个传统写稿人可能改变并不明显，多一个互动运营员则会产生"莫名其妙"、意想不到的效果。

比如，新华社微信公众号《刚刚，沙特王储被废了》一文很大程度上就是靠互动火的。网友质疑"9个字居然用了3个编辑"，小编回复"王朝负责刚刚，关开亮负责被废，陈子夏负责沙特王储"。几个人写一句话新闻是笑话，最后评论互动却造就了个神话。再如，中国新闻网微信公众号发布《现在，乌媒说谈判结束，俄媒说没有，白俄罗斯媒体说休会了》等文章，就很重视互动，有意识地让大家在评论区里参与讨论，大家不再只是被动接受者，而是参与创作的能动创造者。

所有新媒体应该设置专人专岗，专门负责运维、管理评论区，研究各平台传播规律和特点，让专业的人做专业的事。尤其要发挥

"90后""00后"年轻人作用,给他们设位子、压担子,允许他们放开手脚、放胆去干。

"浙江宣传"负责与读者互动的就是一位年轻人,时而幽默,时而温暖,时而答疑解惑。总之,我们努力做到与读者对话,和读者共情。在《嘲讽"小镇做题家"是一个危险信号》一文中,有IP地址是江苏的网友评论:我是村庄错题集,我只知道除了读书没有别的出路了,不是我不想有特长有爱好,是我们家真的供不起。"浙江宣传"回复:学习的内容可能会有先后顺序,但是练就的学习能力会让自己一直受益,加油。这句回复令人感动,被很多网友截图发在社交媒体上。

媒体还可以成立专门的评论互动部门,建立起一支互动团队,研究出一套思路打法。同时完善配套考核激励机制,形成你追我赶的争先氛围。

招数2:将心比心,回应关切

用户的需求、问题、观点各不相同。这需要我们增强对象意识、服务意识,将心比心、真诚沟通、细致服务,有针对性地回应用户个性化的关切诉求,让人拥有"被认真对待"的良好体验。

比如"宁波教育"公众号,在台风"轩岚诺"期间发布了一则停课通知。不同身份、地区的受众,在评论区提出了各式各样的问题:"慈溪都出太阳了,下雨也不大,为什么还停课?""高中呢?为什么我们学校一点通知都没有?""包括北仑吗?""奉化停课吗?"

虽然停课通知里已经写明,宁波全市各级各类学校都停课,但对于心急网友的提问,小编还是一条条耐心回复,既细致又幽默,瞬间"圈粉"无数。

招数3：打造"人设"，自成一派

用户喜欢人而不是机器。媒体要有点"人设""风格"，可以耿直幽默，也可以细腻贴心，总之要让用户觉得屏幕对面是个活生生、有个性的人。不要用机器体、客服体来应付用户。

比如"深圳卫健委"公众号，靠着有趣调皮的风格火速"出圈"，收获一批"忠粉"。"一起苗苗苗"的洗脑标语全网刷屏，"电话发我"的霸气回应彰显责任担当。

当然，媒体要把握好语言的度，没必要一味跟风。不分场合"卖萌""卖惨""互怼"，无疑是矫枉过正、舍本逐末，会导致账号形象"翻车"。

招数4：发起话题，积极引流

媒体可以围绕有关注度、讨论性的热点，以问题、辩论、投票等方式发起话题，组织网友参与讨论。也可以在文末设置互动引流内容，加入"你怎么看？""你认为呢？""想听听你的想法"等，引导用户留言发表看法。

比如钱江晚报"小时新闻"客户端，开设"小时话题"栏目，发起"一小颗巧克力卖30元，来晚还买不到，有人吐槽，有人心甘情愿，你怎么看？""这一次冷空气没有开玩笑，杭州冷暖大逆转，今早你穿什么出门？"等有趣话题，引发网友积极跟评；"美丽浙江"短视频矩阵推出"昙花一现，静待花开，许下美好心愿"慢直播，引导网友在评论区许下心愿、表达祝福。

招数5：主动引导，为我所用

有些事实、观点没有在正文表达，评论区互动就成了最好的补充。媒体要善于利用评论区，及时跟进事件进展，补充重要内容；采用置顶等形式放大正面声音，澄清模糊认识，主动展开引导，真正让评论区"为我所用"。

《没有互动的新媒体就没有灵魂》提到了一个利用评论区开展舆论引导的极佳案例：在宁波街头，一个孩子从车后窗坠落，后面车子齐刷刷停下救人的短视频刷屏网络，其中有一辆白色轿车压实线挡住车流。看完短视频，除了感动之外，也有网友关心孩子后来怎么样了？压实线的车子被处罚了吗？

政法系统所属抖音号"浙有正能量"置顶两条评论，除了交代孩子后续情况，还发布"事后宁波交警表示，压线的白色小车不处罚，表扬！在此提醒家长，12周岁以下儿童应使用安全座椅"等内容，补充信息的同时，也做了提醒、科普。

招数6："吃干榨尽"，转化开发

有人说，"评论区里出人才，句句胜过李太白"。评论区有很多优质内容信息，反映了平时听不到的社情民意、调研不来的真实情况。媒体要把网友评论展示好、利用好、研究好，开发成内容产品，转化为线索素材，"吃干榨尽"，持续跟进。

比如"观察者网"推出"风闻"栏目，专门展示用户评论，每天运营团队会将 50 条有创见的用户评论放到首页进行展示;"澎湃新闻"还专门开设了公众号"澎湃问吧",整理展示网友热评。

招数 7：先审后发，把好导向

评论区不是"法外之地",用好也要管好,缺一不可。前两天,国家网信办发布了新修订的《互联网跟帖评论服务管理规定》,明确对新闻信息提供跟帖评论服务的,应当建立先审后发制度,及时发现处置违法和不良信息,绝不能为错误思想言论提供传播渠道。

此外,还要防止评论区出现"低级红""高级黑"。有的媒体喜欢将"好的评论"都放出来,将"差的评论"藏着掖着。事实上,如果评论区都是清一色的"支持""点赞""加油""相信",集中出现近乎一致的"站队"式跟评,只会让人产生有意组织、刻意引导的负面观感。

主流媒体评论区是党的新闻舆论工作重要阵地,千万不可忽视、小视。除了以上"七大招"外,你还有哪些做好新媒体互动的高招妙招?欢迎留言与我们分享!

张诗妤　执笔

2022 年 11 月 21 日

世界杯如大戏

> 世界杯里留下很多激情和回忆,但享受世界杯依然是人们不老的追求。

北京时间11月21日0时,随着揭幕战东道主卡塔尔队迎战南美劲旅厄瓜多尔队哨声吹响,2022卡塔尔世界杯,即第二十二届世界杯足球赛,正式拉开帷幕。

截至21日晚11:11,亚洲球队全线失利,卡塔尔队0比2负于厄瓜多尔队,亚洲排名第一的伊朗队2比6大比分负于欧洲劲旅英格兰队。

一个个扣人心弦的数值,不知又得让多少人痛并快乐地享受这场盛宴。

很多对足球不感兴趣的人可能不理解,一个球,二十几个人抢来抢去,就这么有意思?还要熬夜观战?

这好像还真不好解释,笔者试着换个角度来分享——世界杯,就是一场大戏。

一

"他不是一个人在战斗!"这句16年前的世界杯解说词,其实也是广大球迷的写照。

世界杯这场大戏,场内是戏,场外也是戏。场内的戏是激情与速度,场外的戏是青春与热爱。

学生时代,看世界杯的画风基本是一致的。

饭堂、教室、街头,但凡有电视的角角落落都有一群真假球迷。男生们瞪大着眼睛、攥紧着拳头,眼睛紧盯着足球;女生们抱着小吃,两眼冒星盯着球星……

毕业后,看世界杯的画风就形形色色了。

单身的人,依然无拘无束、快乐地享受世界杯。

新婚球迷,夜里偷摸起床,猫进小屋,电视声音开到最小,憋着呐喊,生怕一不小心就憋出点内伤。每当听到窗外脉冲式的欢呼声时,总会会心微笑。

中老年球迷,闹钟响了,犹豫半天,摁掉继续睡……

要说世界杯历史上哪一幕是广大中国球迷印象最深的,想必2001年10月7日晚上的五里河应该是当仁不让的。是夜,中国队1比0战胜阿曼队,成功闯入世界杯,全国亿万球迷的心在那一刻同频共振,千言万语汇成一句话:"世界杯,我们来了!"

那种与全国球迷心灵相通的感觉,时隔二十多年,依然令笔者回味无穷。

世界杯,也是全球球迷交流的平台。

这里不需要语言,人们用服装、造型、表情、动作等毫不吝啬地表达自己对足球的热爱、对心中球队的热爱。这个连接全球球迷的情绪场，让大家隔着屏幕一起嬉笑怒骂。

四年一度的世界杯，仿佛一种特殊的纪年法，将关于绿茵场的回忆铭刻在每一个球迷心中。

二

世界杯——你永远不知道下一刻会发生什么。

如果说影视剧看多了之后，我们大多能猜出后续情节如何发展，那么在世界杯这场大戏中，难度就太大了。

正如联邦德国队主教练赫贝格在1954年瑞士世界杯率队夺冠时说的一句话："足球是圆的。"

2014年，5次捧起大力神杯的巴西队，意外以1比7输给德国队。没有看直播的球迷，知道这个结果时大多会喊声："不可能！"包括笔者。也因这场比赛，一个坊间传闻流传至今：当年世界杯期间，一位荷兰人喝得烂醉后，用200欧元买了德国7比1巴西，根据6500赔率，中奖金额折合人民币是1100万元。

这样的爆冷太多。不仅如此，世界杯历史上还出现过许多戏剧化的一幕。

1986年墨西哥世界杯，阿根廷队马拉多纳用手把球攻入了英格兰队大门，且被判决进球有效，从此，他收获了"上帝之手"的"美誉"。

2010年南非世界杯，乌拉圭队苏亚雷斯用手球将加纳拖入点球大战，乌拉圭戏剧性地淘汰了加纳！为此，加纳颁布国令，终生不许苏亚雷斯进入加纳领土。

正因巨大不确定性，世界杯才有戏剧性和可观赏性，也才使得它对球迷形成持久的吸引力。

三

世界杯——不会断更、不会剧终的"恩怨情仇"。

随着终场哨响，惊喜与快乐、痛苦与遗憾便会形成鲜明对比。一次事件，往往只让人关注比赛本身，但多次如此，就容易演绎出经典桥段和球迷眼中的"恩怨情仇"。

世界杯中，有被很多球迷戏称为"宿敌"的老对手，他们的每次相遇都会成为必追剧目。

比如阿根廷和德国。1986年世界杯决赛，阿根廷队凭借着宛如神灵附体的马拉多纳以3比2险胜德国队；1990年，德国队点球绝杀，1比0战胜阿根廷队；2006年1/4决赛后的肢体冲突；2014年决赛后，梅西的眼泪，格策的绝杀，都不断加深着这对老对手的纠葛。

世界杯历史上不乏诡案疑云。比如在1998年法国世界杯，巅峰状态的巴西队在决赛前突发状况，包括决赛前夕主力前锋罗纳尔多出现了休克症状，面对天时地利人和的法国队，痛失大力神杯，从此结下了梁子。这起事件更是流出多个版本的传闻，但多已不可考。

回到这届卡塔尔世界杯小组赛，葡萄牙带着二十年前的遗憾再遇韩国，美国与伊朗被球迷戏称为"第三次世界大战"，乌拉圭带着苏亚雷斯再遇加纳，英联邦的英格兰与威尔士相爱相杀……今年，剧目或许也很精彩。

因为这么多故事,世界杯也才成为广大球迷津津乐道的共同记忆,老对手的碰撞也成为观众最期待的部分。同时随着比赛的推进,又总会有新的冲突,推动新剧情,形成新经典。

四

世界杯——没有既定的主角,只有你我心中的主角。

"蓝衣军团""橙色军团""北欧海盗""德国战车"……每位球迷都有自己的战神军团。

大多数球迷看世界杯,就像看影视剧,往往带着感情色彩,喜欢的怎么看都喜欢,不喜欢的就如同看影视剧里的反派。

1994年美国世界杯,"忧郁王子"巴乔在意大利队与巴西队的点球决战中,一脚踢飞,伤心欲绝,留下了一个落寞的背影。

一球成名,一球成恨,一球夺走了最好的巴乔……但也是这一球、这个背影,让许多女球迷恋上了马尾飘飘的巴乔。

但换个角度来说:绿茵场上的主角,不同于电视剧,没有主角光环,没有一路开挂,没有不败神话。

这里,有传奇佳话。巨星在成为主角之前,大多也是从追"剧"、追星、追主角开始的。2018年俄罗斯世界杯的追风少年姆巴佩,小时候就是C罗的铁杆粉丝。

在这里,英雄也会迟暮。卡塔尔世界杯,大概率是1987年出生的梅西和1985年出生的C罗的"最后一战"。

有人说,不看世界杯你就老了;也有人说,看世界杯你还可以假装年轻。

对很多人来说,青春,或许是1990年的意大利之夏,或许是

1994年巴乔的落寞背影，或许是1998年的《生命之杯》，或许是2002年中国队出线的欣喜与后来的遗憾……

世界杯里留下很多激情和回忆，但享受世界杯依然是人们不老的追求。

千言万语，汇成一句：Goal，Goal，Goal！

陈海波　执笔
2022年11月22日

我们出书了

> 而我们此时选择出本书，也可以看作是对传统阅读方式的"回归"，这不是对纸媒时代的回首致意，相反，是向着读者需求的"再出发"。

从今年5月30日上线算起，"浙江宣传"和大家一起走过了近半年。

在这样不算短也不算长的日子里，我们打算给自己"整点活"——出本书，名字叫做《笔墨当随时代》，其中收录了创号一百天内发出的202篇原创文章。

有网友说："作者个个文采飞扬，文章读着有味，我每期必读，长知识。"也有人说："这个公众号的文章都很精彩！能否建议有关单位将文章定期整理成册，并成书以飨读者？也许纸媒能留下更深刻的历史记忆。"

这本书，既可以看作对一些网友留言的回应，也是希望我们的文章被更多人看见。今天下午，广大读者就能在杭州博库书城文二路店以及新华书店的庆春路、解放路门店与它见面，天猫、当当、京东等网络平台都有预售链接。

一

为啥要出书？

子曰，述而不作，信而好古；太史公曰，亦欲以究天人之际，通古今之变，成一家之言；《文心雕龙》有言，是以君子处世，树德建言；司马温公则说，鉴前世之兴衰，考当今之得失，嘉善矜恶，取得舍非……

我们编写《笔墨当随时代》，虽不及立言立名的宏愿，但也有自己的考量，或许更像《文选序》里说的那样：文之时义，远矣哉！

一百天里，我们见证了文字的力量，看到了机遇所在。

出书，是为了让我们的理念更可感可知。《笔墨当随时代》不是简单地把文章归集起来，而是通过一页页富有触感的纸张，镌刻笔墨和思想，向更多人传递"浙江宣传"公众号"说人话、切热点、有态度"的办号理念。我们希望通过这本书，给广大探寻改革出路的媒体人带去一些触动和启发，给寻找精神食粮的读者提供一个选择，用好作品不断让主流声音在舆论场传得更广。

出书，也是为了在时代大潮中激起一朵浪花。文章合为时而著。"浙江宣传"的一篇篇文章，都是一次次紧随时代、书写时代的奔跑。书名取作《笔墨当随时代》，想表达的是，想要生产好的内容，首先得看到时代、认识时代、胸怀时代，踩准时代鼓点、切入时代截面、回应时代关切，用创作去回馈时代所需、推动时代进步。

出书，还是一次铭刻与激励。"浙江宣传"不是几个人的思想独舞，而是一群人的智慧聚合。书中收录的文章，主要来自一群思想活跃、充满活力的年轻人。我们对每一篇文章都进行确权，署上他们的名字，让他们拥有更多的获得感和自豪感。也希望通过这样一个载体，让更多人隔着纸页，给他们点个小小的赞。同时，我们更希望借助这本书，吸引更多有思想、有热情的人关注我们、参与我们，在一个开放的舞台上驰骋思想、碰撞观点。

博尔赫斯说，假如世上真的有天堂，那一定是图书馆的模样。对于很多热爱阅读的人而言，书籍始终具有永恒的感染力、永久的生命力。我们创办"浙江宣传"，说人话，说大众听得懂的话，说有共情共鸣的话，本身没有太多技术含量。与其说是一次突破创新，不如看成是移动互联网时代向着宣传初心的一次"回归"。而我们此时选择出本书，也可以看作是对传统阅读方式的"回归"，这不是对纸媒时代的回首致意，相反，是向着读者需求的"再出发"。

二

出书，我们的诚意很足。

《笔墨当随时代》两册共47万字，收录202篇原创文章，涵盖理论洞见、传统文化、媒体锐评等多个领域，全面呈现了"浙江宣传"公众号内容的模样。

编好这样一本有分量的书不容易，从移动小屏到纸质书籍，再到电子书刊和音频文件，这个过程也并不是"Ctrl＋C""Ctrl＋V"那样简单。

尽管书稿是现成的,但书稿中涉及不少引文、人名、地名、文件名、会议名、统计数据、历史知识点、历代古诗文等。为了保证质量和准确度,我们以最严的标准,进行了多轮细致的核查工作。

此外,熟悉"浙江宣传"的朋友们知道,在创号初期,我们的文章没有配套的音频。我们也曾想,哪怕"嗓子冒烟",也未必能配完补齐,不如姑且作罢。可转念一想,从公众号的第一篇文章开始,我们就把竭尽所能作为标准,即使再难也值得一试。于是,30多人的团队投入到音频书的制作之中,全情投入地进行录音。202个音频文件往返于主播与编辑之间,并最终转化为一个个二维码,与随书附赠的书签一道,满载诚意而来。

从萌生出书想法到新书出版,我们努力做到精益求精,只为让读者的阅读体验能更好些。一如我们的许多文章,借着星辉斑斓奋笔疾书,披满一夜星辰,却也始终对质量有着不变的追求。

三

"浙江宣传"百日文集的最大特点,就是全文收录、不删不减、原汁原味,如实呈现文章全貌。

我们深知,里面的文章并非十全十美,有的思想还比较稚嫩,有的文笔还不够老练,也曾犹豫是否要做些润色删改。但我们更看重的、更追求的,是真实。这些文章是"浙江宣传人"特别是年轻人的"真心话",反映了作者的真实思考,凝聚着我们的真情实感。

这本书,既"一以贯之",又"和而不同"。所谓"一",就是"浙江宣传"始终秉持的"说人话、切热点、有态度"。与此同时,又涉及不同领域,各具风格特色。

在这里，你会读到《历史不会浓缩于一个晚上》的严密理性："中国既不会落入圈套成为棋子，也不会为了一颗棋子掀翻整个棋盘。"会读到《嘲讽"小镇做题家"是一个危险信号》的正气骨气："有梦想谁都了不起，每个努力拼搏的普通人，都不应该被鄙视和嘲笑。"也会读到《霉干菜为什么叫"博士菜"？》的温情暖意："霉干菜的气味是最熨帖的熨斗，总能把游子因为刻骨乡思引发的心灵褶皱细细抚平。"

我们知道，在这个快节奏时代，读者的注意力是有限而宝贵的，必须信息"严选"。为方便大家阅读，我们在每篇文章前精心设置了"金句板块"，摘取文章最精华的句子，用不同字体区分，让观点一目了然。

另外，我们还充分考虑到读者的多样化需求，变出了电子书、音频书两个"分身"。扫一扫书签上的二维码，就能随时随地在手机上阅读、收听。饱含深情的文字和声音，我们为你倾情奉上。

我们尽了最大努力，将这本书送到你的案头、你的指尖、你的耳边。今天，《笔墨当随时代》开始预售，在"阅读原文"附上链接，方便各位读者获取，也欢迎大家扫描下方二维码，或者到其他网络平台选购。

若要品一纸书香，点一点；若是喜欢读屏阅读，往回翻翻，也很好。不论哪种方式，您的喜爱与支持，都是"浙江宣传"坚持向前的最大动力。

何诗航 徐毅 张诗妤 执笔

2022年11月22日

资本如何"相中"好剧本

> 好剧本,能够回答时代之问。不同的时代有不同的命题,而紧扣时代洪流下的个体,则是创作永恒的母题。

又是一年"丰收季",中国电影行业很久没这样热闹了。

10月,全国精神文明建设领域的最高奖项"五个一工程"奖公示;11月,中国电影界最专业、最权威奖项"金鸡啼鸣",好口碑与高票房、新主流与文艺范都成为颁奖礼上的重要元素。

电影《妈妈!》《独行月球》《送你一朵小红花》《我和我的祖国》《我和我的父辈》等一批泪点与笑点共存、感动与振奋交织的作品,都收获了沉甸甸的奖项。

它们为什么能获奖?向上溯源,好的剧本是成功的关键。那么,对于同时肩负社会效益与经济效益的国有影视文化企业来说,又该怎样去找到、识别并"押注"好剧本?

一

剧本是用文字描绘的电影，是一切的出发点。

导演张艺谋曾说，寻找一个好的剧本是影视剧行业最难，同时也是最珍贵的一个环节。

回首2009年到2022年的14年间，获得奥斯卡最佳原创或改编剧本奖的14部作品中，有11部同时斩获了最佳影片奖。而纵观金鸡奖历史，获最佳编剧奖的30部作品中，有25部同时提名最佳故事片奖，7部最终获奖。

由此可见，一部让人共情、让人回味的好电影，剧本好是重要的前提。

影视行业流传着这样一句话，好剧本可能被拍坏，坏剧本绝不可能被拍好。道理都懂，可为什么"烂片"仍屡见不鲜？

在现实中，国内一部电影动辄投资数千万甚至数亿，而剧本占电影总投资比重只有5%左右，这使得从业者们的注意力经常转移到其他环节——高片酬演员、豪华置景、酷炫视效等，而剧本和编剧则排在了末尾。

不过，缺乏好剧本的电影势必得不到市场的认可。近些年，随着相关主管部门不断规范行业发展，"一剧之本"的理念正逐渐回归。

接踵而来的问题是，什么才是好剧本？笔者以为，好剧本当以人为本。

正所谓"一花一世界"，于平凡中见不凡，不同的故事交织共鸣，总能闪射人性的光辉。就像在电影《奇迹·笨小孩》中，两手空空的景浩用不服输、不认命的韧劲儿对抗生活的苦涩，与一代人、一座城市共同成长，让人感动、令人沸腾。而一个个这样的"中国故事"，绘出拼搏奋斗的中国人画像，也塑造出可信、可爱、可敬的中国形象。

好剧本，也应当平视生活。翻阅近几年影视圈各大奖项的榜单，现实主义题材作品的数量越来越多，反映出观众与市场早已不再为生硬的"悬浮"剧情买账。不卑不亢、立足生活、代入你我，才能直抵人心。

好剧本，能够回答时代之问。不同的时代有不同的命题，而紧扣时代洪流下的个体，则是创作永恒的母题。电影《夺冠》中的"铁榔头"带领中国女排一路团结拼搏，从低谷走上巅峰，这是一个时代的精神印记，让一代人深受鼓舞。

二

新时代十年，中国电影得到了长足发展。作为电影市场的重要参与方，各级国有影视文化企业投身电影创作的成果如何？

整体上，大开大合，成绩傲人。

据统计，过去三年国内电影票房排名前10的影片中，9部背后都有国有影视文化企业身影；票房排名前50的影片中，有国有影视文化企业参与的占60%以上。

如"我和我的"系列电影一般的"大手笔"作品，既具有坚实的主流价值观，又兼具艺术性与商业电影的娱乐性，频频领跑票房，此类"新主流"电影备受投资者青睐；而小而美、好口碑的现实题材作品《送你一朵小红花》《人生大事》《我的姐姐》等，从小人物视角切入，聚焦个人与家庭社会的问题关系，深受市场欢迎，分别是各自档期里的票房冠军。

但另一面，国有影视文化企业投资失利的情况也屡见不鲜，最为典型的当属《阿修罗》。这部号称投资7.5亿的魔幻巨制，上映3天就撤档停映，以5000万票房、豆瓣评分3.0草草收场，影片第一出品方即是某地方国有电影集团。

投资与回报出现巨大偏离，自我宣传与观众评价过于悬殊，为何会投出这样的电影？或许与以下几个误区有关。

陷入"PPT模式"。前些年，电影赛道吸引着大量资本涌入。仅凭一份明星卡司强大、制作优良的项目PPT，片方就能成功"画饼"，资方容易忽视投资、创作的客观规律，盲目"下注"。一旦作品失利，沉没成本巨大。

过分"主题先行"。投资目标类型单一，只强调主旋律尤其是重大历史题材的引领责任，好像完成这些就展现了国有影视文化企业的担当，却没有意识到好题材不一定是好电影，不是打着"符合政策需求""地方宣传需要"的旗号，就一定能拍出观众和市场认可的佳作。

"放水"剧本质量。在不确定性极高的创作环境中，剧本反而是最重要且可把控程度最高的"确定性"，一旦这个变量出现偏离，影片完成度可想而知。然而一些剧本人物脸谱化、故事俗套化，甚至在剧本还有极大提升空间的情况下匆忙开拍，结果自然是惨淡收场。

那么，只要剧本够好够硬，就一定能够获得市场青睐吗？现实中，资方也有自己的顾虑和苦衷。

在第35届金鸡奖上摘得两项大奖的《漫长的告白》，曾找到某国有影视文化企业融资，负责人考虑到文艺片的市场表现，权衡再三后还是婉拒，因为有风险。

企业当然要抗衡风险，但不能"因噎废食"，还需练就火眼金睛，敢"押注"好剧本。

要知道，一些电影佳作受限于影片题材和大众审美偏好，小圈子里收获口碑，却泯然于市场。国有影视文化企业需要适度"松绑"，充分释放投资潜力，果敢地为这些佳作"托一把""推一把"，让市场真正丰富、繁荣起来。

三

下一个好剧本在哪里？人和事，或许是出发点。

好剧本离不开好编剧。"抓住"人才，是国有影视文化企业"押注"剧本的关键一步。国家电影局坚持与各专业院校联合开展"青年编剧扶持计划"，迄今已举办十三届，每年有上百部作品投稿。而浙江成立了之江编剧村，并推出"中青年编剧扶持计划"，着力造就编剧"浙军"。

好编剧需要发掘好故事。小说创作、新闻事件和真实生活都是好故事的源泉。切入到普通老百姓的情绪价值，是当下电影的主流诉求。

比如"天才译者"金晓宇一家的故事曾让无数网友为之感动，也深受鼓舞。正在推进中的电影《天才翻译家》就取材于此。在前期创作中，编剧团队花费数月走访医院深入采访一线医护人员，观摩体验诊疗工作详情，收集大量详实的创作素材。如此"精雕细琢"的意义，正如出品方负责人所说的那样，希望观众"从一个具有反差的人设,一个陷入生活逆流的普通人身上,看到如何给困境中的人们带来希望和梦想"。

好剧本尤其"新主流"剧本,更需守正创新。一句话,"主旋律题材更不能躺平偷懒"。

归根结底,好剧本是一张振奋人心的图纸。而2035年我国将建成电影强国的宏伟蓝图,也是每一个影视从业者的希望所在。

眼下的困难是暂时的,破冰的种子就藏在一个个好剧本中,打磨发掘、全力以赴,这是影视文化企业尤其是国有影视文化企业应该主动承担的责任和使命。

陈炯 毛超 郝振宇 执笔

2022年11月23日

王阳明何以穿越550年

> "世以不得第为耻,吾以不得第动心为耻"。在王阳明饱满的一生里,做到了思想精彩,人生更精彩。

550年后念阳明,念什么?

提到王阳明,有人称他为"整个明朝最牛的男人";也有一种说法,中国历史上有两个半圣人,一个是孔子,一个是王阳明,半个是曾国藩。

从"五溺"少年到立德、立功、立言的"真三不朽"圣人,从一心执着于"格物致知"到开创"知行合一""致良知"宏大心学境界的旷世大儒,从左手执卷讲学授业到右手抚剑叱咤三军的"明代第一奇人",500多年来,阳明先生不但收获了无数粉丝,他创立的阳明心学更是被一代又一代人孜孜追寻、细细体悟。

那么,阳明其人是如何炼成的,阳明心学又有何高明之处,它对当下中国和世界,又具有怎样的新启蒙价值?

今天,世界阳明学大会在阳明故里余姚和绍兴举办,借着这场重头戏,我们再聊聊王阳明。

一

先说王阳明的一生，不到60年，但绝对是高开高打、跌宕起伏。

早年的王阳明可以说是"别人家的孩子"。

父亲是个状元，家境殷实的王阳明爱好广泛，"初溺于任侠之习，再溺于骑射之习，三溺于辞章之习，四溺于神仙之习，五溺于佛氏之习"。

少年时候的他就"豪迈不羁"，"每潜出与群儿戏"，翘课以后，自己"制大小旗"，"居中调度，左旋右旋，略如战阵之势"，指挥"群儿"。

12岁时，王阳明就确立了以"读书做圣人"为"人生第一等事"的志向。15岁时，出游居庸关，在关外"逐胡儿骑射，胡人不敢犯"。16岁时，他践行"偶像"朱熹关于"格物致知"的论述，用了七天七夜去"格竹子"，结果一病不起，开始怀疑通往"圣人"境界的坦途。

中青年的王阳明走入人生低谷。

35岁时，他因为上书得罪了大太监刘瑾，遭受廷杖之刑，又被贬谪为龙场驿丞。恶劣的自然环境、极度的物资匮乏、上级官员的凌辱，如此等等，生死之间几乎命悬一线，把王阳明逼到了生命的绝境。

但正是在这种绝境之中，王阳明实现了"绝地重生"，完成了他思想生命的更生，这就是所谓的"龙场悟道"。

壮年的王阳明又开启了开挂的人生。

45岁的王阳明官至省部级，在抵达赣州之后，旋即投入调查研究工作，打出了"漳南之役""横水桶冈之役""浰头之役"等几场战役，在不到两年的时间内，彻底清除了四省边界广大地区的匪患。他还"以万余乌合之兵，而破强寇十万之众"，以各种离间、攻心、实战之策，平定宁王朱宸濠谋反，活捉朱宸濠。

要知道，朱宸濠自起兵谋反到被生擒，不过40天；王阳明自开始发起平叛战争到全面结束，不过10天。这可以说是创造了军事奇迹！

晚年王阳明回归故里讲学。

那时，四方学者"裹粮而来"，只为听得阳明一席话。搞得绍兴不仅旅馆、寺庙，甚至阳明家周围所有可以住人的地方都住满了。而且常常一个房间里有数十个人合食，晚上没有地方睡觉就"更相就寝"，彼此也不嫌吵，"歌声彻昏旦"。

二

人，因思想而伟大。

王阳明之所以能成为"圣人"，其伟大之处就在于"阳明心学"。

什么是"阳明心学"？我们可以把这个思想内核剖开来看一看。

阳明心学，顾名思义，最大的特点就是突出了"心"：继承中国孔孟儒学传统，注重发挥"心"的主体性、能动性。主要包括"心即理""知行合一"和"致良知"三大组成部分。

"心即理"，就是认为我们每个人都有的心，不仅仅是经验生活中有认知功能的心，更是能在伦理社会生活中知善知恶的道德心。

这是承接于孟子说的人人皆有的仁、义、礼、智四端之心的道德本心。这个"心"的发用，就是见到小孩子掉到井里就会自然伸手去拉，不会想着去向小孩爸妈要好处。

"理"就是"天理"，一般人遭遇不公平对待的时候，总会说"还有没有天理，还有没有王法"。"心即理"的"理"就是这个"天理"。

王阳明认为世人超脱了对于色、财等私欲诱惑的道德心，可以实现与"天理"相贯通，达到天理流行的境界。

"知行合一"就是认为我们每个人都有道德是非的认知，都知道要孝顺父母、要遵纪守法，不能偷鸡摸狗、为非作歹。

王阳明认为，人如果不能孝顺父母，不遵纪守法，就是"不知"。所以在他看来，真正有道德的人，是知行合一的，知道什么该做就去做，什么不该做就坚决不做。

他说："知是行的主意，行是知的功夫；知是行之始，行是知之成。"做人不能傻傻的不知而行，也不能傻傻的知而不行，真正有成就的人，都是即知且行、知行合一的。

"致良知"是王阳明一生学说的归宿，是他思想的精华，也是"心即理"与"知行合一"观点的升华。

王阳明认为，"良知"每个人都有，是人之为人的根本。有的人骂人会说"你还有没有良知"，再坏的人也不会承认没有良知。这就是阳明"良知"的力量。

"良知"是每个人在生活中能够随时知是知非的道德判断心，小偷有，大盗也有。只是小偷大盗因为欲望把这个"良知"给遮住了。

阳明说，"破山中贼易，破心中贼难"。"破心中贼"，就是要

"致良知",要把良知呈现出来,从各种私欲中拯救出来,让"良知"主宰我们生活的方方面面。

三

今天,我们传承中华优秀传统文化,为什么总会想到王阳明?

习近平总书记指出,王阳明的心学正是中国传统文化中的精华,也是增强中国人文化自信的切入点之一。

王阳明的思想深入地影响了中国人的文化心理,更重要的还在于其同马克思主义的许多重大观点具有内在的契合性,因此,后人总能"常学常新"。

在阳明看来,"满街都是圣人""人人皆可为圣贤"。我们也常说"英雄来自人民,平凡铸就伟大"。不同于"美国队长"的超凡能力,在中国文化里,伟大的人格总有相似之处,模范总是可学的。

在阳明看来,"知是行之始,行是知之成"。我们也常说,"幸福都是奋斗出来的""社会主义是干出来的"。在中国文化里,理论总是要接受实践的检验,伟大的思想一定不是"玻璃杯里的风暴"。

在阳明看来,"尔那一点良知,是尔自家的准则。尔意念着处,他是便知是,非便知非,更瞒他一些不得"。我们常说的"不忘初心,牢记使命",正是同理。在中国文化里,任何一个人的良知都是完整无缺的,良知一定要战胜物欲。

550年后,念阳明,或许也是为当下寻答案。

有人说,没有经历过漫漫长夜的人,不足以谈人生。王阳明向世人证明,实现"高于现实"的理想,是有可能的。

"世以不得第为耻，吾以不得第动心为耻"。在王阳明饱满的一生里，做到了思想精彩，人生更精彩。

有人说，为什么懂得许多道理，依然过不好这一生？知道和做到中间隔着巨大的鸿沟。知行本是一体，只是由于被私欲隔断了，才导致知行的分离，知行有了先后之别。

王阳明的答案："人须在事上磨炼，做功夫乃有益。"

此心光明，亦复何言。阳明诗云："处处中秋此月明，不知何处亦群英？须怜绝学经千载，莫负男儿过一生！"

以古人之规矩，开自己之生面。使良知澄澈透明，使行动果敢，便是王阳明穿越时空留给我们的宝贵财富。

王云长　执笔

2022年11月23日

"浙大先生"横跨海峡的往事

> 可以说,台湾大学能顺利接收,是罗宗洛等人摒弃成见,诚心接纳,让台籍师生感受祖国关爱的结果,更是台湾同胞对回归祖国的热切期盼和割不断的血脉情缘,足见两岸爱国热情与民族情感之深厚。

教授是"大学的灵魂"。在浙江大学建校125年的历史中,一批又一批"浙大先生"志存高远,学有专精,成为学生为学、为人、为事的示范。

在浙江大学档案馆,有一首教育家江恒源先生所作的《为浙江大学三教授赴台作歌送之》的"送行诗",曾在浙江大学举办的"求是墨韵"书画展中亮相,短短数行诗句,勾起观众的好奇:

"秋风飒飒天气凉,送客携手上河梁……三子之行何快哉,台澎学子乐天涯,乘槎使者天边来。"

落款时间为民国三十四年,也就是1945年。

1945年,这个年份,深深刻在中国人的DNA里。这一年9月2日,日本正式投降,被侵占50年的台湾终于回归祖国。

"送行诗"的背后,是怎样一段尘封已久的往事?诗中所提及的"三子"又是何人?

岁月易流逝,往事并不如烟。今天,我们从这首诗的字里行间,探寻那场跨越海峡两岸的往事。

一

时光回到那个战云终消的秋天,日本投降,台湾光复,神州沸腾。

但一道大难题摆在眼前:如何接收台湾政治、经济、教育、文化等事务?

比如在教育方面,日本50年的殖民统治,影响了两三代台湾人。怎样清除日本殖民化留下的余毒?这在当时尤为迫切。

也正是在那时,曾在浙江大学生物系任职并担任中央研究院植物研究所所长的罗宗洛临危受命,启程赴台接收台北帝国大学,将其改制为国立大学。

罗宗洛是浙江黄岩人,曾在南京中央大学、浙江大学任职,拥有留日背景,且与许多台北帝国大学的日籍教师是校友。他在学术上有较高声望,综合能力强,被认为是接收台北帝国大学的合适人选。

一人之力难以擎天。慷慨领命赴台后,罗宗洛便请了另外三位"浙大先生"——浙江大学农学院蔡邦华院长及数学系陈建功、苏步青教授三人,一同前往台湾。

前文提及的江恒源诗中的"三子之行",描述的就是这三位浙大教授的赴台情景:

那是秋风飒飒天气渐凉的一天,三位杰出学者将远赴台湾岛。

50年前，甲午战争那场国之大难令人愤愤，而今战云消尽，中华民族半个世纪的耻辱就此洗雪。三位朋友此番赴台，大家异常兴奋，台湾的学子也将因为这遥远使者的到来而欢呼雀跃。

三子此行，浙江大学校刊上的一则通讯亦有记载："蔡院长、陈建功、苏步青三位先生不日将赴台湾辅导教育文化工作，湄部各系纷纷热烈欢送云。"

为什么罗宗洛会选择这三位"浙大先生"担此重任呢？

根据其日记可知，罗宗洛与陈建功、苏步青都曾在日本留学，相识甚早，知根知底。而罗宗洛在浙江大学任职时，得到竺可桢校长的看重，又与蔡邦华建立了很好的友谊，欣赏其行政能力。

因而，罗宗洛希望能借助浙江大学教师团队的支持，接收台湾高等教育事业。

二

1895年至1945年期间，台北帝国大学是日本殖民台湾时期设立的唯一高等学校，也是日本的8所帝国大学之一。这所大学，虽从事科研教学之用，但最终服务日本殖民统治的需要。

而日本殖民台湾的教育政策，更是带有奴化与同化台湾同胞的目的。比如，自小学阶段即实行差别政策，日籍学生优先入学，刻意打压台湾同胞，等等，使台籍精英很难出人头地，更不可能担任管理职位、培养出优秀的政治人才。

罗宗洛一行深知日本的奴化教育与差别待遇。他们此行目的，就是要重新整顿其学制、教职工及课程建设等问题，使台湾高等教育及其精英人才能与大陆接轨，摆脱日本殖民化的影响。

时间紧、任务重，罗宗洛与三位"浙大先生"前后脚到了台湾后，就开始着手紧锣密鼓开展工作。

当年11月，罗宗洛率校务维持委员会成员正式接收台北帝国大学，并维持学校教学秩序；台北帝国大学改名"国立台湾大学"，罗宗洛为代理校长。

都说"教育乃百年大计"，而师者最知其理。为了保证台湾大学的科研教学水平和人文精神的传承，罗宗洛等几位先生可谓用心良苦。

他们的"大刀阔斧"，主要体现在这几个方面：

其一说规制。为了清除日本殖民化的弊病，罗宗洛等人将学部改为学院，分拆文政学部为文学院与法学院，整理各学院附属科系与研究所，使其与大陆高校的行政阶层同一化；此外，对本科、预科学制及讲座制等方面也进行调整，尽可能与大陆学制接轨，等等。

其二说用人。他们摒弃任人唯亲的乱象，向台湾同胞敞开大门，设身处地理解、帮助、培植台籍精英的成长。值得一提的是，对待日籍教师，他们也一视同仁。罗宗洛等人诚恳劝说，让各方敞开心胸精诚合作，目的就是为了在人才匮乏之时，不降低学校的科研教学水准。

其三说资产。当时，台湾大学校产繁多细碎，清点不易，陈建功、苏步青、蔡邦华负责点验的理学部与农学部是重中之重，其间藏有数量众多、价格不菲的药剂、实验室及试验农场林场等重要资产，必须投入更多人力进行清点。

未曾想到，一时间，70多名台籍教职员与20多名台籍学生，主动全力投入接收工作。整个过程相当细致严谨。

次年，几位先生相继离台。罗宗洛回到大陆后，仍四处奔走，为台湾大学争取经费。

可以说，台湾大学能顺利接收，是罗宗洛等人摒弃成见，诚心接纳，让台籍师生感受祖国关爱的结果，更是台湾同胞对回归祖国的热切期盼和割不断的血脉情缘，足见两岸爱国热情与民族情感之深厚。

三

此情之深，绝非虚言。

正如1945年10月17日，罗宗洛抵达台湾基隆后，很快感受到台湾同胞热烈欢迎的欢喜。他在日记中写到当时的场面：

> 沿途各站皆有台胞伫立欢迎，车过时欢呼挥手，状极愉快……（台北）驿前灯火辉煌，同胞以万计夹道欢呼，情形之热烈，为余平生所仅见，足见台胞民族意识之盛旺。

欢喜的背后，正是台湾同胞对回归祖国之热切期盼。

70多年前，这段横跨海峡的往事，为今日"两岸一家亲"写下生动注脚。

今时今日，越来越多内地学子赴台交流，越来越多的台湾同胞选择来大陆就读、工作，两岸同胞演绎着大半个世纪之前的"双向奔赴"。

去年底，浙江大学医学院台籍教授许志宏在"海峡青年峰会"上的演讲视频走红网络：

> 和活在列强割据殖民的近代祖先相比，我们非常幸运。中华民族伟大复兴进入不可逆转的历史进程，所有在台湾的中华

儿女不应该也不能在中华民族复兴的过程中缺席。

一番诚恳之言情真意切，引发无数共鸣。

国家统一、民族复兴的历史车轮滚滚向前，祖国完全统一一定要实现，也一定能够实现。

文脉的传承，精神的延续，民族的复兴，需要所有炎黄子孙共同努力。

正如习近平总书记所说，两岸同胞血脉相连，是血浓于水的一家人。

相信未来，海峡两岸心更近，情更切，所隔"山海"皆可平。

档案资料

"秋风飒飒天气凉，送客携手上河梁。三子有行忽万里，为歌一曲湄之阳。南雍声华重回浙，三子俱是人中杰。树人已感百年功，更待琼花海外发。五十年前事可哀，悠悠遗恨满蓬莱。河山还我奇耻雪，战云消尽祥云开。三子之行何快哉，台澎学子乐天涯，乘槎使者天边来。"

——江恒源先生所作的《为浙江大学三教授赴台作歌送之》，作品藏于浙江大学档案馆

注：本文相关资料由浙江大学提供。

尤淑君　郑梦莹　陈雯怡　执笔

2022年11月24日

"国漫崛起"还有多远

> 源远流长的中华文明是文艺创作取之不尽、用之不竭的宝库，耳熟能详的传统故事不仅能引起各年龄段观众的共鸣，也让传统题材有了新时代的新表达，这也是"国漫崛起"的内在动力。

每个人的童年，都有一部伴随成长的动画片。

当《葫芦娃》《机器猫》《黑猫警长》的声音响起，总能勾起一代人的情感记忆。

今天，第18届中国国际动漫节如约而至，作为杭州这座城市一年一度的动漫盛会，人们再次将目光投向动漫、聚焦国漫。

走过18年，我们始终在思考，办好一个节展，对中国动漫的意义在哪？人们所呼唤的"国漫崛起"，还远吗？

一

中国动漫可以称得上"出道即闪耀"。

1941年，万氏兄弟创作了亚洲第一部有声动画长片《铁扇公主》，"日本动漫之父"手冢治虫正是受此启发走上了动画之路。

随着上海美术电影制片厂的正式成立，国产动画的第一个"黄金时代"随之来临。首部水墨动画《小蝌蚪找妈妈》惊艳世界屡获大奖，《大闹天宫》《天书奇谭》《黑猫警长》等动画陪伴了几代人的成长，"中国动画学派"成为世界动画学派的一股清流，蜚声世界。

然而，巅峰太短。

上世纪七八十年代，海外文化产品随着改革开放进入国内。1980年，手冢治虫的《铁臂阿童木》成为首部引入的国外动画片。

文化产业的兴起、消费水平的提高，促进了动漫市场的红火。但最风光的，当属制作技术精良、叙事方式新颖、表现形式独特的日漫、美漫。《机器猫》《猫和老鼠》《圣斗士星矢》《海贼王》等等，吸引了大量观众尤其是青少年的注意力，陪伴了"8090"这一代人的成长。

而此时的国漫，在国外动画片的挤压之下渐渐式微、难拾往昔的风光，更别说抢夺市场了。

2004年，新华社一篇评论引发国漫界讨论，标题是《孙悟空难道不敌阿童木》：我们明明有最一流的画师，却没有自己的动漫产品，为海外市场做代工；明明有最大的动漫市场，却没有相匹配的动漫企业，也没有国家级展会，更没有产业链可言，难以摆脱低小散的小作坊式生产……

直面人心的评论，问出了国漫的问题，也唤醒了"国漫崛起"的执着梦想。

二

改变从世纪初开始。2004年起,国家广电总局相继出台多个文件,加大电视台播放国产动画片比例,大力扶持国产原创动漫,一大批优秀的国漫产品逐渐涌现。

观察国漫发展之路,我们不难发现,中国传统文化是贯穿其始终的主流题材与精神内核。

失去天眼的杨戬和沉香驾驶飞船,共赴一场拯救亲人的冒险之旅;哪吒三太子化着烟熏朋克妆喊出"我命由我不由天";威风凛凛的齐天大圣也有了从失意落魄到逆风翻盘的新故事……传统文化与现实生活的对话在时代的内涵中引发着观众的共鸣。

源远流长的中华文明是文艺创作取之不尽、用之不竭的宝库,耳熟能详的传统故事不仅能引起各年龄段观众的共鸣,也让传统题材有了新时代的新表达,这也是"国漫崛起"的内在动力。

爆款不断涌现,也体现了行业的蓬勃发展。数据显示,我国已经成为动漫生产第一大国,2020年我国动漫产业产值突破2000亿元。

然而,在动力和梦想之间,还横亘着现实的鸿沟。

中国动画学会会长马黎表示,"从产量和市场看,中国已然成为'动画大国',但从质量和影响力上来看,我们还远远谈不上'动画强国'"。

对比日本、美国,我国动漫产业短板明显,如:

讲故事能力欠缺。文艺创作,内容为王。国漫视觉技术在不断攀升,讲故事的能力依然欠缺。同样是电影宇宙,相比美国的"漫威宇宙",国漫的"封神宇宙"在故事的完整性和人物性格的延续性上,还存在明显的欠缺。此外,国漫题材着重在神话故事的重构上,类似《雄狮少年》这样的现实题材偏少。

受众定位不够清晰。动漫不仅仅属于少年儿童,国漫的原创内容偏向"低龄化",受众相对比较局限。但在追求"全年龄段"的同时,更需要精准定位,动漫作品能够适应市场需求,从而赢得更多观众。

动漫衍生市场不够成熟。衍生的文创产品开发在动漫产业链上具有极其重要的地位,与日本、美国等国家的动漫产业发展相比,因原创动漫IP缺乏等因素制约,我国动漫衍生产品开发还远未成熟。

呼唤"国漫崛起",归根到底是要推动中国文化软实力的提升。应用动人的故事、美妙的创意、先进的技术、精良的制作、完善的产业链,提升国漫的整体水准,共同探寻崛起的路径。

三

国漫,与其说要"崛起",不如说要"奋起"。

浙江人文底蕴深厚、经济环境良好、民间资本丰厚,为国漫的生长提供了良好的土壤。

中国国际动漫节自2005年首次举办以来,一直以"动漫的盛会、人民的节日"为宗旨。"动漫的盛会"要点在于产业的提升,"人民的节日"则注重于文化的影响力,产业与文化,正如同国漫奋起的双翼。

先说产业。没有产业的支撑,就没有行业的可持续性发展。中国国际动漫节正是一个架起产业交流交易的平台。有数据统计，全国动画片80%的交易都是在中国国际动漫节的平台上完成的。

因为动漫节，蔡志忠、朱德庸、敖幼祥、黄玉郎、夏达、慕容引刀等动漫名家落户杭州；东京电视台、法国戛纳电视节等在杭州拓展国际业务；很多爱好动漫的年轻人来这里读书、创业。源源不断的资金流、信息流、技术流和人才流向浙江汇聚，成为了行业发展的风向标。

再说文化。动漫是一种独特的国际化语言与文化生活方式。以中国传统文化为源，动漫最擅长以青年人的视角，讲好中国的故事。

如今的杭州以"动漫之都"闻名，声优大赛、COSPLAY超级盛典、动漫彩车巡游、国漫自由行等深受年轻群体喜爱的互动体验活动，让杭州这座千年历史文化名城更加彰显"年轻态""活力范""时尚感"。

四

疫情之下，第18届中国国际动漫节正揭开大幕。在"疫情要防住、经济要稳住、发展要安全"的大背景下，一个安全、有序、圆满的节展释放着产业提振的信心，也让人们看到国漫持续发展的力量。

在本届动漫节中，一系列精彩活动轮番而来：《下姜村的共同富裕梦》等一批主旋律动漫集体亮相，动漫高峰论坛将携手央视《对话》栏目围绕"动漫里的中国"主题进行深入探讨；"宋韵风雅　幸会动漫"主题系列活动将陆续推出，其中包括在德寿宫举办一次"动漫＋国风"快闪；全新推出"云上国漫城"平台，致力打造永不落幕的"国漫元宇宙"。

同时，本届动漫节还将发布《关于推进新时代杭州动漫游戏和电竞产业高质量发展的若干意见》，杭州明确提出要打造国际动漫之都、电竞名城，每年计划划拨1个亿引领和支持产业发展。

"国漫十八载，一起向未来。"

每一部佳作、每一个爆款、每一次"出圈"，都让国漫朝着"崛起"更进一步，也朝着民族文化传承和交流创新更进一步。

"国漫崛起"呼声高涨的背后，是底气、是期待，更应是直面短板、提升硬核实力的勇气和决心。

"道阻且长，行则将至。"国漫崛起之路，就在脚下。

桑雉漾 付韵 钱伟锋 执笔

2022年11月24日

解码小镇大戏

> 放眼国际,让小镇有了更加宽广的视野;坚守底蕴,让小镇有了"搏击"世界舞台的底气。

11月25日,圈友们期待已久的第九届乌镇戏剧节终于登台亮相。

这个9年前诞生在江南古镇上的戏剧节,火爆程度非同一般:戏剧节1个月前就已正式对外开票,仅仅5个小时,22部特邀剧目的剧票就被一抢而空,单剧最快售罄时间仅7.07秒,最高峰时1分钟内超过15万人同时在抢票。好戏尚未开场,台下已然热流奔涌。

不禁要问:在很多人眼中古老、小众、高冷的戏剧文化,为什么能在一个小镇上引爆?乌镇戏剧节究竟有哪些"特别"之处?今天,我们从三个"突破"来解码。

一

乌镇戏剧节的"特别",首先在于突破定势。

戏剧吸引人的一大原因，就在于戏剧张力。乌镇戏剧节就像一部极具张力的戏剧，它总是不断创造惊喜。

可是，"故事"还在序幕时，质疑声可谓铺天盖地：小镇为什么要搞戏剧节，有基因吗？花5个亿盖剧场，有价值吗？谁会特地到一个小镇上来看戏，有受众吗？

的确，乌镇与戏剧没有太多关联。一直以来，小镇甚至是很羞涩地深藏江南烟雨中，聆听着静水深流的传统戏曲，也没想过精巧装扮，走到国际舞台的聚光灯下。

突破源于乌镇模式的嬗变。早在1999年，乌镇启动旅游开发。2001年后，乌镇已成为中国古镇旅游的代名词之一。2004年9月16日，时任浙江省委书记习近平考察乌镇文化建设。他指出，要积极发展文化事业和文化产业，创作更多倡导和谐精神、体现和谐理念的优秀文化产品，满足人民群众日益增长的精神文化需求。

这让乌镇有了新定位：文化小镇。某种程度上，它既跟旅游关联，又和旅游不同。如果说乌镇能成为名副其实、有国际影响力的文化小镇，其辐射带动效应远远比观光旅游来得深远、广泛。

乌镇深谙此道，但做文化不易，需要视野和耐心。找到戏剧节，乌镇就花了快10年。

开发乌镇西栅时，这个小镇革新观念、排除万难，希望打造一个让人们"来过，未曾离开"的古镇，让文化成为小镇最大的IP。于是，2013年起乌镇戏剧节鸣锣开场：特邀剧目引进国际"大戏"，古镇嘉年华让戏剧充盈每一条小巷、每一个转角。

乌镇戏剧节的一位发起人曾这样表达初衷：为中国开个橱窗看世界，同时也为世界开个橱窗看中国。

一直以来，国际上最知名的戏剧节都在国外，比如柏林戏剧节、阿维尼翁戏剧节、爱丁堡国际艺术节等。其中法国的阿维尼翁和英国的爱丁堡，这两个文化小城都因举办戏剧节而闻名。和乌镇保留着中国江南的千年风貌相似，它们也都保留着原汁原味的欧洲中世纪风光。

放眼国际，让小镇有了更加宽广的视野；坚守底蕴，让小镇有了"搏击"世界舞台的底气。

乌镇戏剧节举办8届来，已经引进了83部国外优秀剧目，8000多名青年戏剧人带来了125部原创作品，而同台的，还有藏戏、昆曲、傩戏、川剧等数十种中国非遗剧目。

当年清歌一曲惊梦，如今已是姹紫嫣红开遍。在乌镇，风帘翠幕、烟波画船，来自西方的小丑，会突然出现在江南古桥的桥头；白墙黛瓦、青砖垒筑，忽而穿戴奇异装置的人偶会跃入视线。身着民族服装的传统艺术家、头戴面具的舞者、脚踩高跷的艺人，不知何时散布到了街头巷尾……

乌镇用实践证明：小镇，也能有大戏；古镇，也能弄潮时代。

二

乌镇戏剧节的"特别"，还在于突破界限。

在2013年之前，国内已有很多戏剧节，但大多都是在都市。比如北京国际青年戏剧节、上海国际莎士比亚戏剧节、上海当代戏剧节、杭州戏剧节等。

那时小镇人对戏剧的认知，更多还是古戏台上静水深流的越剧、黄梅戏，而传统戏曲的拥趸多是上了年纪的本地老人。

青年是促使乌镇戏剧节高开高走、迅速燃烧沸腾起来的鲜活血液。一直以来，以"青年"为名的戏剧节都不在少数，比如，最早在北京举办的国际青年戏剧节等。

戏剧就像一面镜子，使我们能够管窥每个时代青年的精神、审美和价值追求。戏剧节为青年戏剧人的创作提供一个舞台、一次机遇，他们的学养、思想、艺术气质都将淋漓畅快地挥洒在戏台人物的命运和故事中，甚至影响将来的文艺方向。笔墨当随时代，粉墨何尝不也在书写时代、引领时代？

乌镇戏剧节上有个"宝藏"节目，以青年为主角，又有独特"气质"。

在乌镇的9个剧场中，有个"蚌湾剧场"，因为是每年戏剧节青年竞演"打擂台"的地方，聚集在这里的年轻戏剧人和观众就有了一个专属称号：蚌湾青年。

今年以来，"蚌湾青年"们向乌镇戏剧节组委会提交了541件原创参赛作品，最终18部剧目入围。他们将以"酒瓶、空白、遥控器"为三个元素进行创作，演出时间不超过30分钟。

这个青年戏剧"擂台"不卖票，没有座位号，戏剧大咖评委也都"混"在观众中。同题创作、短小精悍，给竞演增加了难度，也带来了更多看点。

青年竞赛带来的效应是显而易见的：许多知名专业戏剧人从青赛里走出；街头巷尾有越来越多的表演者来自全国各大高校和年轻的剧团，尽管面容青涩，却充满创造性；乌镇戏剧节的观众非常年轻，充满青春活力。

三

乌镇戏剧节的"特别",更在于突破自我。

每一年,主办者都要固执地为戏剧节加一点"新花样"。首届乌镇戏剧节,仅包含三个元素:戏剧+嘉年华+青年竞演。第二届,新增了"小镇对话",专家、演员和普通观众交流、碰撞,给了戏剧爱好者们更多的思考;第三届,添加了"戏剧小课堂",为戏剧专业学生、教师、研究者和爱好者向戏剧大师学习交流搭建了平台。

第四届开始,跳出了戏剧本身。它叠加了"文学的舅舅:巴尔扎克"特展,巴尔扎克创作手稿、巴尔扎克作品改编成电影的剧照、海报等均为国内首展。去年,策划了戏剧集市,2022年戏剧集市单元内容升级,将打造的美食潮玩市集包含艺术展览、影像装置、夜游神音乐现场、朗读放映直播等内容。

乌镇还不断跨界整合文化资源,为小镇注入文化灵魂。2000年、2005年、2008年,乌镇承办了连续三届的茅盾文学奖颁奖典礼。乌镇还从美国迎接回了木心先生,"风啊,水啊,一顶桥"的木心美术馆,如今就矗立在乌镇大剧院旁。

不断地尝试,让乌镇戏剧节永远给人熟悉却又新奇之感。结果是出其不意的:多元的文化吸引着追求新鲜感的年轻人,而随着年轻戏剧文化消费群体的逐步扩大,又反向加深了他们对戏剧文化价值的发现和认同。最终建立的,其实是文化自信。

这份自信,令乌镇产生一种"野心"——将乌镇戏剧节打造成比肩阿维尼翁和爱丁堡戏剧节的百年戏剧节。

梦想，总是要有的。乌镇旅游股份有限公司总裁、乌镇戏剧节主席陈向宏曾说，未来再过一百年，中国有N个一千年或者两千年的古镇，但是中国只有一个一百年戏剧节历史的古镇，这就是乌镇。

这个江南水乡，因了每年的世界互联网大会、戏剧节、艺术展，已经成为一个生动诉说着当代中国故事的文化古镇。

还记得，2014年，一场暴雨突然降临以天为幕、以地为座的乌镇水剧场，开幕大戏《青蛇》正好演到"水漫金山"，天上的水、地上的水、戏中的水化为一体，人们不禁感叹："仿佛大脑里有根弦被拨了一下，入戏了。"

今天，乌镇再入戏。未来的乌镇和乌镇戏剧节还将有哪些"好戏"？答案等着每一个人去乌镇遇见。

孔越　执笔

2022年11月25日

逆袭靠斗志

> 从来没有一蹴而就的成功，正是这些看似"常规"的做法，在日复一日的坚持中，才有了"扭转乾坤"的可能。

这段时间，要说什么最吸引人眼球，那一定非卡塔尔世界杯莫属。

在这场转播覆盖率甚至超过奥运会的顶级赛事面前，每一位球迷的心情都是激动的，但对于中国球迷来说，心情又是复杂的。有人说，在卡塔尔赛场，中国元素全在了，唯独不见中国球员；还有人吐槽：自己是看着中国男足长大的，如今自己已经是1米8的大个，而中国男足好像没啥变化。

吐槽归吐槽，随着沙特队和日本队在小组赛上分别爆冷，战胜了两支冠军级别的队伍，再加上昨晚韩国队不落下风，以0∶0战平南美劲旅乌拉圭队，一个烧脑又伤脑的话题被热炒：为什么同样是亚洲球队，他们能做到我们就不能做到呢？亚洲球队的两场逆袭，到底带给我们什么样的启示？

一

单从数据上看,沙特、日本的胜算其实不大。日本vs.德国,双方的射门比是12∶26,控球率是26∶74;沙特vs.阿根廷,射门比是3∶15,控球率是31∶69,简直就是"碾压局"。

但沙特队、日本队的逆袭"剧本"几乎如出一辙,上半场点球丢分,下半场反超比分,这两场"以弱胜强",再次颠覆了亚洲球队只能被欧美球队"降维打击"的刻板印象。

那么,他们是如何逆袭的呢?

先来看看两队的打法,有着惊人的相似。

上半场,两队都主打防守反击,将丢球控制在最低限度;下半场则开启了"高位逼抢"。领先后,面对对手的大举反扑,两队的防守也是相当从容,阵型不乱。

可以说,沙特队、日本队之所以能缔造奇迹,与场上球员对战术的坚决贯彻密不可分。

行之有效的战术,离不开背后的持续努力。

研究一番,他们的做法并不复杂。比如,积极参加联赛,向欧美球员看齐,改变"少爷兵"的惰性,全心投入、主动奔跑。同时,他们还构建了青少年各级别梯队,使得新老交替十分顺畅。新华社曾报道,日本高中足球联赛每年有超过4000所学校的球队参加,决赛现场能吸引近5万名观众,全国40多家电视台转播。

从来没有一蹴而就的成功,正是这些看似"常规"的做法,在日复一日的坚持中,才有了"扭转乾坤"的可能。马拉多纳曾说,能否成为贝利或者更伟大的人,对我来说并不重要,重要的是我要踢球、训练，不放弃一分一秒。

当然，只有训练中的"挥汗如雨"，如果少了赛场上敢抢敢拼、不屈不挠的精神，以及绝不放弃、敢于胜利的拼搏，则是无法取胜的。

比如，日本队在上半场先失一球的情况下，下半场全队都带着"破釜沉舟"的决心回到球场，就像演绎着一场"热血动漫"。不惜体力的奔跑，每球必争的信念，球员的拼劲令人动容。

沙特队亦是如此。赛后统计显示，沙特全场跑动距离，比阿根廷多出了10km，而梅西本场跑动距离为7.8km。也就是说，双方同样是11人，沙特通过积极的跑动，变相"多"出一个人奔跑战斗。"以勤补拙"，弥补技术上的差距，这也是爆冷背后的"秘密武器"。

也许大家还记得，2018年世界杯小组赛，面对卫冕冠军德国队，韩国队不断寻找机会，最终以2∶0取胜。之所以能够力克强敌，支撑他们的，是不放弃、不抛弃的态度。希望也许很渺茫，但只要有一线可能，就要尽最大努力。

这样的例子还有很多。54年前，朝鲜男足在英国世界杯上爆冷淘汰意大利，杀入八强；28年前，沙特连胜摩洛哥和比利时杀入16强，韩国对阵德国和西班牙先后打进4球，让"欧洲豪强"惊出一身冷汗……

有人说，黄种人的肌肉组织、身体结构不适合踢足球。然而，这些逆袭的"亚洲劲旅"却用行动和结果，证实了"人种论"的荒谬。实际上，不说别人，就说中国女排、中国女足，夺冠凭借的是什么？既是精湛技术、默契配合，更是敢拼敢抢、永不放弃的坚强信念。有了决不言败的精神、迎难而上的斗志、以勤补拙的努力，就有可能获得逆袭，赢得尊敬与信服。

二

通过这两场比赛，也让我们对体育精神有了更深刻的认识。

作为全球最热门的体育赛事之一，足球被誉为"世界第一运动"。当全世界足球爱好者把目光投向卡塔尔时，我们发现，那里不光承载着一场场体育赛事，更点燃了无数球迷心中的热血和激情。

从马拉多纳的"上帝之手"，到贝克汉姆的圆月弯刀；从巴蒂斯图塔泪洒绿茵场，到齐达内与金杯擦肩而过；从罗纳尔多的惊鸿一瞥，到梅西、C罗的星光闪耀……一个个难忘的画面印刻在球迷心中，深深激励着大家。

每一届世界杯上，32支球队总体实力并不整齐划一，但世界杯的魅力就在于，绝不只有强者的肆意，在极为困难的情况下弱者反击甚至最终获胜，才是最精彩的一面，而这向来也并不鲜见。尽管各国都在不断升级战术和打法，但从来没有一支足球队能成为常胜将军。

赛场如战场。一场比赛，宛如一场战斗，考验的绝不只是双方的体能、战术、打法，更是双方战斗意志和精气神的较量。

正因如此，大家才要拼尽一切、全力以赴去争取胜利。就像在卡塔尔世界杯开幕式上，当"半身少年"穆夫塔用双手支撑着身体笑对世界时，我们更加体会到足球运动的真谛——这从来不只是一项运动，而是一种自强不息的生活态度、一种超越自我的价值追求、一种永不言弃的坚定信念。

其实，古往今来，包括足球在内的任何体育竞技，比拼和展示的都不只是肌肉。即使对手再强大，也不妄自菲薄、丧失斗志，不拼到最后一刻绝不放弃，这种精神之美才最为振奋人心。

因此，在绿茵场上，胜利固然可贵，但比赢下比赛更让人热血沸腾的，是每一支球队、每一位球员迎难而上、遇强则强的勇者气概。当时间流逝，赛场和比分早已被人们所淡忘，但这种气概仍会常驻于人们心间，一点即燃、经年不消。

一场场国际体育赛事，为不同国家、不同风格的参赛队伍提供了交锋、交流、交汇的平台。因此往大里说，国际体育赛事也是展示一个国家、一个民族综合国力以及民族精神的重要窗口。

三

有媒体发出灵魂拷问：日本足球能战胜德国，我们的足球能战胜自己吗？而中国球迷自嘲最多的一句话是：国足虐我千百遍，我待国足如初恋。

虽然之前每次中国男足成绩不尽如人意的时候，总有球迷大喊"再也不看国足的比赛"之类的话，但当比赛真正来临的时候，还是会有很多人去支持它、关注它。因为，我们期待看到国足的变化，太想看到国足在一次次失败中雄起，有朝一日堂堂正正地站在世界足坛的最高舞台。

中国男足缺什么？笔者以为，肯定不是物质支撑——曾有报道显示，中国俱乐部的平均投入是日本J联赛的三倍多，是韩国k联赛的十倍；中国俱乐部一线球员的工资是日本J联赛的五倍多，是韩国k联赛的十倍多。这些数据充分说明，金元足球不适合中国。

中国男足缺的就是昂扬的斗志。在一场场比赛中，中国男足在技术上存在种种失误，甚至出现所谓"黑色三分钟"，表面上看是实力不济、技不如人，实质上是缺乏一种精气神。面对对手，没有敢于战胜他们的气魄；面对挫折，没有爬起来跨过去的胆气；面对紧要关头的对决，没有逼迫自己发挥到极致的意志。这也就不可能释放出最大能量，也不可能逆天改命创造奇迹。足球竞赛讲到底是一场精神力量的对垒，只要还有百分之一的机会，就要付出百分之百的努力。中国男足要补充的是精神之钙。

斗志，也是一个国家、一个民族所需要的。前进的道路绝非一马平川，而是充满荆棘坎坷，甚至是惊涛骇浪。李大钊曾说："历史的道路，不全是坦平的，有时走到艰难险阻的境界，这是全靠雄健的精神才能够冲过去的。"越是遇到挑战，我们越要磨炼"不破楼兰终不还"的意志，越要焕发"越是艰险越向前"的精神，这样才能赢得改革发展的主动权，一个国家、一个民族才能充满希望。

斗志，也是我们平常人所需要的。有人说，人生就像世界杯，成功只是一时的，失败却是主旋律，但是如何面对失败，却把人分成了不同的样子，有的人会被失败击垮，有的人能够不断爬起来继续前进。因此，对每个人来说，真正的成熟或许并不应该是追求完美，而是直面自己的缺憾；真正的力量不是拳头有多硬，而是内心有多坚强；真正的荣光不是功成名就，而是能从悲叹和绝望中产生克服苦难、勇往直前的行动。

岁月悠悠，衰微只及肌肤；热忱抛却，颓唐必至灵魂。有人说，青春已经逝去，看世界杯就是一场缅怀。其实，不管是正青春，还是正迈入中老年，有些东西都是一致的，那就是都不应该抛却理想、失去斗志，勇锐要盖过怯弱，进取当压倒苟安！

王云长　陈培浩　郑思舒　洪敏　执笔
2022 年 11 月 25 日

循着火腿香,找到回家的路

> 火红的火腿点燃了乡愁,而无论离家多久、离家多远,故乡的游子也总能循着火腿的香味找到回家的路。

天气渐冷,不由得让人开始想念冬日的一道美味——金华火腿。明朝诗人张岱曾用一首诗为它"代言":

"至味惟猪肉,金华早得名。珊瑚同肉软,琥珀并脂明。味在淡中取,香从烟里生……"

而越到年关,人们对它越是想念。

正如黄酒之于绍兴,在很多金华人心中,火腿占据着C位。因为连着家乡的地名,无论在哪里,他们对此都有一种藏不住的深情与思念。

一

都说时间是食物的死敌,但对金华火腿来说,时间却是亲密的伴侣。可以说,火腿的味道就是时间的味道。

且待天晴，腌制好的火腿悬在风中，沐浴着温暖阳光，招摇多姿，直到鲜红的肉色渐渐暗红。而当莹白的肥肉吱吱冒出油脂，渐变金黄，火腿便被移到屋檐下或灶间搁栅下，伴着盐、阳光、风和炊烟一起酝酿着乡愁。

火腿的醇香在时间里发酵，酿成的是记忆深处家乡的味道。

火腿也是东阳人家屋檐下特有的景色。乡人刘浪称其为"挂在楼板下的悬念"；诗人蔡宗周则称这是屋檐下的"红色惊叹号"；作家古清生，把挂墙上的火腿看成敦煌飞天反弹的琵琶。因此也有人说，火腿是挂在屋檐下的乡愁。

火腿之于金华人的无与伦比，大概还因为它和故乡的风物十分"百搭"。

谁忘得了火腿鸡子炒索粉的味，谁忘得了火腿包粽子的鲜，谁忘得了"铜罐饭""砂罐肉"的美？

且说铜罐饭：火腿肥的透亮、瘦的火红，皮红得像是融入了阳光一样，用淘米水洗掉外面一层，放入铜罐。铜罐吊在三脚架上，底下生起红艳艳的火，火苗一寸一寸舔舐罐底，"咕嘟咕嘟""噼啪噼啪"的声音交织着。打开铜罐，一阵浓浓的香味便扑鼻而来。

再说砂罐肉：红白相间的火腿片，一把嫩黄透亮的九头芥咸菜，一段泥底雪白的落山笋滚刀切开，几块东阳特有的表面金黄的烤豆腐，加一勺陆游最爱的鲜红的东阳酒作料酒。几片罗山生姜，少放盐，多放水，然后开煮，不需厨艺，时间一长，开盖纯鲜透香。

那是只有在故乡才能享受到的唇齿间的香醇。这味道，丰盈了故乡人的记忆。

二

火腿当中，还蕴藏着悠久的历史底蕴，述说着深厚的故人情谊。

民间相传火腿起源于宋。抗金名将宗泽回家乡浙江义乌探亲时，请人腌制了许多猪腿，以"家乡肉"犒赏三军。

高宗皇帝闻之，也让宗帅进贡，享用后大为赞许，见其切开肉红似火，遂赐名"火腿"。从此火腿便闻名天下，后世金华火腿业者也因此奉宗泽为祖师爷。

尽管有学者考证说火腿绝非宗泽发明，但人们还是毫不犹豫，甚至笃定地将其归功于这位临终犹呼三声"渡河，渡河，渡河！"的家乡爱国名臣。

不屈的信念与正义，这或许是火腿与生俱来的历史基因。

这份信念，曾凝聚在来自东阳义乌的戚家军抗倭的鼓角声里，曾熔铸在献出大量火腿爪，救治瘟疫病人的王恒玺兄弟的义举中。

在东阳腿业公所将"日"字商标改为"東"字的爱国壮举中，在为抗美援朝的志愿军助威的一份份火腿捐单上，这份信念更是一直相随。

鲁迅和毛泽东同志之间也有一段"火腿情谊"。

1936年的一天，鲁迅购置了8只火腿，让义乌人冯雪峰给毛主席送去。当年5月28日，冯雪峰在报告中写道："有金华火腿八支系鲁迅送给毛主席、洛甫、恩来诸人的。"不料，火腿竟被人中途扣留。鲁迅听说后，又买了4只，历经波折，火腿终于到了毛主席手中。

三

或许很多人不知，火腿还有一个名字，叫"家乡肉"。"家乡"二字简单质朴，但寄托了在外游子们的深情。

集美国电机及电子工程学院院士、美国国家工程院院士、中国科学院外籍院士、台湾"中央研究院"院士于一身的美国耶鲁大学教授马佐平并不生在东阳，也不长在东阳，但因祖籍在东阳，他始终认定自己是东阳人。

2014年4月，这位年近古稀的东阳人，首次踏上东阳，品尝到火腿的滋味，感慨万千："'金华火腿出东阳'，是父亲常常提起的一句话，寄予了深厚的乡情，一定要记住自己是东阳人，也要以做一个东阳人为荣。"

一种风味，情系隔海相望的亲人。

据了解，在父亲感召下，如今，马佐平为祖国培养了大批微电子科技专家，包括40多位来自大陆的博士。1993年以来，他年年回国讲学直至临终，只为了这一份乡愁。

而惦记着这份乡愁的，还有很多人。

在海峡对岸，有一个叫田绍圣的东阳白水口人，尝试着到阿里山去腌制东阳火腿，创办台北"万有全火腿公司"。

一位叫李仁的东阳仙山村人，为自己腌制火腿的"至大食品行"申请了"大东阳"商标，延续着这醇厚的乡情。

在台湾，大陆游子总是被金华火腿点燃乡愁。

于右任亲为"万有全"金华火腿题匾额，《联合报》创始人王惕吾、国民党耆老宋时选、作家梁实秋等经常光顾"至大"火腿行，东阳人在台湾腌制的火腿，更是成了游子们思乡的引擎、精神的慰藉。

梁实秋晚年在台湾，还回忆起他在上海大马路天福市买四角钱火腿佐酒的事。有一次他得到一只正宗的金华火腿，请商肆老板开刀。火腿一开，老板怔住了，惊叫："这是道地的金华火腿，数十年不闻此味矣！"他嗅了又嗅，不忍释手，他向梁实秋讨取爪尖，梁实秋为之感动，连蹄带爪都送给他了。他说回家去要好好炖一锅汤喝。

乡愁没有年龄、职业、地位的区别，有的只是离家时间的长短和地理的远近。

正如梁实秋所说，在海外游子看来，美国的火腿并非不可口，只是不可与金华火腿同日而语。"佛琴尼亚火腿"色香味也佳，但"常居海外的游子，得此聊胜无"。

是呀，无论哪儿的游子，并不贪图甘脂肥浓、大快朵颐的口舌之感，只是在乎品尝火腿的个中滋味，那里有时间的味道、田园的味道，更有家的味道、乡愁的味道。

火红的火腿点燃了乡愁，而无论离家多久、离家多远，故乡的游子也总能循着火腿的香味找到回家的路。

华柯　执笔
2022 年 11 月 26 日

元宇宙的盛宴背后

> 可以说，元宇宙不仅是现实世界的平行世界，更是真实世界的延伸与拓展，它就像一个魔盒，为人们打开了巨大的想象空间，更激发了对未来的无限期待。

元宇宙，这两年互联网生态圈当之无愧的"宠儿"，最近又走到了聚光灯下。

背后推手，还是扎克伯格。

前段时间，Facebook母公司Meta宣布史上首次大规模裁员，将团队规模缩减13%，并裁掉11000多名员工。而被扎克伯格寄予厚望的元宇宙业务Reality Labs，三季度营收同比下降49%，亏损更是大幅扩大。

扎克伯格曾公开宣布不计成本代价"All in"元宇宙，如今却在给员工的信中说："我错了，我对此负责。"

唏嘘之余，吃瓜群众不禁发出疑问：元宇宙"凉"了？

或许，就此定论还为时过早。

因为元宇宙热度不减。就像2022年世界互联网大会的"互联网之光"博览会上,这仍是众所瞩目的高地,会场内的元宇宙体验区行业翘楚云集、观者络绎不绝。

面对这项未来科技图景,我们不得不思考:元宇宙究竟能带来什么?热火朝天的背后,还隐藏着哪些痛点堵点?

今天,笔者从三个问题谈谈。

一

元宇宙到底是什么?

对很多人而言,元宇宙就像最熟悉的陌生人,经常耳闻,但又未曾谋面,相距甚远。

事实上,"元宇宙"概念早在1992年出版的科幻作品《雪崩》中就出现了,后在小说《三体》,电影《阿凡达》《头号玩家》中也都能找到具象化的影子。

但真正使元宇宙破圈出位,产生巨大商业价值的,还属2021年10月扎克伯格的改名之举,让元宇宙从一个科幻概念迅速转身为资本趋之若鹜的下一个互联网"风口"。

简单来说,元宇宙就是一个平行于现实世界的虚拟世界,更直白点说,它是人类为自己搭建的一条通往美好未来的道路。

它究竟拥有怎样的模样?

从当前业界普遍认知来看,元宇宙还应有映射于现实世界又独立于现实世界的特点,通常需要具备主体、客体、秩序和技术支撑这四个关键要素。

在元宇宙中,现实原生的资产经过数字孪生并上传云端,在虚实共生中能够实现浸入式交互。在Web3.0的技术下,现实世界可以被完美复制。理论上，未来，一切东西都可以被数字化并放进元宇宙之中。

当然，就像现实世界需要空气、能源、资源等维系生存，虚拟世界也一样需要云计算、大数据、5G、区块链等技术支持，尤其要通过低延迟和拟真感让用户具有更逼真的感官体验。

可以说，元宇宙不仅是现实世界的平行世界，更是真实世界的延伸与拓展，它就像一个魔盒，为人们打开了巨大的想象空间，更激发了对未来的无限期待。

二

今天的元宇宙发展，进程如何？

其兴也勃焉。

远瞻国外，先不说扎克伯格一头扎进元宇宙，虽遭受重挫却依然"死磕"。本月初，苹果也放出消息，其打造的元宇宙首款XR/AR头戴设备N301，预计明年一季度投产。

聚焦国内，从概念走向前台，从技术驱动到资本介入再到政策支持，元宇宙已逐步从个人消费体验，向行业转型升级、政府治理提升方向演进。

有机构分析，元宇宙产业大致分为基础底层技术、终端入口、交互生成、场景应用几个层级。

目前，国内已经初步建立起完整的元宇宙产业生态，各层级均有数十家代表性企业抢滩布局，而华为、阿里等嗅觉灵敏的科技巨头已有布局元宇宙全产业链态势。

随着元宇宙产业的发展，国家和各地的相关政策也在加快跟进，抢占先发优势。在全球范围内，韩国政府对元宇宙反应最快，已经率先成立了元宇宙协会；日本政府也对元宇宙行业进行了布局思考。

或许有人已经发现，今年以来，国内元宇宙相关的政策愈加密集：6月，上海率先印发了元宇宙专项行动计划；10月，工信部发布工业元宇宙三年计划，成立工业元宇宙协同发展组织；浙江也已经将元宇宙列为未来产业先导区重点领域之一，并将于近期发布元宇宙行动计划。

未来三年里，我们可能还将看到一系列听起来像"开了挂"的操作：

比如，不再需要佩戴VR、AR头盔，就能以虚拟人物或卡通形象的形式出现在视频会议中，且能够通过人工智能解读声音，使头像变得活灵活现。

比如，在舒适居所欣赏远方的独特景点，足不出户就可以享受旅游的快乐，"云"参观故宫、"云"购买土特产、"云"投喂大熊猫……

"领头羊"的负重前行，并未劝退新贵们的争相涌入。可以预见，在博览会上预演的元宇宙世界，或许将很快在现实中实战。

三

元宇宙如何谋长远？

一路高歌猛进的同时，相伴而生的现实问题也随之离我们越来越近，很多隐患无法避而不谈：

比如数字资产尤其是加密资产，因其匿名的属性，以及资产安全完全由持有人负责的特征，丢失后被寻回的难度大大高于传统资产，不乏利用系统漏洞导致的违法犯罪行为。

前段时间，歌星周杰伦在社交媒体上透露，自己持有的价值高达55万美元的无聊猿NFT被盗了。作为知名人物，其数字资产被偷盗后都难以追回——这让大众窥探到了元宇宙生态繁荣发展的背后，被掩盖起来的巨大安全隐患。

比如"大数据杀熟"这样的问题，也同样会出现在元宇宙中。现实世界主体、客体的大量数据集中在平台上，更让人担忧个人隐私数据该如何保护。

比如数字作品的权益贯穿入驻、发行、交易等各个环节，目前在权益确认、权益保障以及权益灭失等方面仍存在技术难题、法律缺失和认定盲区。

最近广州就诞生了元宇宙产权纠纷仲裁首案，一个基于元宇宙社区虚拟头像制作以及数字化藏品交易，在转移到线下将形象应用在服装制作过程中产生的版权纠纷引起业界关注。

另外，打着元宇宙旗号实施各类违法犯罪活动的"李鬼"层出不穷。所谓"假作真时真亦假"，虚虚实实之间的界限越来越模糊，到底怎么来约束虚拟世界里的道德规范、权力结构、组织形态？

市场机制失灵之处，恰恰就是监管之手需要补位的地方。

今年以来，相关部门陆续出手，发布《互联网信息服务深度合成管理规定征求意见稿》《关于防范以"元宇宙"名义进行非法集资的风险提示》等，对此进行一定程度的监管和规范。

正如一位专家说的，元宇宙不是红海，它是一片蓝海，但从更宏观的角度来讲应该是大海，因为这个探索的过程不一定是一帆风顺的。而如何在总体开放、可信、许可的同时实现"可控"？事在人为。

四

元宇宙犹如时代的列车，正呼啸而至，加速各个行业产业的迭代。

今天，它仍像是一枚抛向空中、急剧翻转、尚未落地的硬币。

不管是"风口"，还是"虎口"，它最终还是要从虚拟空间回归现实世界，其真正价值是要为人类谋福祉。

浪潮已来。相信远离暗礁者，终会乘着这艘科技航船驶向远方，而更便捷、更智能的数字技术也将走出实验室，跳出程序员的灵感，来到每个人的身边。

胡奎 许启金 袁妍 执笔

2022 年 11 月 26 日